SHANGSHI SUSONG ZHENGJU WENTI YANJIU

# 商事诉讼证据问题研究

金永恒 著

经济日报出版社

**图书在版编目（CIP）数据**

商事诉讼证据问题研究 / 金永恒著. —北京：经济日报出版社，2020.6

ISBN 978-7-5196-0677-0

Ⅰ.①商… Ⅱ.①金… Ⅲ.①商法-民事诉讼-证据-研究-中国 Ⅳ.①D925.113.4

中国版本图书馆 CIP 数据核字（2020）第 082230 号

**商事诉讼证据问题研究**

| | |
|---|---|
| **作　　者** | 金永恒 |
| **责任编辑** | 高　远 |
| **责任校对** | 李艳春 |
| **出版发行** | 经济日报出版社 |
| **地　　址** | 北京市西城区白纸坊东街 2 号 A 座综合楼 710（邮政编码：100054） |
| **电　　话** | 010-63567684（总编室） |
| | 010-63584556（财经编辑部） |
| | 010-63567687（企业与企业家史编辑部） |
| | 010-63567683（经济与管理学术编辑部） |
| | 010-63538621　63567692（发行部） |
| **网　　址** | www.edpbook.com.cn |
| E - mail | edpbook@126.com |
| **经　　销** | 全国新华书店 |
| **印　　刷** | 北京建宏印刷有限公司 |
| **开　　本** | 710×1000 mm　1/16 |
| **印　　张** | 14.25 |
| **字　　数** | 230 千字 |
| **版　　次** | 2020 年 6 月第 1 版 |
| **印　　次** | 2020 年 6 月第 1 次印刷 |
| **书　　号** | ISBN 978-7-5196-0677-0 |
| **定　　价** | 48.00 元 |

# 前 言

商事诉讼中的待证事实是一种历史事实，只能通过遗留的证据予以证明。在商事诉讼实践中如何使事实真相得以明确，是审判的核心问题，而商事诉讼内容庞杂，涉及的商事诉讼证据类型多样，产生的疑难问题常常阻碍商事诉讼的顺利进行。在发现案件事实的商事诉讼中，存在这样一个难题：曾经客观发生的商事案件事实与司法中通过证据认定的法律事实是否一致。所谓的案件事实只不过是商事审判上的证据事实，因为客观发生的案件事实不可能再现，通过证据证明的案件事实即使有所出入也没有实际标准检验出来，所以商事诉讼上的案件事实往往只是原始事实的假象。商事诉讼证据证明待证事实发生错误，可能有多重原因，比如，作伪证者、受人指使的证人、有偏见的证人、在陈述所举证的事实时发生误解的证人或回忆其观察时发生误解的证人、有证人失踪或死亡、物证灭失或被毁的情形、有故意误导的律师、带偏见的和不认真的法官等，都可能引起商事诉讼事实的错误证明。商事诉讼必须直面证据问题，不仅要考虑证据法对证据概念、证据能力、证明力、证据规则的规定，而且要根据不同商事案件的具体情况制定不同的证据策略和方法，公司诉讼、票据争议、证券交易、买卖纠纷、保险理赔等各有特点，涉及的待证事实情形不同，必须考虑不同商事案件的不同证明方法与规则。

商事诉讼证据本身蕴含着不可忽视的内在结构与外在表现，一方面承载着商事案件事实的客观因素，证据本身应与案件事实相一致或相关联，还要具有客观性与合法性，另一方面要根据法律规范，特别是商事诉讼程序规定，建立证明标准和采信标准，以判断双方当事人事实主张的法律效力问题。换句话说，商事诉讼证据要根据一定的规范确定其证据能力，要具有与证据规则相一致的合法性，这是案件事实予以证明的主观标准。法院认为能正确认定商事诉讼中争议的事实，裁判认定的证据具有客观性和关联性，但事实上，客观事实与法律事实的争论一直存在着。在确定商事案件事实时，证据的合法性究竟是解决了还是加剧了案件事实的错误判断？证据的合法性究竟应当发挥什么作用，是任意设置的还是有规律性？如果不同的商事证据合法性效果不同，那么哪种合法性是最佳的？在具体的商事诉讼案件里，当事人与法官经常会产生困惑，如果按照商法规定，很多票据行为的认定仅仅依据形式审查即可，但同时大量证据指出案件中的票据行为是不真实的，或者公司注册、破产仅根据注册事项即可判断责任主体，但案件中的证据显示公司注册等不符合实际情况。商事诉讼证据判断经常会导致商法规范与证据法、诉讼法的冲突，在众多案件中，不仅要解决商事诉讼事实的真伪性，而且要协调证据法与商法规范的兼容，就是说，商事诉讼证据制度既体现出证据法的复杂性，也呈现出商法内容的丰富性。

商法是调整有关商事法律关系的规范，大陆法系各国商事法规浩如烟海，英美判例法国家的商事法规也是数量庞大，我国随着社会经济的发展进步，商事法律也越来越复杂和多样化。商法调整的法律行为具有营利性，商法规范具有较强的技术性和易变性。从历史条件来看，民法与商法有所不同，在某些方面甚至背道而驰。民法形成于简单商品经济时代，商法产生于近代自由竞争经济，而且商业规模越大，国际贸易越深入，商法的影响就越大。从调整对象来看，民法既调整财产关系也调整人身关系，商法则调整商事主体在商事活动中形成的商事法律关系。从法律性质来看，民法是典型的私法，奉行意思自治，而商法具有明显的私法公法化倾向。商法的这些特征都导致商事诉讼证据与普通民事诉讼证据有着显著的差异。比如，民法规范一般偏重于伦理性，商法规范则注重技术性，两者在证据采信上就会有所不同，商法严格遵守自认、证据失权等规则，民法就不一定或没必要严格遵守。再如，民法以个人利益为本位，并以意思自治作为判断行为效力的根据，证据法上就会突出主观过错的证明，商法则以商事组织为本位，采用营利优先的调节机制，证据方面基本忽略当事人的主观状态，而是以客观事实作为定案的根据。商事纠纷的解决在诉讼程序上更能体现程序价值，充分反映程序本位主义的理念，具体到商事诉讼证据同样凸显出规则与责任的严格性。对商事诉讼证据进行特别关注，会对商事法律的完善和商业信誉的维护都有很大的裨益。

诉讼事实是商事法律领域中的事实主张，而事实主张主要是商事审判阶段的事实主张。法官根据证据认定相关事实并适用法律。负责认定事实的法官不可能亲身经历案件事实。因此，在确认商事诉讼事实的过程中，商事诉讼证据是证明确有或没有其事的途径，凭借商事诉讼证据，法官可以审查当事人的事实主张是否为真。由此可见，商事诉讼证据、证明和事实主张之间具有相关性，证据是证明事实主张的手段。但是，有证据并非必然能证明商事诉讼事实主张，证据需要符合商事诉讼程序的条件，经由一定的证明过程，才能证明商事诉讼事实主张。事实主张为真是商事诉讼证据和证明的目的，如果事实主张为真存在争议，那就谈不上商事诉讼证明。商事诉讼证据制度具有完整性，各个方面的内容彼此互相补充，要想探讨商事诉讼证据问题，必须全面考察证据概念、证据规则、证明方法与举证责任，而且要深入商事纠纷的具体环境里，指出不同类型的商事纠纷在证据问题上的变化。商法实行强制性和任意性相结合的原则，商事习惯在商法的演变过程中发挥了关键作用，商法规范的修订就比较频繁，加上商法的国际性较强，在商事诉讼证据上就更应当具有灵活性，要顺应经济活动的进展，为各种商业交易安全提供保障。

本书从商事诉讼证据的基本理论入手，对商事诉讼证据的特征与功能、商事诉讼的证明方法、证明标准和证据规则进行了分析，指出商事诉讼证据要与商事法律相衔接，在传统证据法理论的基础上，要直面当前商事活动的新现象新问题，富有创造性地建立符合实际的商事诉讼证据制度。本书还介绍了商事诉讼证明责任的特别规则，对我国商事诉讼证明责任的立法现状提出了修改意见，尤其根据最高人民法院最新修订的、自 2020 年 5 月 1 日起施行的《关于民事诉讼证据的若干规定》的精神，建议我国商事诉讼建立特别的证明责任制度，充分保障法官的自由裁量权。商事法律特征极为鲜明，商事主体类型法定、内容法定、公示法定，大力提倡公平交易原则，为了商事交易简便和迅捷，制定了详细的交易方法与规则，这些都为商事诉讼中的证明责任分配打下了坚实基础，因而商事诉讼的证明责任不必拘泥于现行证据法的规范。同时，本书对商事诉讼技术证据进行了较为全面的探讨，尝试建立我国商事诉讼技术证据的审理原则、审理程序和审理方式，对商事纠纷的解决和维护交易安全提供有力的保障。

商事诉讼证据制度范围极为广泛，而且我国现在经济发展迅猛，审判实践中出现了大量的疑难案件，都需要对商事诉讼证据制度进行重新思考与研究。在现行诉讼制度中如何建立商事诉讼证据制度，需要结合具体案件呈现出的新情况新问题进行适当的调整。本书依据商事诉讼证据的法律作用，结合我国近年来开展的商事诉讼积累起来的经验，以我国商事诉讼证据面临的实际问题为主线，对商事诉讼证据的法理基础、证明标准、举证责任、审判程序、技术证据采信以及具体的诉讼规则进行了探讨，尽可能全面分析商事诉讼证据制度的价值与作用，以期对我国商事诉讼证据制度的完善提供一种新途径。

# 目 录
CONTENTS

# 第一章　商事诉讼证据概述

关于商事诉讼证据的基本问题，可以从多个角度进行分析和论述。既有商事诉讼证据的概念、证明力、证据能力等传统证据法关注的问题，也有随着商事诉讼领域扩大而产生的新的问题，如电子证据、证据方法和商事诉讼证据交换等。这些问题都是长期争论的，但直接关系到商事诉讼的公正和效率。以商事诉讼证据的表现方式来说，常见的有几种观点：一是事实说，认为商事诉讼证据是客观存在的事实，就是法官在商事诉讼过程中用以证明待证真实情况的各类事实，而且商事诉讼证据以法律规定的形式表现出来，用来证明待证真实的真实情况。二是法律存在说，认为商事诉讼证据是指法定人员依法收集和调取的能够证明待证事实情况的法律存在，这种观点强调商事诉讼证据的合法性和商事诉讼的程序价值。三是信息载体说，认为商事诉讼证据就是存储了待证事实信息的物质载体，就是记忆了待证事实信息的人或者存储了待证事实信息的物。四是反映说，认为商事诉讼证据是对客观事实的反映，从商事诉讼整个程序来看，商事诉讼证据是属于主观范畴的，证据不是客观事物本身而是客观事物在人们意识中的反映。①

对于这些争论的分析与比较，有利于商事诉讼制度的完善。通常认为，证据法学中存在两种证据观，即形式证据观和实质证据观。形式证据观主要从外在形式理解和界定证据，将待证事实与其呈现出的形式作为证据；实质证据规则是从内在实质意义上考虑和把握证据，就是不把待证事实的反映形式作为证据，而是把待证事实本身当作证据。从商事诉讼证据看来，形式证据观和实质证据观都不够全面，不符合商事诉讼面临的实际情况。商事诉讼证据不仅要以一定的形式存在着，而且总是以其法律性质、证明作用和功能等内涵体现其商事诉讼价值的。在商事诉讼实践中，既不存在纯粹形式意义的证据，也不存在只有实质内容而没有外在形式的证据。商事诉讼证据都是实质内容与外在形式的统一体，并且在商事诉讼程序各个阶段表现出的情况很不相同。可以对商事诉讼证据中的一些基本问题，结合我国商事诉讼审判实

① 周洪波．诉讼证据概念：“修正的事实说”重申 [J]. 浙江社会科学，2019（06）.

际情况，重新进行反思，以期解决一些商事诉讼中的困难。

## 第一节 商事诉讼证据

商事诉讼证据概念的认识经常处于变动之中，各类商事诉讼内容差别极大，往往很难加以统一的定义。[①]票据诉讼、合同纠纷、房地产争议、期货交易等面临的证据类型多样，而且对证据的特征表现也不一样，同时，商事诉讼程序的运动性以及程序参与主体的多元性，决定了商事诉讼证据品性的多样化，由此，也使商事诉讼证据由于不同的判断主体和不同的诉讼程序有了不同的内涵，形成了不同意义上的商事诉讼证据概念。对商事诉讼证据，以普通的民事诉讼程序来表述而回避对其特殊性的发现，无益于对其内涵的认识和揭示，也不利于在审判实践中对其灵活运用。可以将商事诉讼证据表述为：商事诉讼主体在诉讼过程中认为有证明力，并收集和提交到法庭，用来证明其主张的材料。但无论怎样表述，可能都存在着欠缺。商事诉讼证据的定义涉及许多问题，比如，商事诉讼证据是否包含程序价值，商事诉讼证据与通常所说的证据三个属性有什么关联等。

### 一、商事诉讼证据的含义

商事诉讼证据是指证明待证事实的所有材料或信息，就是用于证明商事案件客观情况的事实。符合法律规定的形式和条件的事实，才能成为商事诉讼证据。商事诉讼证据材料则是当事人向法院提供的用以证明待证事实的诉讼资料。商事诉讼证据都来源于商事诉讼证据材料，商事诉讼证据材料经过审判程序查证后，可以成为商事诉讼证据，作为认定商事待证事实的根据。商事诉讼证据是一种客观存在的事实材料，是证明商事待证事实的根据和认定商事案件事实的手段。商事诉讼证据的作用在于证明当事人的商事诉讼事实主张，反驳对方当事人的商事诉讼事实主张，有助于法院查明商事诉讼事实真相。

在民事诉讼法中，证据一词有时是指证据材料。《中华人民共和国民事诉讼法》第六十四条规定，人民法院应当按照法定程序，全面客观地审查核实

---

① 罗维鹏．什么是证据？——当代证据主义的遗留问题与求解 [J]. 天府新论，2018（06）.

证据。第六十八条规定，证据应当在法庭上出示，并由当事人互相质证。商事诉讼证据是能够证明商事案件真实情况的一切事实，具有客观性、关联性和合法性的特征。证实或说明商事案件的真实情况是否存在，任何一个商事案件的真实情况都需要证据加以证明。[①]在商事诉讼中，需要证据加以证明的对象主要有：当事人主张的事实和审判程序上的事实；习惯经验、定理和专门知识；人民法院依职权调查的事实；法律法规和其他商事规范性文件等。法院在收集和运用商事诉讼证据时，必须从案件实际出发，实事求是，以证据为判断的依据，重视调查研究。各种证据都须经法庭审查属实，才能做为定案的根据。真实可靠的证据是法院审理商事案件的根据，这部分证据称为可定案证据。

《民事诉讼法》第六十三条规定，商事诉讼证据必须查证属实，才能作为认定事实的根据。根据商事诉讼证据的来源和表现形式，将其分为八类：（一）当事人的陈述。案件当事人在商事诉讼中就待证事实向人民法院所作的陈述和承认。当事人向人民法院进行的陈述，包含多方面的内容，关于诉讼请求、支持其诉讼请求或反驳诉讼请求所依据的事实、与案件有关的其他事实、证据来源、如何适用法律等均可陈述。其中只有关于案件事实的陈述才能归入商事诉讼证据的范畴。（二）书证。以文字、图案和符号等所记载的内容证明案件事实的，都属于书证，如合同书、房产证、商业谈判记录、票据、仓单、提单等。书证可以分为公文书和私文书、处分性书证和报道性书证、普通书证和特别书证。（三）物证。以痕迹、物品等客观物质实体的外形、质地、损坏程度、性状和规格等证明待证事实的证据，如买卖合同中的标的物、房屋、受到损害的物品、现场留下的痕迹等。[②]（四）视听资料。以录音、扫描和录像等技术，将图像、声音和数据等转化为各种记录载体上的物理信号，用来证明待证事实的证据，包括录音资料和影像资料。视听资料是利用现代科技手段保存法律事件和行为的，具有较高的准确性和证明力，但也容易被变造或伪造。（五）电子数据。通过电子邮件、电子数据交换、网上聊天记录、博客、微博、手机短信、电子签名、域名等存储在电子介质中的信息。电子数据属于哪种证据类型，至今仍然有争论，理论上存在视听资料说、书证说、

① 宋振武．传统证据概念的拓展性分析 [J]. 中国社会科学，2009（05）.

② 谭秋桂，冯林．对民事诉讼证据概念和分类的再思考 [J]. 法学评论，1999（01）.

物证说、鉴定意见说、混合证据说和独立证据说等。[①]（六）证人证言。了解案件情况的证人，以口头或书面形式向人民法院所作的用以证明待证事实的陈述。证人是直接或间接了解案件情况的人，凡是知道案件情况的单位或个人都有义务出庭作证。证人应当出庭陈述证言，若确有困难不能出庭，经人民法院许可，可以提交书面证言。未成年人和精神病人作证应与其心智成熟和心理健康程度相适应。（七）鉴定意见。具有专业技术特长的鉴定人利用专门的仪器和设备，就与商事案件有关的某些专门问题进行分析、鉴别后所作的书面意见，如医学鉴定、文书鉴定、产品质量鉴定、技术鉴定、工程质量鉴定和会计鉴定等。（八）勘验笔录。为了查明待证事实，人民法院审判人员对与商事案件有关的现场进行勘查、检验、测量、拍照和绘图等所作的笔录。人民法院可以要求鉴定人参与勘验，如有必要，还可要求鉴定人在现场勘验中进行鉴定。

当事人向人民法院提供的商事诉讼证据，只有符合诉讼程序要求才会具有法律效力。各类商事诉讼证据提供的具体要求不同，并且根据商事诉讼的具体情况，人民法院可以提出具体要求：（一）书证。向人民法院提供的书证，除法律法规和司法解释对书证的制作形式另有规定外，一般原则上应提供书证的原件，确有困难不能提供原件时，可以提供与原件核对无误的复印件、节录本和照片。原本、正本和副本按照规定均属于原件。有关部门保管的书证原件的复制件、影印件或者抄录件，如果提交法庭，应当注明出版日期，并经该部门核对无异后加盖印章。当事人提供报表、会计账册、专业技术资料、图纸和科技文献等，应当附有明确的资料说明。当事人向人民法院提供外文书证，应当附上具有翻译资质的机构翻译的或其他准确翻译的中文译本，并由翻译机构盖章或翻译人员签名。[②]（二）物证。向人民法院提供物证的，应当提供原物，当事人提供原物确有困难或不存在原物时，可以提供与原物核对无误的复制件或证明该原物的照片、录像等其他证据。原物是种类物时，当事人可以提供其中的一部分。（三）视听资料和电子数据。向人民法院提供的电子数据或录音、录像等视听资料，当事人应向人民法院提供有关资料的原始载体，确实难以提供原始载体时，可以提供复制品。向人民法

---

① 何家弘主编．电子证据法研究 [M]. 北京：法律出版社，2002：20.

② 张嘉军，张红战．我国证据种类的反思与重构 [J]. 甘肃政法学院学报，2005（02）.

院提交的视听资料和电子数据应当注明制作方法、制作人、制作时间和证明对象，声音资料还应当附有该声音的文字记录。向人民法院提供的外国语视听资料或电子数据，应同时附有具有翻译资质的机构翻译的或其他准确翻译的中文译本，并由翻译机构盖章或翻译人员签名。（四）证人证言。向人民法院提供的证人证言应当载明证人的姓名、年龄、性别、职业和住址等基本情况，并且要有证人的签名和出具证言的日期，证人如果不能签名的，也应当盖章或按捺手印。证人是单位时，向人民法院提交的证人证言，应当由单位负责人和制作证明材料的人员签名或盖章，并加盖单位公章。从理论上说，证人只能限于自然人，因为证人的权利义务只能由自然人承担，而单位是不能感知案件事实与陈述的，也无法完成提交证明材料的。（五）鉴定意见。提交鉴定意见应当载明委托人和委托鉴定的事项，应有向鉴定机构提供的相关材料、鉴定的依据、使用的科学技术手段、鉴定部门和鉴定人鉴定资格的说明以及鉴定人的签名和鉴定机构的公章。对于通过分析获得的鉴定意见，还应当说明分析过程。司法鉴定实行鉴定人负责制，鉴定人应当独立进行鉴定，对鉴定意见负责并制作鉴定书。必要时，鉴定人有义务出庭作证，经人民法院通知，鉴定人拒不出庭作证的，鉴定意见不能作为认定商事诉讼事实的依据。（六）勘验笔录。制作勘验笔录时，勘验人必须出示人民法院的证件，邀请当地基层组织和当事人所在单位派人参加，当事人或当事人的成年家属应当到场，拒不到场的，不影响人民法院勘验工作的开展。有关单位和个人有义务协助勘验工作和保护现场。[①]人民法院对现场或物证勘验时，要仔细记录勘验的时间、地点、在场人、勘验程序与经过、勘验结果和勘验人，并由在场人、勘验人签名或盖章。

在商事诉讼过程中，当事人负有举证责任，如果当事人提供的商事诉讼证据不充足，人民法院有权要求补充商事诉讼证据。在特殊情况下，当事人自身无法取得证据，人民法院可以在职权范围内向有关单位或个人调取商事诉讼证据。人民法院需要依据职权收集和调查的证据，一是原告、第三人及其诉讼代理人提供了证据线索，但由于客观原因无法自行收集而申请人民法院调取的，二是当事人应当提供而无法提供原件或原物的。人民法院调查和收集商事诉讼证据时，可以通过调查询问、调取有关材料、勘验检查和提交

① 张嘉军.历史流变中的民事诉讼证据种类[J].现代法学，2005（02）.

鉴定等方法进行。

人民法院可以对商事诉讼证据进行保全。当事人的证据有可能灭失或以后难以取得的，人民法院可以依据职权或当事人申请对商事诉讼证据进行保全，并根据商事诉讼证据的属性，采取相应措施加以保全。

商事诉讼证据能力是证据材料在商事诉讼中可被采纳为认定待证事实根据的一种法律资格。大陆法系称为证据资格，英美法系称为证据的可采性。当然，证据的可采性与证据能力有时并非完全相同。没有证据能力的材料，就不允许作为证明商事待证事实的证据，而有证据能力的材料，有时因法官的审查判断也会不被采纳。证据能力对于商事诉讼证明具有重要意义。证据能力的有无是人民法院认定商事诉讼证据时首先要判断处理的问题，当事人提交的各种商事诉讼材料，只有具备证据能力，才能进入诉讼程序并对待证事实予以证明。在商事诉讼证明过程中，如果一方当事人提出证据材料，另一方当事人对其证据能力表示质疑，人民法院应当先对证据能力进行判断，如果认定缺乏证据能力就排除出诉讼程序。

商事诉讼证据的证明力是证据能够证明待证事实的能力。商事诉讼证据的证明力体现的是在证明商事案件事实方面作用的大小、强弱和程度，是由证据的真实性与关联性决定的。商事诉讼证据的证明力有一个演变过程，从法定证据原则到自由心证原则，商事诉讼对证据的证明力更加注重发现案件真实。证明力的判断是法官的职责，法官可以凭借自己的良心、理智和技能判断商事诉讼证据的采信。[①]当然，即使在现代商事诉讼中，也还保留着法律直接规定证据证明力的制度，这在证书、买卖、期货和网络销售等领域是必要的。

对商事诉讼证据进行审核认定时，倘若发现证明同一待证事实有数个商事诉讼证据的，那么其证明效力一般可以按照以下情形处理：国家机关以及其他职能部门依职权制作的公文书证明力大于其他书证；鉴定意见、勘验笔录、档案材料、经过公证或鉴证的书证的证明力大于其他证据；原件、原物的证明力大于复制件、复制品；法定鉴定部门的鉴定意见证明力大于其他鉴定部门的鉴定意见；人民法院勘验制作的勘验笔录的证明力大于其他部门勘验制作的勘验笔录；原始证据的证明力大于传来证据；其他证人证言的证明

---

① 何颖冰．以审判为中心下自由心证的路径探讨 [J]. 理论观察，2018（05）．

力大于与当事人有亲属关系的证人证言，[①]也大于其他密切关系的证人提供的对该当事人有利的证言；出庭作证的证人证言证明力大于未出庭作证的证人证言；若干种类不同但内容一致的证据证明力大于一个孤立的商事诉讼证据。

商事诉讼证据能力是证明力的前提，有证据能力的商事诉讼证据才有证明力，凡有证明力的商事诉讼证据，在证据能力上均具有法律资格。在商事诉讼过程中，当事人对证据能力和证明力的抗辩，既不存在先后问题，也不能主张互为前提，但法官对商事诉讼证据能力的审查属于对证据形式要件进行的判断，而对证据证明力的审查属于对商事诉讼证据的实质要件进行的判断，二者统一构成了法官对商事诉讼证据进行审查的全部内容。[②]对商事诉讼证据能力的采证属于形式要件的认定，涉及商事诉讼证据的合法性，对于商事诉讼证据证明力的采证属于实质要件的辩论，当事人更加注意商事诉讼证据的客观性与关联性。

商法的技术性非常显著，无论是组织法还是行为法，都是建立在周密的技术规范上的。比如，公司法中不同公司类型相互转换、各类股份及股东会和董事会的法定人数、董事与监事的选举与罢免、公司反收购措施等，证券法中证券交易、持续信息披露和上市公司收购等，保险法中保险费率的精算、保险保证金、保险保障基金、保险资金运营等，票据法中票据的文义性和无因性、票据的出票、背书、承兑、抗辩和追索权的行使等，都具有很强的技术特色。[③]因此，商事诉讼证据的含义、分类、证据能力和证明力也具有高度的技术含量，不能笼统按照证据法的一般规则解释商事诉讼证据的具体判断与收集。

质证以后的证据才能被采信。商事诉讼证据的对质、辨认和核实，是在法官的主持下进行的。当事人对提交给审判庭的有关证据进行辨认和对质，围绕商事诉讼证据的真实性、关联性和合法性以及证据的证明力进行辩论。商事诉讼证据的对质、辨认和核实是对商事诉讼程序的重要环节，一切商事诉讼证据都应在法庭上出示，并经庭审质证，才能作为裁判的依据，人民法院依照职权调取的商事诉讼证据也要经过质证。当事人在开庭前证据交换时没有争议并记录在案卷的商事诉讼证据，经法官在开庭审理中说明后，可以

---

① 张保生．事实、证据与事实认定 [J]. 中国社会科学，2017（08）．

② 刘洋．案件事实认定的新思维：从诉讼证据到定案根据 [J]. 甘肃社会科学，2017（03）．

③ 朱羿锟．商法学 [M]. 北京：北京大学出版社，2012：7.

作为判断待证事实的依据。商事诉讼证据进行辨认和质证过程中，经审判庭准许，当事人及其代理人可以就相关证据问题相互发问或补充说明证据情况，也可以向鉴定人、证人或者勘验人发问。质证对于商事诉讼证据的运用至关重要。当事人仅仅提交商事诉讼证据，并不能当然产生诉讼上的法律效果，只有经过双方当事人的相互质证，才能使得商事诉讼证据与待证事实联系起来，才能在法庭上呈现出双方当事人对案件事实争议的焦点，也才能使法官对商事诉讼证据的真伪性进行判断，从而形成内心确信，最终作出裁判。

审核商事诉讼证据，是在双方当事人质证的基础上的。商事诉讼证据的审核认定是法官在听取当事人的说明、对质和辨认后，对商事诉讼证据作出的采信与否的判定。商事诉讼证据审核认定的内容范围很广泛，没有严格的界限，大致来说，主要审核认定商事诉讼证据的真实性、关联性和合法性。不能作为裁判根据的商事诉讼证据要予以排除，常见的排除情形有：严重违反诉讼程序收集的商事诉讼证据材料；以偷拍、偷录和窃听等方式获取的侵害他人正当权益的商事诉讼证据材料；以利诱，胁迫、暴力和欺诈等不正当方式获得的商事诉讼证据材料；当事人逾期提供的商事诉讼证据材料；在我国领域外或在港澳台地区形成的没有办理法定证明手续的商事诉讼证据材料；当事人无故拒不提交原件或原物，又没有其他证据印证，且对方当事人不予承认的证据复制件或复制品；当事人或案外人做过技术处理导致无法判明真伪的商事诉讼证据材料；不能正确表达意思的证人提供的证言；不具备合法性和真实性的其他商事诉讼证据材料等。商事诉讼证据的审核要符合商法规则。以股权转让来说，有三种类型，即内部转让、外部转让和强制执行的转让。对于内部转让和外部转让，公司章程就可以自行确定，并且可以优先适用章程规定的转让规则。如果公司章程没有相应的安排，法定默示规则就是股东内部可以相互自由转让股权，可以转让股东的全部股权，也可以转让部分股权，如果向非股东转让股权，就会受到一定的限制，即应当由其他股东过半数同意。征求其他股东意见的方法是，股东将其股权转让事项书面通知其他股东，其他股东自接到通知之日起一段时间内没有答复的，就视为同意转让。如果在公司诉讼案件中，遇到股权转让争议，证据审核就要按照上述规则进行，要审核当事人是否提交或质证转让的书面通知，是否有未答复的证明材料。所以，商事诉讼证据制度在一定程度上就是商法在诉讼程序中的体现，是商法规则按照证据要求再现到法庭中来。

## 二、商事诉讼证据的新定义

长期以来，人们习惯使用却忽视了对商事诉讼证据含义的深度思考。作为最活跃的社会经济活动，商事法律关系随着科学技术进步不断更新。以交易活动为例，最初是航海贸易，随着运输技术的不断发展，陆上贸易成为主要形式，而且航空贸易也在成倍增长。早期以商品和货物为主，而现在服务贸易和互联网交易越来越重要，特别是资本投资和金融市场异常繁荣。传统贸易以面对面的协商和口头交易最为常见，而现在通信技术为交易者提供了更为便捷的方法，以前采用票据、现金和银行转账进行支付，而现今网络银行、电子货币和电子支票等新兴支付手段不断涌现。这些交易方式的改变，引起了法律界对商事诉讼证据概念的重新思考，①学者们意识到对商事诉讼证据概念的忽视会导致商事法律的不周全，于是纷纷自觉地对商事诉讼证据概念展开反思和重构，由此形成了许多观点和主张。②但是纵观目前对商事诉讼证据概念的学术纷争，不难发现，绝大多数学者对商事诉讼证据含义的揭示，都拘泥于证据的形式概括，疏于对商事诉讼证据概念的价值功能进行剖析，特别是忽略了商事诉讼证据与商事法律的密切关系，很难对商事诉讼证据概念作出清晰地描述。

当前在研究商事诉讼证据的含义时，习惯用商事诉讼证据概念作为称谓，就是将商事诉讼证据的含义理解成证据的概念。这种称谓一般情况下不会造成明显的错误，但有时候在严格的商事诉讼实践中是不准确的。可以说，证据概念与证据的定义不应该被混淆。概念是逻辑思维的基本形式，能够反映客观事物的本质特征，人们在认识事物与现象过程中，把感觉到的客观对象的共同特点抽象出来予以概括，就形成了概念。定义则是指明概念内涵的逻辑方法。商事诉讼证据本身就是一个概念，是对审判实践中普遍存在的物证、书证、视听资料、电子数据等诉讼材料共同属性的概括。将商事诉讼证据的解释再称作证据概念有些不正确，不能反映出商事诉讼证据的实际作用与价值。通常所称的商事诉讼证据概念，指的是以商事法律规定的形式呈现出来的证明待证事实情况的一切事实，并不是证据的概念，而是对商事诉讼证据作出的定义。商事诉讼制度中，之所以严格区分证据概念和证据定义，不仅是因

① 左卫民．审判中心与证据法：一点浅思 [J]. 证据科学，2016（03）．

② 罗纳德·J·艾伦，张保生，张月波，汪诸豪．证据法、诉讼法和实体法的关系 [J]. 证据科学，2010（06）．

为使用这两个表述时常常混淆，而且更重要的是证据概念和证据定义本来就是两个不同的逻辑范畴。

## （一）商事诉讼证据是什么和商事诉讼证据应该是什么

围绕商事诉讼证据概念的争议看起来是在讨论同一个法律问题，但仔细观察就会发现，众多争议中并不是针对同一个问题的。商事诉讼证据概念事实论和根据论是两种主要观点，前者探索的是商事诉讼证据是什么，后者讨论的则是商事诉讼证据应该是什么。两种不同的探讨方法关注的内容差别极大，分别代表了商事诉讼证据概念的认识论方向和价值论方向，反映出商事诉讼证据概念在审判实践与理论思索上的分野。

研究什么是商事诉讼证据，是对商事诉讼证据本质的探究，对证据本质的思考是法哲学问题。法哲学视野里的商事诉讼证据，是用来证明商事案件真实情况的根据，肯定会要求其自身必须是客观的和真实的，并与商事案件事实之间具有关联性。问题在于，在具体审判实践中，由于受到法官认识能力和认识条件的限制，对于法哲学上的证据并不能完全识别并得出精确的判断。[①]就是说，商事案件的事实未必能被发现、收集并被作为商事诉讼证据来使用，一些假象却有可能由于认识和判断的局限被当作证据使用，这种状况只能尽可能克服，但不可能完全避免。比如，现行保险法对投保欺诈的规制存在缺陷，为投保欺诈者提供了可乘之机。非保险法规制的途径有合同法和侵权责任法。但投保欺诈与违约责任构成要件不一致，缔约过失损害赔偿责任也不能为保险人提供法律救济，另外，承认保险人欺诈撤销权的规定，则会破坏如实告知义务的基本原则，会损害保险法的整体性。故意损害他人利益的行为可以被认定为侵权行为，投保欺诈是故意损害保险人经济利益的行为，投保人应对保险人承担侵权损害赔偿责任，但侵权责任法在举证方面的难度很大，在审判实践中难以适用。[②]这就产生一个问题，商事诉讼证据到底是什么，如果是商事诉讼中面临的事实，但可能无法用证据加以证明，如果是法哲学中的证据，但却没有商事法律的支持。因而站在审判实践的角度，法哲学上的证据只能是追求的目标或理想模型，而不可能是现实审判中的

① 肖晗．民事证据客观全面收集原则质疑 [J]. 河北法学，2012（10）．

② 武亦文．投保欺诈的法律规制路径 [J]. 法学评论，2019（05）．

证据。

商事案件常常发生，不可能指望人们对案件事实百分之百地发现真实时才去裁判案件。真实的商事诉讼证据和用真实证据能够证明客观真实时，法院才去解决纠纷，这有悖于司法公正与和谐社会的要求。必须基于现有的商事诉讼证据的认识来处理实际发生的商事争议，或者说，必须从审判实践的迫切需求出发，对解决商事纠纷需要什么样的证据作出抉择。证据法的历史表明，神示证据的出现发展到当今大量证据规则的产生，反映了司法制度对案件真相的积极追求。但最终人们还是意识到，商事诉讼证据是什么的问题，只能产生不必要的困扰，无助于商事诉讼工作的正常开展。放弃对商事诉讼证据是什么的法哲学思索，直接思考商事诉讼证据应该是什么，可能会对商事诉讼实践更有意义。

商事法律中的证据，不再将重心放在证据是不是事实的问题上，而是更关心什么样的证据能被人们认可，能被法官采信，能被现代商事诉讼的价值观包容和接受。[①]现在商事法律与商事纠纷的处理途径里，实际上已有了一个与法哲学完全不同的商事诉讼证据概念，商事诉讼证据的含义已不是客观的和真实的，而是商事法律拟制的。商事法律要求商事诉讼证据有什么样的形式、内涵、品格和真实性，它就有什么样的形式、内涵、品格和真实性。商事法律要求商事诉讼证据必须以公证文书的形式表现出来，那么不符合这种表现形式的就不是商事诉讼证据，即使它是客观的和真实的。

现代公司法理论强调公司的经济属性，突出公司章程和程序规则在公司治理中的作用，但是，具有亲属关系的股东控制的家族公司很难严格执行公司治理的规则，其具有明显的家族伦理影响，有着不同于普通公司的治理机制与目标。家族公司将亲属关系嵌入公司治理，使得亲属关系在家族公司中具有工具与目的的双重属性。家族公司的治理伴随着家庭成员间的互动方式，受到家庭成员间相互关系的制约。典型的家族公司中，家族股东在权力与利益分配上比较遵循利他主义、互惠与信任，这抑制了公司章程与股东会的作用，会产生事后背信的风险。[②]在解决家族公司纠纷时，法官面临家族关系与公司关系之间的紧张对立，必须特别注意案件发生的背景事实与当事人的身

① 何家弘．证据的采纳和采信——从两个“证据规定”的语言问题说起 [J]. 法学研究，2011（03）.

② 刘东辉．公司法如何面对家庭秩序——以一个家族公司的裁判为例 [J]. 交大法学，2019（03）.

份关系。处理家族股东之间的利益纠纷，不得不考量信任与互惠规范的法律价值，发现当事人在家族公司治理中的法律事实的模糊性与不规范特征，以便制止当事人事后的谋利。基于家庭成员间的特殊期待与信任，可以直接适用公司法上的默认规则，也应该适用诚实信用原则填补漏洞，以实现家族公司纠纷中事实认定的公平。就是说，家族公司纠纷在很大程度上掺杂了实际发生的事实情况，而不是严格按照法哲学定义去寻找和发现商事诉讼证据的。

正如客观真实和法律真实概念的分化对于商事诉讼证明产生重要影响，承认法哲学意义上的商事诉讼证据与审判实践中的证据的区别，并自觉实现研究视角的转换，是商事诉讼证据概念科学化的当然表现。实际上，分清商事诉讼证据是什么与商事诉讼证据应该是什么，对商事诉讼证据的实际应用是必不可少的。

### （二）从商法解释意义上分析商事诉讼证据的含义

证据概念应对证据现象具有解释的作用。对商事诉讼证据下的定义不能解释说明实际存在的证据现象，那么定义就不够全面和准确，由此树立起来的概念体系就会出现混乱和矛盾。比如，民事诉讼法列举了八种证据后，又明确规定证据必须查证属实才能作为认定事实的根据。这就会产生一个疑问：既然商事诉讼证据都是真实的事实，不属实的材料不能作为证据，为什么还要查证属实呢？已经确定的事实材料却还要再去审查是不是事实，这就等于问证据是不是证据一样荒谬。[①]之所以出现这种不符合逻辑的情况，很可能在于解释对象与解释工具之间出现了冲突。具体来说，就是用法哲学的证据概念解释发生在商事诉讼中的证据现象，而不是按照商法规则对商事纠纷呈现出的证据现象进行说明和应用。法哲学上的证据当然应当是客观的和真实的，不需要再查证属实的，但商事诉讼活动中的证据材料形形色色，真假混杂，不进行查证就无法判断当事人收集提供的商事诉讼证据是不是客观的和真实的。当事人各方把某种诉讼材料当作商事诉讼证据来收集和提供，在利用其证明案件事实时，当然需要查证才能知道能不能采信，能不能对待证事实起到证明的作用。

随着商事诉讼阶段的推移，商事诉讼证据处于变动的状态。在商事案件

---

① 张斌．论科学证据的三大基本理论问题 [J]．证据科学，2008（02）．

起诉阶段作为证据使用的材料，审查立案时可能被排除，第二审中被排除使用的证据材料，在再审程序中又可能被采信为证据。如果坚持商事诉讼证据的客观性和真实性，那么同一证据材料在一个商事诉讼阶段认定是证据，另一个商事诉讼阶段不认定是证据的情况，就不能得到合理的解释。证据的客观性和真实性在任一商事诉讼阶段都没有变化，商事诉讼证据资格怎么能不断变化呢？有学者认为，商事诉讼证据是由当事人和法官的主观认识决定的，收集提供证据的当事人和法官认为是商事诉讼证据就是商事诉讼证据，而不是以证据的客观性作为判断依据的。[①]意思是说，证据资格是商事诉讼主体依据商法要求赋予的，并不是客观实际中天然具备的，当事人与法官当然可以对商事诉讼证据资格予以剥夺，同一证据材料有时是证据有时不是证据就理所当然了。

诉讼证据总是依附于诉讼程序的，总是相对于具体的程序而存在的，只有在具体的程序中讨论商事诉讼证据才有意义。离开审判中的证明活动和具体的商事诉讼程序，商事诉讼证据概念的存在就没有价值。[②]因此，商事诉讼证据究竟指的是什么，不能脱离商事纠纷的情况，而是要根据当事人对商事争议的主张抗辩进行判断，并且要符合商法解释的一般原则与方法。比如，信息型操纵是我国目前证券执法中的难点，其学理尚不成熟。考虑到我国执法中的实际情况，可将其分为编造传播虚假信息型和利用信息优势型两种基本类型。根据上市公司信息发布和关联主体配合买卖的模式，利用信息优势型又可分为三个亚类型。编造传播虚假信息型的关键是要证明行为人具有能够影响证券市场的特殊身份，利用信息优势型的关键是要以直接或间接证据认定操纵故意。除了操纵计划书、当事人口供和参与者遗留材料等直接证据外，用间接证据认定不正当信息发布行为时，还需要证明信息发布时点的反常性、发布过程和发布内容的草率性。另外，认定不正当信息发布和外部事件之间配合关系的间接证据应当能证明二者在时间轴上具有对应性和关联性，以及配合市场结果产生的特定操纵影响力。不正当信息发布的行为人是上市公司，其责任不应当低于实际控制人，并应当高于市值管理方案提出人或外部配合交易者。上市公司强化信息披露治理能有效减少信息型操纵发生的可

① 张斌．证据概念的学科分析——法学、哲学、科学的视角[J]．四川大学学报（哲学社会科学版），2013（01）．

② 张卫平．民事诉讼法修改与民事证据制度的完善[J]．苏州大学学报（哲学社会科学版），2012（03）．

行性。[①]证明这些信息型操纵行为的证据在商事诉讼各个阶段变化极大，必须依靠商法规则解释这些证据的有效性和可能性，就不能脱离这些具体商事纠纷的案情评价各类证据是否适格。

诉讼证据决定于诉讼主体，在商事诉讼过程中，无论是当事人双方还是中立的法官，都在收集、运用商事诉讼证据，证明自己的主张或判定的合理性和正当性。相对于商事诉讼证据这个认识对象，当事人双方、法官与其他诉讼参与人都是认识主体。同一证人证言或物证能否成为商事诉讼证据，由于立场不同和认识水平差异等，可能会作出根本不同甚至彻底相反的判断。假如只从某一诉讼参与者的认识立场和水平给证据下定义，那么商事诉讼证据的内涵肯定不能准确反映证据的复杂性和多元性。在法庭审理过程中，当事人一方提供一份书证，作为否定侵权的证据，法官却不予采信。对法官而言，该书证不是确定商事案件的证据，但对于当事人一方，该书证是否能被称为商事诉讼证据，就需要从不同意义上分析了。从其功能上看，当事人一方提供的书证恰恰是为了支持自己的抗辩，虽然不属于定案证据，但仍然是抗辩证据。商事诉讼法对抗辩证据和定案证据的确定权分别给予当事人和法官，而且不同身份的证据遵循不同的证据规则。抗辩证据一般来说只要收集提供来支持当事人的抗辩即可，而不要求如同定案证据必须具有客观性和真实性。

在证据的使用规则中，有非法证据排除规则、最佳证据规则等，当事人任一方提供的证据被法官排除后，这份证据就不是定案证据，但这与证据的真实性与客观性可能没有丝毫关系，而只是依赖商事诉讼证据规则作出的选择。一份在收集、提供程序上不合法的证据，由于证据使用规则的例外规定，对其不法收集、提供行为进行弥补后，也有可能获得商事诉讼中的合法资格，并被采信为定案证据。这种情况无疑表明，商事诉讼证据资格的获得并不依据商事诉讼证据是什么，而是依赖于当事人、法官或其他诉讼参与人认为商事诉讼证据应该是什么。

《中华人民共和国民法总则》第六十一条第三款基于内外有别的法理确立了善意有效规则，将法定代表人越权担保的规范限制在“知道或者应当知道”的判断当中。英国已放弃推定公知规则，美国判例法中建立了固有授权规则，这些规定表明，法定代表人越权行为中应坚持“原则有效，例外无效”的立

① 缪因知．信息型操纵市场行为执法标准研究 [J]. 清华法学，2019（06）.

场，并按照商事交易的具体环境得出法律效力的结论。[①]“知道或者应当知道”这一除外条款的立法表达，并没有考量商事活动对交易便捷的现实需求，也不完全符合现代商事法律强调自愿原则的惯例。在商事诉讼证明活动中，也很难证明知道或者应当知道的主观意图，不利于商事纠纷的解决。这也说明商事诉讼证据制度不必刻意探讨商事诉讼证据是什么的问题，而是应当将注意力放在各类商事争议中的实际诉求方面，每一个商事诉讼请求都是特定的、独一无二的，都需要得到现行商事法律的详细解释与关照。因而商事诉讼证据是什么，会随着商事诉讼的进程与诉讼请求而变化的，并且会由于商事制度的创新不断呈现出新的证据现象。

从商事诉讼过程对证据概念的理解，或者说商事诉讼证据概念对诉讼过程中证据现象的解释，重点问题就是商事诉讼证据概念与证据能力、证明力之间的联系。证据能力表现为商事立法对商事诉讼证据概念的影响。有学者认为商事诉讼证据能力就是符合商事法律规定，得到商事法律上的承认，得不到商事法律上的承认，就不具有证据能力。据此来看，商事诉讼证据能力产生于商事法律上的规定，并不是商事诉讼证据本身固有的。这种观点直白地说，商事诉讼证据能力是外在于证据的，不是证据内在属性，并不包含在商事诉讼证据的内涵当中。[②]这种观点在商事诉讼自由心证中，以一般商事实务的惯例选择合适的证明手段，可不局限于任何外在形式获得可采信，有一定的实用意义。但是在商事诉讼需要严格证明时，由于商事诉讼证据必须具有作为证明资格的证据能力，就不一定正确了。没有商事诉讼证据能力，就不能被采信为定案证据，也就是不能称为证据了。是不是商事诉讼证据，要依赖是否具备证据能力，不将证据能力纳入商事诉讼证据内涵考察就不能自圆其说了。在商事诉讼证据概念体系中，并不是各种商事诉讼证据概念都不包含证据能力的要求，只是有些证据概念不要求证据能力。

可作为定案根据的商事诉讼证据，证明力是其自然属性。证明力可称为商事诉讼证据的价值，涉及商事诉讼证据的价值判断，而价值判断是当事人、法官和其他诉讼参与人的一种主观思维活动。在商事诉讼活动中，同一证人证言或物证，是否具有对商事案件事实的证明力，可能出现完全不同的判断。

---

① 吴越．法定代表人越权担保行为效力再审——以民法总则第 61 条第三款为分析基点 [J]. 政法论坛，2017（05）.

② 孙远．证据概念否定论——从证据概念到证据法基本概念体系 [J]. 中国刑事法杂志，2016（02）.

所以，将证明力归入自然属性的范畴不符合商事诉讼实际。[①]证明力属于主观范畴，一个证据材料在客观上本身并不是多么有证明力，如果不被法官和诉讼参与人认可，是不能作为商事诉讼证据发挥其证明作用的。此外，证明力也是一种商事法律拟定，不一定符合客观事实。正是商事法律的拟制，商事诉讼证据即使不符合客观事实，证明力在诉讼上也是有效的，而且只有通过商事诉讼程序才能对这种证明力予以抗辩和否认。作为可赋予当事人、法官进行判断的证明力与商事诉讼证据是并存的，应当在商事诉讼证据的内涵中得到展现。

### （三）从证据功能层面发现商事诉讼证据的含义

证据概念的提出，是现代诉讼制度的必然要求。商事诉讼程序的公正与效率，已经成为整个社会文明与进步的标志，商事诉讼证据作为商事诉讼程序公正的核心内容，会随着社会、政治和经济的演变而增添崭新的内容。商事诉讼证据的概念会在很大程度上折射出一个国家的司法文明程度，也能表现出这个国家商事诉讼程序的运作方式。[②]人们在研究商事诉讼证据的含义，说服他人采纳某种观点，尤其是当自己的观点遭到他人的反驳时，总会通过分析论证来证明自己观点的可靠性。这种现象说明，商事诉讼证据含义的变化多端，造成人们对一个国家商事诉讼制度理解的多维性。所以，对商事诉讼证据含义的发现，可以在一个完整的论证逻辑形式中进行，也可以在一个国家商事诉讼制度中进行。

提交商事诉讼证据是为了证明或说服。在商事诉讼过程中，无论是诉讼参与人还是法官，在收集、提供和使用商事诉讼证据时，无不是为了证明自己主张或抗辩的正当性。原告收集、提供商事诉讼证据是为了证明自己诉讼请求和事实主张的正当性，并以此说服法官支持其诉讼请求和事实主张，被告收集、提供商事诉讼证据则是为了证明其抗辩的合理性，并希望法官支持其抗辩。法官是从裁判中立的立场出发，裁决的作出并不以当事人双方是否服判为转移，但同样要靠商事诉讼证据证明裁判根据的公正性。法官用商事诉讼证据说服当事人双方乃至社会公众的证明期望，以此彰显司法的权威和

---

① 陈瑞华 . 关于证据法基本概念的一些思考 .[J]. 中国刑事法杂志，2013（03）.

② 刘晓丹 . 论科学证据 [M]. 北京：中国检察出版社，2010：112.

公正。由此可见，商事诉讼证据的说服功能对商事诉讼当事人都是不可或缺的，而且也是商事诉讼证据进入诉讼程序并成为证据的必然要求。在给商事诉讼证据下定义时，必须将商事诉讼证据的功能包括进来。

英美信托的双重所有权安排与大陆法系物权法原则存在冲突，无法通过信托法律解释减少相关冲突。大陆法系国家在引入信托时，各种信托模式都试图保留英美信托中受托人的忠实义务，受托人忠实义务中受益人利益的定位，存在单一主义与衡量主义的不同方法。受托人在利益冲突交易与获利上是绝对禁止还是一般限制，对受托人忠实义务有着重要影响。单一主义适用商事信托中的无偿管理，而衡量主义则跟随商业信托运行的客观要求。我国应在区分信托的民商事属性的基础上，灵活适用《中华人民共和国信托法》第二十五条，在民事信托中采用限缩立场，对利益冲突交易进行禁止，同时解释《中华人民共和国证券投资基金法》第十八条的含义，明确规定信托合同约定例外、披露加受益人同意例外等，以便更好保障委托人忠实义务的履行。[①]在信托受托人忠实义务纠纷中，如何把握忠实义务的证明，通过什么样的商事诉讼证据证明受托人的忠实义务，历来是信托诉讼中的难点。如果受托人忠实义务规则改变，在一定意义上会造成商事诉讼证据的改变，即不必重点注意忠实义务的证据证明，而是通过信托合同约定例外、披露加受益人同意例外等规则即可化解甚至消除商事诉讼证据问题。可以说，给商事诉讼证据下定义，不如更多采取措施改变商法规则，依据商事诉讼证据在诉讼中的功能来界定商事诉讼证据的含义。

以定案证据来看，达不到对案件客观事实完全证明，作为理想模型的法哲学上的证据概念，却始终引导商事诉讼证据制度的发展方向，指导当事人、法官和其他诉讼参与人追求事实的证明程度。[②]尽管定案证据还达不到揭示真相的目的，但并没有放弃追求真相的价值取向。商事诉讼证据收集过程中，法律对证据的种类和收集行为的合法性作出了要求，但对什么能够成为商事诉讼证据并没有进行限制，在不同的商事纠纷案件里，当事人和法官拥有相当大的自由性，可以根据不同商事案件的争议焦点，收集对待证事实证明有价值的材料。当然，当事人和法院收集商事诉讼证据时也不是绝对任意的，而

① 曹兴权．信托受托人忠实义务中受益人利益的定位：单一主义与衡量主义之间 [J]. 交大法学，2019（02）.
② 江伟，肖建国主编．民事诉讼法 [M]. 北京：中国人民大学出版社，2015：164.

是凭借自己的知识、技能、经验和理智尽可能发现、寻找那些可能真实的并与案件有关联的证据。当事人自觉地施展自己对证明待证事实的能力，是为了维护自己的合法权益，而且法官在审查、采纳商事诉讼证据时要求证据具备真实性、关联性和合法性，当事人期待自己收集、提供的商事诉讼证据符合裁判要求。法官对商事诉讼证据品格的要求来源于法哲学上对证据品格的认识，在审判实践中可能作了适度的调整，将商事案件的客观真实转换成了法律真实。

现代市场经济的主体不只限于企业法人和商自然人，消费者也发挥着至关重要的作用。面临商业风险的商自然人和负债消费的消费者过度负债，会对市场经济的正常运行产生负面作用，无力偿债风险日益增大，不利于商业安全的维护。个人过度负债是系统性金融风险问题，建立个人破产制度可以化解过度负债危机。个人破产立法应当保障债务人的生存权和发展权，人的因素是个人破产制度设计的核心。①但问题是，个人过度负债如何证明，如何收集消费者过度消费的证据材料，这不单单是破产法能够解决的，而是需要证据法的配合，特别是要规划出相关的商事诉讼证据。当事人、法官、社会公众和债权人对过度负债的理解差别迥异，没有符合实际的并且可以操作的商事诉讼证据就会导致破产法建立的个人破产制度失去存在的意义。

从证据功能上发现商事诉讼证据的含义，有很多种观点。事实说将法哲学上的证据概念与审判实践中的证据概念相提并论，将商事诉讼证据与商事诉讼待证事实等同起来，理论上会自相矛盾。既然商事诉讼证据都是事实，我国民事诉讼法规定证据必须经过查证属实才能作为定案的根据，这就产生矛盾。商事诉讼证据只是商事案件事实发生的反映，是认定和反映商事诉讼事实的依据，不是理解成商事诉讼事实本身。法律存在说关心商事诉讼证据概念的审判实践属性，有一些道理，但试图仅靠合法性就想阐释商事诉讼证据的功能，把证据审查、采信规则等同于商事诉讼证据属性本身，限制了商事诉讼证据的外延。在商事诉讼案件中，如果商事诉讼证据都是合法的，证据审查时为什么还要对其合法性进行审查？非法证据排除规则中的非法证据就没有存在的可能了。反映说注意到了商事诉讼证据不同于客观存在的事物，而是进入了当事人、法官认识视野的事物。商事诉讼证据进入了当事人或法

① 殷慧芬．个人破产立法的现实基础和基本理念 [J]. 法律适用，2019（11）.

官的认识视野，用来作为证明商事案件的手段，反映了当事人、法官和其他诉讼参与人行为具有目的性。[①]但反映说把商事诉讼证据列入主观范畴，把反映对象与反映内容混同起来，会使商事诉讼证据审查活动变得没有程序保障，因为法官无法对存在于当事人头脑中的反映进行审查。

看待商事诉讼证据功能与证据概念之间的关系角度不同，会发现商事诉讼证据的不同含义。商法与民事诉讼法规定的证据形式都是以法院判决为基点的，不是对全部诉讼程序或商法中的证据形式的概括。在商事诉讼审前程序中，尽管当事人或法院收集、提供证据时会考虑到什么形式的证据将来有被采信的可能，但法官采纳的证据形式对商事诉讼审前阶段收集的证据没有拘束力。商事诉讼审前收集的证据即使不具有法官裁判所要求的证据形式，也仍然是商事诉讼证据。

## 三、商事诉讼证据的分类

商事诉讼证据分类是指将商事诉讼证据从理论上按照不同标准划分成不同类别，目的在于研究不同类别商事诉讼证据的特点和运用规律，以便指导商事诉讼工作。[②]研究商事诉讼证据的分类，对深入研究商事诉讼证据的客观规律，提高运用商事诉讼证据查明事实真相有极大的帮助。

证据分类不同于诉讼法规定的证据种类。商事诉讼证据分类是依据证据本身的内涵进行的理论探索，不具有商事诉讼上的法律效力，而且分类标准是开放的。依据不同的商事诉讼标准或规则，可以将商事诉讼证据分为不同的类型。常见的分类中，以商事诉讼证据来源的不同为标准，可以分为原始证据和传来证据，以证据事实的表现形式为标准，可以分为言词证据和实物证据，以证据的证明方向为标准，可以分为有利证据和不利证据，以证据的证明作用和方式为标准，可以分为直接证据和间接证据，以证据事实与诉讼主张的关系为标准，可以分为本证和反证。这些分类在商事诉讼审判中具有实用价值，可以指引当事人举证，也可以为法官审判案件提供证明思路，向来是商事诉讼证据制度中的重点问题。

分类是科学研究普遍使用的方法，是认识和探究客观事物的一种重要途

---

① 陈莹，丛杭青．证据概念的历史演变及其认识论重构 [J]. 厦门大学学报（哲学社会科学版），2011（02）.

② 龙宗智．证据分类制度及其改革 [J]. 法学研究，2005（05）.

径。运用分类方法对商事诉讼证据进行深入研究，不仅能提高商事诉讼证据理论研究水平，而且对当事人、司法人员收集、审查和判断商事诉讼证据，认定商事案件事实有着直接的效用。传统上，对商事诉讼证据按照不同的标准加以区分，是法定程序研究证据的一种方法，目的在于发掘不同类别商事诉讼证据在证明力和证据能力上的法律意义，最终保证商事案件的审判质量。比如，在公司治理中，差异化表决安排是新兴经济发展的创新，是企业家与投资者之间的一种治理契约，蕴含着风险分配、激励机制与自我保护制度。我国首例采用差异化表决安排的优刻得公司治理，引起学者重新反思监事会与独立董事的监督模式，认为不宜强制性推行时间日落条款，应当肯定科创板的现实治理安排，并且谋求控制股东特质企业愿景与少数股东权益保护之间的平衡。监管者应坚持监管强度与投资者博弈能力相匹配的原则，充分尊重差异化表决下的公司自治。①我国在建立差异化表决制度过程中，必须考虑我国投资者保护偏弱、监事会与独立董事监督不力和科创板治理商事裁判刚刚起步的状况。商事诉讼证据的分类，包含着商事诉讼证据证明待证事实的规则与经验，使当事人和法官自觉地按照规律办案，及时排除虚假证据，发现案件真实，提高办案效率，实现司法公正。差异化表决制度发生争议时，可以按照直接证据、间接证据、本证与反证等分类，对各方主张进行比对，从而查明少数股东权益是否得到保护，风险分配与激励机制是否得到落实。

### （一）本证与反证

依据商事诉讼证据与证明责任之间的关系，将商事诉讼证据分成本证与反证。凡是负有证明责任的一方当事人提出用来证明其主张事实的证据即为本证，凡是为了否认对方主张的事实而提出与对方相反的事实根据就是反证。

本证与反证的区分，不是以原告与被告的诉讼地位为依据的，原告和被告都可能提出反证，也都可能提出本证。反证与商事诉讼证据反驳不同，反证是当事人提出证据否定对方提出的商事诉讼事实，而商事诉讼证据反驳并不提出新的证据。反证是试图推翻对方证明的事实，不是对对方诉讼请求的反对。②比如，工商管理局认定被处罚人有制售变质食品的行为，提出当事人

---

① 傅穹 . 表决权差异安排与科创板治理 [J]. 现代法学，2019（06）.

② 何燕 . 关于本证与反证之再思考 [J]. 国家检察官学院学报，2008（02）.

的陈述三份和现场勘验笔录一份，这些证据就是本证，被处罚人提出当事人的陈述中所指的出售时间正值企业设备检修期间，不可能制售变质食品，并展示出相应的证人证言和视听资料，这些证据就是反证。这两类证据所要证明的事实是互相对抗的，只要查明当事人一方的证据是真的，另一方的证据就是假的。制售变质食品的行为是否发生，如果设备检修停业为真，变质食品制售就不可能发生。

编纂民法典是我国市场法律制度体系完善的第一立法任务，民法典的制定过程充满波折和争论，与此同时，商法典编纂也是我国深化经济制度改革必不可少的内容。现在法学界对民事法律关系和商事法律关系重新解读，将商法规范类型分成替代型、补充型和冲突型，为此提出商法典编纂的标准。替代型商法规范适合全部编入商法典，补充型规范多数也可以编入商法典，冲突型规范就尽可能不要编入商法典。商法典的立法技术应当考虑现代经济模式变化迅速的特点，要将替代型商法规范以隐名形式编入商法典，补充型和冲突型商法规范则以显名形式编入。[①] 民法典总则与分则中应当注意对商法典编纂的影响，我国进入民法典新时代后市场经济立法体系完善的重要思路是构建多元的、不断完善的商事立法体系。实际上，商法典编纂要考虑商事诉讼中本证与反证的区分，充分体现商事诉讼审判的实际规律。比如，我国司法审判对公司商业机会认定时，适用标准缺乏共识，法律适用宽严不一，当事人服判率较低。有研究资料显示，我国对公司商业机会的司法认定，不能援引英美判例法的审判路径。[②] 公司商业机会具有营造性和依附性，商业机会司法认定时必须充分展现双方当事人的本证与反证，经过双方当事人的主张与抗辩，用相互对抗的本证与反证证明公司商业机会，而不能指望公司法或商法典以立法的方式界定公司商业机会。董事代表公司行为营造的商业机会归属于公司，归属于公司的商业机会又应当与公司经营范围相一致，这是商业机会依附于公司经营活动的必然结果，也是公司商业机会受到法律保护的条件，公司资本规模、公司发展愿景和交易对方意愿等因素也能成为公司商业机会的司法认定依据。这些法律事实是分散的，随机的，没有固定规律的，必须根据具体商事争议中的本证与反证加以证明。

---

① 周林彬．商法入典标准与民法典的立法选择——以三类商法规范如何配置为视角 [J]. 现代法学，2019（06）.

② 沈贵明．公司商业机会的司法认定 [J]. 法学，2019（06）.

## （二）直接证据与间接证据

直接证据是指能单独、直接证明商事案件事实的证据，间接证据是指不能单独、直接证明商事案件事实的证据，这是依据商事诉讼证据与商事案件事实的关系作出的分类。直接证据的证明力一般大于间接证据。

亲眼目睹双方当事人签订合同的人所作的证人证言就是直接证据。凡是只能证明商事案件事实的某一侧面或某一环节，需要与其它证据相配合使用才能证明商事案件事实的就是间接证据。当事人的银行取款凭证对双方当事人之间的借款合同争议的证明就是间接证据。在商事诉讼实践中，应尽量收集证明案件主要事实的直接证据，单独的间接证据不能认定商事案件事实，必须一系列间接证据形成证据锁链才能认定商事诉讼事实。证据链必须环环相扣，并且只能推理出唯一判断结果。[①] 严密的逻辑推理是发挥间接证据的主要方法，需要法官与当事人善于分析，或者专业技术人员鉴别，才能最终在裁判中使用间接证据。直接证据在商事诉讼中具有很大价值，但经常不易收集，而且往往是言词证据。间接证据大都是实物证据。对间接证据的收集，常常是发现直接证据的开始，也可判别间接证据的真伪与关联性，有时完全使用间接证据形成商事诉讼证明体系，通过细致严谨的收集与推理可以很好地认定商事案件事实。不过，在商事诉讼中，究竟什么是直接证据和间接证据，存在着争论。[②] 在商事案件事实判断时，确实有一种现象，当事人提交的所有证据材料都不能当然证明待证事实，即使一张票据也不一定能直接证明双方是票据关系，因为票据本身可能就是待证事实。

民法中保持商法的独特性，是我国民法体系解决商事问题的一种处理方案。民法与商法的关系有现实的需求，商法突出商事法律行为的形式化，经常剔除对当事人真实意思表示的询问。在民商合一立法模式下，民法总则成为商事规则的法律渊源，既要确立商事规则的独特性，又要保障民法的体系化。德国民法典总则是对民事法律现象的高度抽象，其方法不适用民商合一立法模式中强调商法规则的特殊性。我国民法典总则对商事规则的容纳应坚持体系性和包容性，放弃以传统民法审视商事规则的方法。在互联网经济迅

---

① 阮堂辉．"证据锁链"的困境及其出路破解——论间接证据在我国刑事诉讼中的独立定案功能 [J]. 中国刑事法，2006（04）.

② 李浩．"直接证据"真的不存在吗？ 与纪格非教授商榷 [J]. 中外法学，2017（01）. 纪格非．"直接证据"真的存在吗？ 对直接证据与间接证据分类标准的再思考 [J]. 中外法学，2012（03）.

速发展的背景下，涌现出大量商事主体和商事法律行为，应当为每个商事主体和商事法律行为提供自由平等的机会。[①]所以，我国商事诉讼证据制度不必刻意区分直接证据与间接证据，而是按照商事法律的独特性，对所有商事诉讼证据平等对待，以商事诉讼证据与待证事实的关联性作为采信的依据，为商事诉讼的顺利开展创造便利条件。

比如，不同领域和不同学科的信用概念有不同的含义。商法上的商事信用不只是对商事主体履约或清偿能力的主观评价，更重要的是体现为客观的履约能力，要将商事信用以外在可见的证据方法表现出来。市场经济中的商事信用具有丰富的内容和特定的规范，包括商事信用权、商事信用信息公示、商事信用信息征集、商事信用的评价、商事信用的守信激励与失信惩戒等。[②]大陆法系国家传统商法中没有单独规定商事信用制度，但所有的商法规范几乎都包含着商事信用的充分理由。解决商事纠纷，不论双方当事人如何辩论，都离不开商事信用的证明，而这种证明需要依赖各种商事诉讼证据材料。如果刻意区分直接证据与间接证据，在证明商事信用时就会发生困难。什么商事诉讼证据可以成为直接证据？商事信用必须客观化，而一个企业的财务报告、生产状况、技术水平、知识产权等都可以证明其有没有商业信用，那么这些证据材料是不是直接证据？如果不是直接证据，还有什么可以成为证明商事信用的直接证据？如果是直接证据，但这些直接证据与商事信用是直接等同或关联的吗？这些问题很难得到满意的答案。中国商事信用制度在设计时，本来就是依据商事活动的具体情况进行的，根本就没有明确统一的模式，也不可能用一个标准的方式描述商事信用的内容，因而证明商事信用的商事诉讼证据也难以区分出直接证据与间接证据。

另外，值得注意的是，直接证据不一定是原始证据，间接证据也不一定是传来证据，两类证据之间有重叠关系。是否是直接证据与证明力也没有关系，商事诉讼证据的证明力不是判断是否是直接证据的方法，但判断的结果会影响当事人与法官对证据证明力的发现。在具体的商事诉讼辩论中，当事人更多关注单个商事诉讼证据证明商事案件的待证事实的说服力是不够的。证据本身必须真实可靠并且具有关联性，各个商事诉讼证据之间必须协调配

---

① 许中缘．商法的独特性与民法典总则编纂 [J]. 中国社会科学，2016（12）.

② 赵旭东．商事信用的界定与制度构成 [J]. 浙江工商大学学报，2019（05）.

合，相互印证，不存在矛盾。运用不同商事诉讼证据组成的证据体系时，推理出的结论令人信服。

### （三）原始证据与传来证据

原始证据是直接来源于商事案件事实、未经中间环节传播的证据，传来证据是经过中间环节传播得来、非直接来源于商事案件事实的证据。凡是直接源于商事案件事实的证据材料就是原始证据，通常称为第一手证据材料。行政许可证书的正本、假冒商标原物、合同书原件等都是原始证据。凡是经过中间传抄和转述获得的商事诉讼证据材料就是传来证据。营业执照的复印件、商品的照片、合同书的誊抄本等都是传来证据。原始证据直接形成于商事案件事实，证明力大于传来的证据。一般来说，中间环节越多，商事诉讼证据失真的可能性越大，对待证事实的证明力与传递次数呈反比。商事诉讼中当事人应该尽量提交原始证据，法院也应当尽可能收集原始证据。当然，也不要忽视传来证据对认定商事案件事实的作用，依靠传来证据可以发现商事案件事实的线索，也可以辅助证明其它商事诉讼证据的真伪性或可信度。商事诉讼原始证据灭失的情况下，查证属实的传来证据与其他商事诉讼证据一道可以作为法官判定商事案件事实的根据。但原始证据与传来证据的区分面临着新兴交易与商事活动的挑战，甚至有些方面已经无法明确区分两者的不同了。

比如，人工智能算法不公开和不透明，被称为“算法黑箱”。不少人主张和要求算法透明，但绝对的透明按照行业规矩与技术要求是不可能的，即使透明也是相对的。人工智能时代的算法不公开是原则。不过，法律要求公平，追求对每一个商事主体的平等保护是人工智能算法的应有内容。商事主体应有权要求算法公平。算法透明追求的其实是算法的简要说明，包括算法的逻辑、算法的假设和限制、算法的种类、算法的设计者、算法的风险、算法的功能、算法的重大变化等。算法透明的具体方法除了公开披露之外，还可以有诸如算法备案、算法解释权等替代工具，以及算法审查、算法治理、评估与测试、第三方监管等保障算法公平的其他方案。[①]但问题是，如果发生算法纠纷，当事人举证的哪些材料是原始证据或传来证据？这在商事诉讼证

---

① 徐凤．人工智能算法黑箱的法律规制——以智能投顾为例展开 [J]. 东方法学，2019（06）.

据法上几乎无法解答。

互联网普及和发展为互联网金融创新提供了技术支持，对传统的金融监管体制提出了新课题。不确定性本身构成了互联网金融监管的法律风险。尽管可以互联网金融的优越性从不同的角度呈现出，但金融监管仍倾向于将互联网金融拆分为互联网和金融两个方面，并对金融部分实施传统监管。①我国商事立法对于互联网金融不适应，监管方式呈现出滞后性和缺乏性，加上互联网金融本身的特性，我国互联网金融供应链面临着合法性风险。利用互联网金融进行不法活动、商事责任承担风险和互联网平台潜在风险等影响我国互联网金融的正常进展。我国应当通过商事立法赋予互联网金融供应链合法的资格，区分情况准确适用商法加重责任，明确互联网金融活动中的法律关系。②在互联网金融纠纷里，怎样确定原始证据与传来证据，或者说区分原始证据与传来证据对证明待证事实有什么意义，已经变得不甚明了或者无关紧要了。互联网金融监管与互联网金融供应链几乎都是通过互联网方式进行工作的，形成的电子数据或视听资料既是原始形成的证据也是“复印”的证据，所以不能严格区分开来。现代商业活动，与科技发展紧密联系，交易手段与记录方式几乎不可分割，商事活动的进行同时就在保留证据。微信、手机短信、网上聊天记录、电子签名等很难界定成原始证据或传来证据，而且即使区分开来，在证明商事案件事实时证明力也没有区别。

我国民事诉讼法和《关于民事诉讼证据的若干规定》确立了书证的原始证据与传来证据运用的一般规则。当事人和法院在商事诉讼中优先收集、提供和采信原始证据，奉行原始证据优先原则。传来证据必须与原物、原件相互印证才能作为认定商事案件事实，适用补强证据规则。在一些情况下，当事人可以出示书证的复制件：书证原件灭失、毁损或丢失的；书证原件在对方当事人掌握下，经法院通知提交而拒不提交的；书证原件被其他诉讼参与人或案外人控制着，而其有权不向法院提交的；书证原件因篇幅或体积过大不便提交的；承担商事诉讼证明责任的当事人申请法院调查收集或其他方式不能得到书证原件的。法院可以结合其他商事诉讼证据和商事案件具体情况，审查判断书证复制品等能否作为认定商事案件事实的根据。这些规则在书证

---

① 彭岳 . 互联网金融监管理论争议的方法论考察 [J]. 中外法学，2016（06）.

② 王建文 . 论我国互联网金融供应链的违法性风险及其规制 [J]. 海南金融，2016（02）.

范围是合理的，但在很多其他商事诉讼证据种类里难以适用。[①]电子数据、视听资料、勘验笔录、鉴定意见甚至证人证言，有时候不能明确区分出是否为原始证据，更多情况下是依据这些商事诉讼证据对待证事实的证明情况来取舍这些证据的。

### （四）言词证据与实物证据

根据商事诉讼证据的表现形式，可以将其划分为言词证据与实物证据。凡是通过当事人、诉讼代理人、证人、鉴定人、勘验人以及专家辅助人的陈述形式证明商事案件事实的证据都是言词证据。凡是通过物品的外部特征或记载的意思内容证明案件情况的证据都是实物证据。

言词证据与实物证据的不同特点，在商事诉讼审查和判断过程中必须高度注意，要求法官和当事人充分考虑这两类证据在证明商事诉讼待证事实时具有的不同规则。言词证据具有形象性和生动性，较易失真而且不容易固定。实物证据的客观性较强，可变性也较强，而且经常是间接证明待证事实的。针对言词证据与实物证据的不同特征，商事诉讼要制定相应的收集、质证和认证规则。在商事诉讼中，收集言词证据主要运用询问或录音、录像的方法，收集实物证据则主要采用勘验、扣押、查封、搜查和冻结等方法。言词证据与实物证据都应当通过开庭质证才能作为认定商事诉讼事实的根据。言词证据应主要审查商事诉讼证据的提供者是否存在使证据失真的因素，实物证据应着重审查证据是否被篡改和伪造，是否会因时间推移或环境变化而改变物理性能。不过，商事诉讼证据制度近年来的变化出人预料，众多传统商事诉讼证据观念都面临着修正，实物证据与言词证据的分界线也越来越模糊。

公证作为商事活动事前风险防范机制，在预防纠纷、减少商事诉讼方面有着独特用途。公司是重要的商事活动主体，其商事法律行为是否规范有序，不仅影响公司股东、雇员的合法权益，还对与公司交易的第三方的交易安全造成影响。公司法领域里的强制公证与自愿公证对公司商事法律行为的规范有直接作用，但我国公证制度介入公司实务遭遇现实的困难，公证在公司活动领域预防商事纠纷的功能得不到广泛支持。在公司法中建立完备的公证规

---

① 冯锦彩 . 民事书证收集立法：问题及其完善 [J]. 理论探索，2008（05）.

则，能够充分发挥公证预防商事纠纷、维护商事主体交易安全的作用。[①]那么这就产生一个问题，公司法领域里的公证文书是言词证据还是实物证据？公司立法中应区分强制公证和任意公证的公司事项，并具体列明二者的适用范围。在不同的公证类型里，公司法上的公证文书具有不同的意义。因为这些公证文书的证明很多情况下需要公司高级管理人员、股东与职员的证人证言进行补充，只凭借这些公证文书是不能当然证明待证事实的。

我国《民法总则》"通谋虚伪表示"第一案虽然对处理金融领域"黑白合同"纠纷具有风向标作用，但还有不少问题亟待澄清：商事动机不是商事法律行为中的意思表示的构成要件，通谋虚伪表示中欠缺与意思表示相应的法律效力，"名为票据活动、实为借贷"这一判断从商事活动上是成立的，但作为法院的裁判依据则不符合商事诉讼证据逻辑。通谋虚伪表示是民法上的真意主义的产物，与贯彻表示主义的票据法体系相悖。[②]那么"黑白合同"是实物证据还是言词证据？通谋虚伪表示在商事诉讼证据来看经常是实物证据与言词证据相混合的。票据行为基于文义性、无因性、要式性、独立性及其采取的表示主义解释原则，说明票据纠纷一旦试图对票据内容进行证明，就必然言词证据与实物证据的特征都呈现出来。当事人陈述、证人证言和鉴定意见等是言词证据，物证、书证、勘验笔录、视听资料和电子数据等是实物证据，其实，它们各自都有着对方的特征。

## 第二节　商事诉讼证据的特征

证据的客观性是商事诉讼证据的自然属性和最本质的特征，也是证据关联性和合法性的基础。证据的关联性是在客观性的基础上对商事诉讼证据特征的另一种表现，体现了商事诉讼证据证明商事案件事实的作用和价值。证据的关联性要求商事诉讼证据必须与商事案件事实有实际联系，对证明商事案件事实具有实际的意义。证据的合法性是指商事诉讼证据必须依法收集和运用，是证据客观性和相关性的重要保证，也是商事诉讼证据具有法律效力的重要前提。商事诉讼证据的这些特征，随着商事活动与商事纠纷的复杂化

---

① 薛冰. 公司法视野下公证制度的建构 [J]. 法学杂志，2018（12）.

② 曾大鹏.《民法总则》"通谋虚伪表示"第一案的法理研判 [J]. 法学，2018（09）.

而变得不容易确定，在一些具体的商事案件中不得不按照商法规范而调整或改变。

进入 21 世纪，我国商业规模不断扩大，金融、保险、票据、企业等各项制度都在不断创新，商法规范呈现出类型复杂化、利益主体多元化和政府监管参与角色多样化，使得商法中意思自治和强制监督混杂在一起，出现了商法公法化的趋势。商法任意性规范属于私法性质，商法强制性规范被视为公法性质，导致商法强制性规范的复杂性和商事主体行为模式的不确定性。通过对商法强制性规范深入分析，才能对商法中的意思自治有正确的了解。商事诉讼证据制度也应当顺应这种变革，其客观性、关联性和合法性的特征必须带有商法公法化的烙印。我国民商不分的混合立法模式，单行商法构成的商法规范体系存在着各自为政的缺陷，难以形成统一的商事诉讼证据特征。我国现行商法体系存在缺陷，必须推动商法通则的建立，实现民法与商法的区分。民法与商法区分，就要对民事法律关系和商事法律关系区分对待，分别适用不同法律或商事诉讼证据制度，根据不同的证据法理念判断商事案件事实。[①]确定民事法律关系与商事法律关系的不同判断标准，必然引起商事诉讼证据特征的转变。在民商分立国家的商法典中，是以商人身份作为适用商法规则的，商人身份与商事法律行为的判断需要有特别的商事诉讼证据支撑。商人与商事法律行为是商法的核心，也是确定商事法律关系的证据判断标准。应当结合商法规则的特点，重新思考商事诉讼证据的特征，将民事争议的证据特征与商事争议的证据特征区分开。比如，经营者与经营行为的判断，显然与婚姻关系的判断依据不同，将经营者与经营行为以商法基本范畴构造商事诉讼证据锁链，更能发挥商事诉讼证据特征的作用。

## 一、客观性

证据的客观性，即证据的真实性，意味着商事诉讼证据的形式和内容必须是实际存在的事实，而不是伪造或虚构的事实。商事诉讼证据要以能够被人感知的一定形式展现出来，并且必须是真正发生的法律事实，能够反映商事纠纷的实际情况。证据的客观性并不意味着商事诉讼证据不具有丝毫主观

---

① 姜燕．商法强制性规范中的自由与强制——以历史和类型的双重角度 [J]. 社会科学战线，2016（08）.

的因素。①商事诉讼证据不以人的主观意志为转移，任何主观想象、假设、臆断、虚构、猜测和梦呓以及来源不明的道听途说都不是客观存在的材料，不能成为商事诉讼中的证据。商事诉讼证据的客观性是由商事案件本身的客观性决定的。任何商事法律行为都是在一定时间和空间范围内发生的，只要有商事法律行为发生，就会留下各类印象、痕迹等形成商事诉讼证据。商事诉讼证据要经过当事人、法官、检察官、其他诉讼参与人等收集和提交，包含着诉讼参与人的思想活动和认识评价，如询问证人、当事人质证、专家辅助人的提问，鉴定人发表意见，实物证据要加以固定、保全，现场勘验也要制作笔录，都有主观分析的内容，并不是纯粹客观的。但这些主观因素不能歪曲客观事实，不能掩盖证据是在实际发生的商事纠纷中产生的。②当事人的陈述、证人证言、鉴定意见等离不开人的主观意识活动，但按照法律要求，这些证据是不能由制作者任意发挥想象力的，是必须如实反映实际事实的。

法院在开庭审理中经过质证的商事诉讼证据，能够当庭认定的应当当庭认定；不能当庭认定的应当在合议庭合议时认定。法庭发现当庭认定的商事诉讼证据有错误，应及时予以纠正。在商事诉讼庭审结束前发现认定有错误的，要重新认定商事诉讼证据。在商事诉讼庭审结束后、宣判前发现认定有错误的，在商事裁判文书中要更正和说明理由，也可以另外开庭审理认定。有新的商事诉讼证据材料可能推翻已认定的商事案件事实的，应当再次开庭进行认定。这是商事诉讼程序对商事诉讼证据客观性的基本保证。商事诉讼证据的审核认定，是法官在听审当事人、证人、鉴定人等对证据的说明、辨认和质证后，对商事诉讼证据作出的采信与否的认定，是法院对当事人等举证、质证结果的评价，这是商事诉讼证据具有客观性的必然要求。

审核认定商事诉讼证据的主体是合议庭的法官，审核认定商事诉讼证据的内容是对真实性作出确认。审核认定商事诉讼证据的真实性，就是去伪存真的过程，这是商事诉讼证据的最基本特性之一。法庭应当根据商事案件的具体情况，从以下方面审查商事诉讼证据的真实性：商事诉讼证据形成的原因；发现商事诉讼证据时的客观环境与条件；商事诉讼证据是否为原件或原物，复制件或复制品与原件或原物是否一致；提供商事诉讼证据的诉讼参与

---

① 李浩．论法律中的真实——以民事诉讼为例 [J]. 法制与社会发展，2004（03）.

② 肖晗．民事证据收集客体论 [J]. 时代法学，2019（05）.

人或证人与当事人是否具有利害关系；影响商事诉讼证据真实性的其他因素，如社会经济的发展变化、商业上的情势变更、当事人诉讼请求的变更等。

客观性是商事事实认定的内在标准，内在标准应决定和优于其他的商事事实认定标准。没有真实，商事诉讼程序的公正性就是虚假的，司法的独立性、法律的正义理念就是幻想的。当事人之间发生商事纠纷，认为自己的合法权益受到侵害，要求人民法院给予公平公正的保护，法院审理时必须经过对商事案件事实的筛选，否则即使是客观真理也不具有法律效力。如何合理对待商事诉讼证据的客观性，是衡量商事诉讼公正性的绝对标准，也是商事诉讼法永恒的主题。

证据的客观性在任何商事诉讼中都会存在，但表现情况不一样。这里以金融机构提前收贷案件为例，说明当前商事诉讼中对证据客观性的高度重视和灵活把握。金融机构提前收贷又称金融借款加速到期，是金融机构对未到期的贷款要求借款人提前归还。这是近年来金融借款纠纷案件中的主要类型，引起各方面高度关注。目前法规没有规定提前收贷的权利行使方式，金融机构较多采取对借款人提起商事诉讼的方式进行，而且伴随着对借款人的资产采取保全措施。借款人的期限利益是借款合同的核心内容，金融机构如果滥用提前收贷措施，必然使借款人陷于困境。①从商事诉讼实践来看，金融机构提起诉讼的理由主要有两种：一是借款人未或逾期还本付息；二是借款人依约还本付息，但金融机构以其他理由提前收贷。无论哪种理由，借款人都会提出一些抗辩，并对金融机构提前收贷的权利行使程序也提出反驳。在以借款人未或逾期还本付息理由提起的案件中，借款人未按照约定按期支付利息、本金，被视为借款人根本违约，在这种情形下借款人提出的抗辩理由主要有：一是借款人认为，虽然逾期还款或未还本付息，但借款合同中约定金融机构可以从借款人的其他账户中扣划到期还款额作为当期本金和利息，金融机构没有主动划扣却提起诉讼，没有法律依据。有当事人指出，其企业在银行保证金账户中的利息足够支付银行的应付利息，银行以未支付利息为由提前终止合同，与根本违约的规定不符；二是借款人主张，借款人只产生了小额的未还本付息，属于轻微的违约情形，金融机构却提起诉讼要求归还全部借款，而根据约定，金融机构只能在当事人严重违约时才能适用提前收贷约定。有

---

① 毛玲玲．金融机构诉讼提前收贷问题研究 [J]. 东方法学，2019（05）．

当事人主张，其企业欠付的利息远远少于本金，因欠付利息而需要承担提前还款的义务，与借款提前到期丧失的权利相比显失公平；三是借款人辩论，出现当期逾期还款的情形，已经和金融机构进行了协商，得到了可以延时还款的承诺。有当事人声明，金融机构违反其负责人对借款人的承诺以诉讼的方式提前收贷，致使借款人未能通过现金方式支付借款利息，金融机构应承担主要责任。但借款人在商事诉讼中无法举证证明金融机构工作人员能够代表金融机构，并就还款时间变更达成了协议，这种抗辩法院不予支持；四是借款人认为，因为意外或特殊原因未能按期还款，金融机构起诉提前收贷，违背诚实信用原则。有当事人主张，借款合同中约定的当期还款日是休息日，不能办理企业转账手续履行还款义务，而金融机构在该还款日的首个工作日即以企业未还本付息为由向法院起诉提前还贷，并对企业财产采取保全措施，给企业生产经营造成极大困难，应认定金融机构违反诚实信用原则，诉讼提前收贷不成立。但是这种反驳理由没有得到法院的支持。这些案件中，能够明显发现，当事人主要是围绕商事案件事实的客观性进行争论的，不论是寻找法律的支持，还是案件事实的支持，都是以收集、审核的商事诉讼证据是否具有客观性为依据的。当然，在不同案件里由于当事人主张的事实与理由不同，需要商事诉讼证据的客观性也就不同。商事诉讼的公正性就是从一个一个具体的商事案件事实的裁判中反映出的，而商事案件事实的核心问题就是客观性。

我国法学界对商事诉讼证据的客观性存在着客观真实说和法律真实说两种对立的观点。客观真实说承认商事诉讼证据合法性是商事诉讼证据的本质属性，但更强调客观性在商事诉讼事实认定中的作用，主张商事诉讼证据的合法性不能脱离客观性。这种观点没有正视事实假象问题，对合法性在商事诉讼证明作用认识不够，把商事诉讼证据客观性异化为科学主义，以科学真理的标准看待商事诉讼证明过程，这与当代司法公正性的思想不太一致。科学真理或实际发生的事实固然重要，但当事人论证自己的诉讼请求，使商事诉讼证据与诉讼请求相吻合，使案件事实得到人们的认可也同样重要。在商事诉讼中，为了诉讼程序的其他价值也不允许无限制地追求商事事实真相，人权保障、诉讼效益和当事人满意等都需要得到体现，从而限制对商事诉讼证据的客观性追求。法律真实说承认查明商事案件事实是有意义的，但同时认为商事案件事实不可能恢复或全面再现，只可能依据商事诉讼证据认定的案件事实，商事诉讼证据不可能证明案件事实的实际情况，只能赋予其法律上的有效性，因而真正确定案情的事实是法律事实。[①]在开庭审理时，对曾经发生的商事纠纷事实的认定，不可能采取反映模式，只能采取辩论模式，商事诉讼证据的合法性将决定案件事实的情况。商事诉讼程序价值高于实质价值，证据的合法性优于客观性和关联性。

仍以金融机构提前收贷案件为例。在商事诉讼中，金融机构提前收贷是否要举证证明借款人影响金融债权安全的情况？是否可以直接以商事诉讼方式提前收贷？提前收贷是否要先行通知借款人？这些问题源于提前收贷的法律属性并不明确。有人认为，提前收贷是合同解除权。但如果作为合同解除权，提前收贷权利行使程序是否要以事先通知借款人为前提？《合同法》第九十六条规定，一方当事人主张解除合同的，应当通知对方。但从法院的裁判来看，金融机构可以不经通知而提前收贷，支持金融机构以商事诉讼方式行使提前收贷权利。主要理由是：商法没有禁止债权人通过诉讼的方式解除合同；金融机构可以自由选择行使权利方式，包括向债务人发出督促履行债务函等书面通知方式要求债务人提前履行债务。在这种认识下，金融机构书面通知债务人，借款合同即告解除，债务人就必须提前清偿债务。但在实际金融业务中，债务人会使书面通知无法送达，因此，金融机构更愿意向法院提起诉讼。同时这种认识还指出，提前收贷权是形成权，无须征得合同相对方同意，不需要提前通知借款人，只要金融机构发起提前收贷，金融机构就终止履行期限义务。[②]另有人认为，提前收贷是一种违约责任。我国《合同法》在总则部分规定了合同解除，分则借款合同部分规定了借款加速到期以及借款加速到期与解除合同是并列规定。在贷款人主张借款人提前还款的条件成就时，贷款人诉请要求借款人提前还款的，法院应予支持。这种对案件适用法律的讨论，实际上就是对案件事实如何理解。商事案件事实是不能摆脱商事法律的规定的，任何事实都是法律事实，而不是生活观念里的实际事实，只有按照商法规范的认定，才能最终判定一个事实能否成为本案可采信的事实，是否可以成为本案辩论的事实。

---

① 张南宁．科学证据可采性标准的认识论反思与重构 [J]. 法学研究，2010（01）.

② 韩长印，张玉海．借贷合同加速到期条款的破产法审视 [J]. 法学，2015（11）.

## 二、关联性

证据的关联性是指只有与待证事实之间具有实际的、内在的和必然联系的事实，才能成为商事诉讼证据。从形式上看，商事诉讼证据与待证事实之间必须有逻辑联系，运用逻辑规则可以从证据事实推导出商事案件事实。从内容上看，商事诉讼证据的关联性要求每个具体证据必须对证明商事案件事实具有实质作用。关联性是商事诉讼证据的一种客观属性，是植根于商事诉讼证据事实与案件事实之间的客观联系。证据与待证事实之间的关联形式是多样的和复杂的，最常见的是因果联系，与商事案件事实相关的空间、方法、手段、时间和条件也具有各种关联性。一般来说，商事诉讼证据与案件事实之间的联系越密切，商事诉讼证据对待证事实的证明力就越可靠，在诉讼质证与采信时所起的作用也越明显。商事诉讼证据的合法性是在关联性基础上提出的程序规则，体现了商事诉讼证明与日常生活中的证实有着实质差别。

在处理民法与商法的适用关系时，依特别法优先适用原则，商法有特别规定的优先适用。商法无须作出特别规定的，适用民法的一般规定，商法应当特别规定但没有特别规定的，就会构成商法的漏洞，应以法律漏洞填补的方法予以解决。填补漏洞而形成的商法规范仍然是商事特别法。关联性是商事诉讼证据的一种客观属性，不是当事人与法官的主观想象，而是根源于商事诉讼证据与案件事实之间的客观联系。什么情况下适用商事特别法或进行法律漏洞补充，本身就是一个商事诉讼证据关联性问题。证据与商事案件事实相关联的形式多种多样，不同的商事特别法或法律漏洞需要不同的关联性，要根据具体情况加以判断。如果对商法问题不加区分地适用民法的一般规定，会抹杀商法漏洞的特别法属性，导致商事诉讼证据证明缺失的目的性和正当性。① 对我国商事立法和判例资料进行整理，可以发现商法的解释、商事习惯法的认知以及商法学理的探究，都离不开证据的关联性。

证据的关联性，很大程度上不是一个逻辑联系问题，而是依据商事案件争议的事实情况与商法规范的联系进行的判断，就是说，商事法律的规定会指明商事诉讼证据与待证事实证据的联系。这里仍然以商法漏洞补充来说明。商法上明显的漏洞，如商事委托合同的解除权，《合同法》只是概括规定委托

---

① 张谷. 从民商关系角度谈《民法总则》的理解与适用 [J]. 中国应用法学，2017（04）.

人的任意解除权，没有区分民事委托和商事委托。如果受托人因委托事项专门设立了公司，这时委托人有权随时可以解除合同，会给商事委托合同中的受托人带来重大不利。因此，商事委托不应承认任意解除权。但问题是，商事纠纷里如何判断当事人是在行使任意解除权，而不是行使法定解除权，当事人举出的证据是否与争议事实有关联，这同样需要依赖商法漏洞补充解释，不是单纯的证据问题。再如商事格式合同的解释，《合同法》第三十九条至第四十一条规定了格式合同及其解释，但适用于商事合同，就会妨碍正常的商业风险分配。商事合同主体都是商人，具有相当的经营经验和足够的注意能力，无须法律的特别保护。这将会形成一个诉讼局面，当事人是否需要援引合同法的格式合同解释，在什么情况下法院可以不按照合同法的规定处理商事格式合同的争议。归根到底，解决这种诉讼局面需要商事诉讼证据与商法规则的有机关联。

商法上隐藏的漏洞类型复杂，很难用统一的模式建立商事诉讼证据的关联性。如关联公司人格混同的处理，依照《公司法》第二十条规定，公司股东滥用公司法人独立地位和股东有限责任，逃避债务，严重损害公司债权人利益时，才能否认公司人格。那么，非股东的关联公司人格混同并不在该规定范围内，不能引用人格否认制度，但这显然对受到严重损害的债权人不利。最高人民法院公布的第 15 号指导性案例对《公司法》第二十条进行了扩张解释，认为关联公司人员、财务和业务混同以及人格混同属于滥用公司法人独立地位的行为，判决关联公司承担连带责任，从而填补了《公司法》第二十条的漏洞。再如，对有限责任公司股东的除名，《公司法》只规定了股东的认缴出资义务，没有对股东未履行出资义务或出资后又抽逃全部出资的情形进行规定。这一漏洞无法用商法或民法一般规则进行处理，可以根据公司法有关股东义务与股东资格的一般性规则来填补。[①] 另外，《公司法》第一百五十一条关于股东代表诉讼，同样存在着法律漏洞，将该条第 3 款中规定的“他人”解释为除公司董事、监事和高级管理人员以外的任何人均可，这显然不符合股东代表诉讼的目的。必须采取限缩解释的方法，将与公司无控制关系的“他人”排除在外。以上这些事项商事特别法都作出了规定，只是规定不完全。因此，商事特别法存在漏洞是不争的事实，商法体系难以解

① 钱玉林．商法漏洞的特别法属性及其填补规则 [J]. 中国社会科学，2018（12）.

决一切商事问题。认识到商法存在的法律漏洞，在商事诉讼证据关联性方面具有两方面的意义：一是在商事诉讼中，收集、提交和采信证据应斟酌究竟是一般法还是特别法规范的待证事实，以遵循不同的商事事实证明原理；二是在法律适用上应判明待证事实是对民法一般规定的补充适用还是作为商法漏洞予以填补，以贯彻待证事实与商事法理相一致的司法要求。

证据的关联性也是证据证明力的原因。证据对商事案件事实有无证明力以及证明力的大小，取决于商事诉讼证据本身与待证事实有无联系和联系的强弱程度。如果商事诉讼证据与案件事实联系紧密，该证据的证明力就较强，商事诉讼证据能够证明什么事实，这个事实对解决商事案件中争议的问题有没有重要意义，商法对这种关联性有没有具体要求，都是商事诉讼证据关联性必不可少的内容。

英美证据法认为几种证据不具有关联性：一个人的品格或品格特征，在证明这个人特定情景下与此品格相一致的行为不具有关联性；当事人在其他场合的行为与其当下的类似行为没有关联性；曾作不利答辩后来又撤回的，不得作为不利于当事人的证据采纳；法律事件发生后某人实施补救措施的事实，一般情况下不能作为行为人对该事实负有责任的证据。一切没有关联性的商事诉讼证据均不予采纳。《美国联邦证据规则》第 401 条规定，“有关联性证据”指具有盖然性的证据，即任何一项对诉讼裁判结案有影响的事实的存在，若有此证据将比缺乏此证据更为可能或更无可能；第 402 条规定，除美国宪法、国会立法、本证据规则或者最高法院根据成文法授权制定的其他规则另有规定外，所有有关联性证据均可采纳。无关联性的证据不可采纳。[①]可以看出，商事诉讼证据的相关性是实质性和证明性的结合。如果提出的商事诉讼证据对商事案件中的某个实质性争议事实具有证明性，就具有相关性。

商事诉讼证据关联性主要回答的问题是：提出的商事诉讼证据是用来证明什么的？被证明的是本案中的实质性问题吗？提出的商事诉讼证据对该案件事实有证明性或有助于确认该事实吗？关联性规则的核心在于保证那些确实具有证明作用的商事诉讼证据材料进入司法采信程序，其功能是服务于正确查明商事案件事实的。商事诉讼证据的关联性把那些不具有实质证明价值的材料排除在采信范围外，防止那些材料误导商事案件事实的认定，也具有

---

① 张斌．两大法系科学证据采信结构评析 [J]. 环球法律评论，2011（02）.

降低商事诉讼成本和提高司法效率的意义。

## 三、合法性

证据的合法性，要求在商事诉讼中作为认定商事案件事实根据的证据符合法律的规定，有三层基本含义：一是从形式上看，商事诉讼证据必须具备法律规定的表现形式。我国有八种法定证据种类，某些法律事实或法律行为还必须用某种特定形式的商事诉讼证据予以证明；二是从取证方法看，商事诉讼证据必须依据法定程序和方法调查收集。以严重侵害他人合法权益、违反禁止性规定或严重违反公序良俗的方法获取的商事诉讼证据，不能作为认定商事案件事实的根据；[①]三是从证据的使用程序看，当事人提供的商事诉讼证据必须经过商事诉讼程序才能成为认定商事案件事实的根据。没有经当事人质证的证据，不能作为认定商事案件事实的依据。

在商事诉讼实践中，证据的合法性可以从众多方面体现出，也是现代商事审判活动的核心问题之一，主要有以下内容：收集、运用商事诉讼证据的主体必须符合诉讼法、证据法和商法的规定，只有法律规定的商事主体收集、运用的证据才能作为认定商事案件事实的根据；商事诉讼证据的提供、收集和采信，也要符合诉讼程序的要求。当事人、法官、其他诉讼参与人收集商事诉讼证据，不仅要按照商事诉讼程序进行，而且要根据不同的商事规范与当事人的诉讼请求采取不同的方法进行，对瑕疵证据要采取合法的方式进行修补；商事诉讼证据的形式应当合法，即作为证明商事案件事实的证据材料形式上应当达到法律的要求；商事诉讼证据必须经法定程序出示和查证。证人证言应当在法庭上经过当事人、诉讼代理人、法官的询问和质证，物证必须在开庭审理中让当事人辨认，未到庭证人的证言笔录、鉴定意见、检查、勘验等笔录和其他文书，应当当庭宣读，听取当事人、诉讼代理人的意见。未经法庭查证属实的商事诉讼材料，不能作为确定商事案件事实的根据。

商事诉讼证据合法性问题，是现代法治社会形成良性秩序的逻辑基础，是商法规范和商事案件事实具有确定性的表现，否则商事诉讼解决商事争议就是任意的或偶然的，不可能实现商法规范的目的。如何确定商事案件事实以及合法使用商事诉讼证明手段是正确司法的关键，也是法治社会的基础。

---

① 肖晗．民事证据收集客体论 [J]．时代法学，2019（05）．

合法性是否是商事诉讼证据本质的问题，有二性论与三性论两种不同观点。二性论从商事诉讼证据的本质主义、客观主义立场出发，认为商事诉讼证据是实际存在的事实，其内在含义是客观性和关联性，合法性只是诉讼法、商法对证据的外在调控，而不是本质属性。证据的客观性是商事诉讼真实与公正的法理基础，客观性本来就是真理与价值的统一。商事诉讼证据的合法性要屈从于客观性，为了查明真相，可以不顾诉讼法、商法规范的限制。三性论从商事诉讼证据的形式主义、程序主义原则出发，认为商事案件事实在有限审判时间内难以查明，而商事纠纷的解决不能无限拖延，依据法律确定各种商事诉讼证据的资格和效力就成为证据的内在要求。合法性同客观性、关联性一样也是商事诉讼证据的本质属性，甚至是更实用更直观的本质属性。① 现在三性论已成为法律界的共识，似乎证据的合法性问题也得到解决，实事上，商事诉讼证据合法性如何成为本质属性、合法性的结果怎样改变或引导商事诉讼的方向等问题依然困扰着人们。

为了追求商事案件事实真相，需要证据合法性提供认定事实的外在标准，而这不同于事实认定的内在标准。合法性确定的是商事诉讼参与人有效运用证据的标准，并不在意客观性标准。商事诉讼证据的合法性与客观性、关联性差别迥异。第一，从商事诉讼证据形成的根源与存在状态看，客观性和关联性是随商事案件事实发生的，不受诉讼法、商法调控的影响，合法性则是商事诉讼确立的与案件事实没有直接关系的规则体系，一旦商事诉讼证据材料进入诉讼程序，便受法律规则的拘束。合法性是认定商事案件事实过程中，为了防止当事人或其他诉讼参与人妨害正常程序的进行而人为制定的。第二，从商事诉讼证据的功能和适用范围看，客观性和关联性与商事案件事实有不可分的内在关系，是证据反映商事案件事实的潜在功能，也是人们正确反映商事案件事实的核心基石。合法性是商事诉讼证据证明活动的法律调控标准，既是判定商事诉讼证据是否符合诉讼法、商法规范的标准，也是是否公正处理商事案件事实的依据。合法性是赋予证据的法律，客观性和关联性是真实反映商事案件事实的。②第三，从商事诉讼证据的地位变迁和发展趋势看，合法性逐步接近客观性，并越来越以客观性作为存在的合理基础。合法性在神

① 陈瑞华 . 以限制证据证明力为核心的新法定证据主义 [J]. 法学研究，2012（06）.

② 张继成 . 事实、命题与证据 [J]. 中国社会科学，2001（05）.

示证据、法定证据制度时占据主导地位，决定商事诉讼证据的客观性和关联性。随着科技工具的广泛运用，证据的客观性和关联性才在商事案件事实认定中发挥决定作用。现代商事诉讼承认商人利益优先，对诉讼法、商法规则的理解和运用基本上以利益平衡为出发点，发现事实真相，获取商事诉讼证据的较量越来越重要。证据科学在科技进步的推动下，提升了客观性和关联性在商事诉讼证明中的引导地位。商事利益的多元化、商业机会的均衡、经济与交易的民主化，迫使商事诉讼证据的法律规范形式化和价值评价技术化。[①]商事诉讼证据的价值标准更趋向案件事实的真相，合法性只有遵从客观性和关联性才能论证自身存在的必要性。

商事诉讼证据的合法性是与商法的外观主义原则一脉相承的。为了保护交易安全，我国商法奉行外观主义原则。在商事交易当中，以交易相对人的外观行为为标准，确定其行为的法律效果，即使外观法律行为与交易本来的真实意思不相吻合，为保护交易相对人对商事法律行为外观的信任，商法确定基于信赖的法律行为受到保护。外观主义就是以商事主体的法律行为外观为准，判断其行为的法律效力。外观主义包括三项基本要件：第一，外观法律事实。商事法律或商事活动认为是重要事项的客观事实，以外在表现的形式作为真实性判断的根据。外观事实是由商事主体的法律行为引起的，就是人的行为本身。外观事实兼具主观性和虚假性，不完全等于客观的行为与事件，是主观上认识到的法律事实，是对客观事实的理解结果。根据外观事实表示的内容，可以分为意思的外观、权利的外观和其他信息的外观。意思表示的外观事实就是商事主体内心意思的外在表现形式。第二，可归责性。商事主体对于外观事实的产生具有主观过错，由此引起的法律后果可以归责于行为人，行为人应当承担商事法律责任。如果外观事实的产生完全由于不可抗力、意外事件等引起，商事主体不存在主观过错，就不能适用外观主义对行为人追究法律责任。第三，合理信赖。在商事活动中，行为人的相对人善意地相信行为人本人的法律行为或提供的商事信息真实，并根据这种信赖为一定法律行为或不为一定法律行为，就是合理信赖。合理信赖是由主观方面和客观方面构成的。[②]主观方面就是相对人善意地相信行为人作出的法律行为

---

① 杨鉉云，邱爱民．各类诉讼中对科学证据的审核判断 [J]. 学术论坛，2012（12）．

② 周林彬．商法入典标准与民法典的立法选择——以三类商法规范如何配置为视角 [J]. 现代法学，2019（06）．

或提供的商事信息真实，客观方面就是相对人依据信赖为一定法律行为或不为一定法律行为。

商事制度中处处都能体现出外观主义。比如，《公司法司法解释（三）》中指出了一些典型表现：一是股权无权处分中的外观主义。《公司法司法解释（三）》第二十五条第1款规定，股东处分其名下的股权，实际出资人以其对股权有实际权利为由，请求认定处分行为无效的，可以参照《物权法》第一百零六条的规定处理。就是说，如果第三方的法律行为符合善意取得的条件，可以依据善意取得制度取得权利。这一规定中，股权登记在名义股东名下就是外观法律事实。可归责性是故意将股权登记在名义股东名下造成的。合理信赖是善意第三方取得有关权利时不知道或不应当知道名义股东没有处分权，而且根据股权登记在名义股东名下的外观法律事实，购买了名义股东处分的股权，二是公司债务赔偿中的外观主义。根据《公司法司法解释（三）》第二十六条第1款规定，公司债权人以名义股东未履行出资义务为由，请求其对公司债务不能清偿的部分承担补充赔偿责任，名义股东以非实际出资人为由进行抗辩是无效的。这种情况下，名义股东仍然要对债权人承担责任，这是因为侧重保护交易安全和债权人的信赖，体现了商事外观主义。[①]外观法律事实是名义股东的名字记载在股东名册中。可归责性是名义股东故意将其名字记载在股东名册中，并且债权人信赖名义股东就是公司股东。商法外观主义在商事诉讼证据中同样处处得到体现，而且是证据合法性的主要内容。名义股东的名字记载在股东名册，这份证据提交法庭，就是收集商事诉讼证据的合法性，以股东名册记载情况判断名义股东法律责任就是采信证据的合法性。证据的收集、提交、质证和认证等，都需要商法外观主义的规范，在不同的商事活动领域，如票据、保险、海商、房地产、金融等，就会呈现出不同的外观主义，也就是商事诉讼证据体现出不同的合法性判断标准。

从证据法来看，合法性主要表现为证据必须依法收集和运用。要求主体合法，只有法律规定的主体有权收集、运用商事诉讼证据；要求方式合法，提供、收集和审查商事诉讼证据必须符合法定的程序，不能任意收集、记录、提交证据；要求形式合法，作为证明商事案件事实的证据材料形式上必须符合要求，必须属于民事诉讼法规定的八种证据之一，同时，证据提出的形式

① 袁野．浅析商法外观主义原则的运用——以《公司法》司法解释三为视角[J]．法制与社会，2016（01）．

也要符合要求，如物证、书证必须附卷，不能附卷的要通过照相、制作模型、录像等方式附卷等；要求程序合法，商事诉讼证据必须经法定程序出示和查证，如证人证言必须在法庭上经过询问和质证等。从商法来看，证据合法性就是要符合商事外观主义，要以商法判断事实真伪的方式收集、提交、辩论、采信证据，也要符合商法的其他基本特征。商法与诉讼法、证据法是须臾不可分离的，商法的精神理念实质上就是商事诉讼证据制度的精髓。谈论商事诉讼证据的合法性，必须高度关注商法规范的易变性，要紧紧跟随商事法律频繁修改的步伐，随时随地修改和调整商事诉讼证据合法性的含义，这才能够真正把握商事诉讼证据合法性在诉讼实践中的意义，为商事审判工作提供更好的服务。

## 第三节　商事诉讼证据的功能

法官是如何判定商事法律和事实呢？商事诉讼理论指出，法官对于商事法律的认识是被推定的，“法官知法”在商事诉讼中被认为是天经地义的，法官理应知悉商事裁判适用的法律，而且要对成文法作出令人信服的解释，或者对判例法有非常清楚的了解。法官如果不了解商事法律，也就无从履行法官职责。但是，对于商事案件事实，则是建立在“发现真实”的基础上的。商事诉讼的整个过程就是发现商事案件真实的过程。绝大多数商事案件中，法官审理的待证事实都是已经发生的，法官不可能事先知道案件事实情况。那么，这将会产生一个困难的问题，商事诉讼证据的功能是什么？商事诉讼证据是在帮助法官发现真实，还是自身就能展现案件事实？对于这个问题的不同解答，会导致商事诉讼进程的不同设置。如果商事诉讼证据只是帮助法官发现真实，那么商事案件事实的判断主体就是法官，法官将会主导审判程序的进行，如果商事诉讼证据自身就能呈现出商事案件事实，那么法官在审判过程中就是被动的，就不能过度干预审判程序的进行。

### 一、商事诉讼证据的基本功能

商事诉讼证据就是司法证明的规则，是随着商事审判实践经验的积累产生和丰富起来的。人类社会的司法活动中，解决商事主体之间的纠纷，并不是一开始就有商事诉讼证据的。在早期，只能由裁判者主要依靠当事人和知情人的陈述，并根据自己的经验和良知判断当事人争议的事实。后来，随着商事争议的不断出现，一些国家或地区开始采用多种形式的神明裁判，如火审方法、水审判法、起誓赌咒等，从而出现了商事诉讼证据的粗浅规则。这些规则并不是严格意义上的商事诉讼证据，在今天来看非常缺乏科学性与合理性，但是，当时拟制这些审判规则的裁判者显然认为这些规则可以帮助其判断事实真相。到了近代，司法审判活动发生了根本性改变，特别是商事诉讼呈现出复杂性和专业性的特点，就必然要求对待证事实有更加可靠的证明，裁判者就只能依靠自己来判断商事争议事实，这样就逐步形成了商事诉讼证据体系。商事诉讼证据的作用变得越来越重要，就产生了采用商事诉讼法律规范商事证明活动的需求，也就产生了商事诉讼证据的功能与作用问题。不同的国家或地区，商事诉讼证据的产生有着不同的背景，在商事审判中有着不同的内容，也就发挥着不同的功能与作用。

英国商事诉讼在抛弃神明裁判后，开始在审判商事争议事实时采用陪审团。最初，陪审团成员都是了解商事案件情况的当地人，在审判商事争议事实时的任务不是查明当事人提交的证据，而是向商事法庭提交其了解的待证事实情况。在法官的指导下，陪审团成员宣誓并陈述与商事案件相关的事实，然后据此作出裁决。如果对商事待证事实情况存在疑问，陪审团成员可以对有关问题进行调查。陪审团成员讲述的商事案件事实情况，不论是直接获得还是间接听说，都可以作为裁判的依据。陪审团成员本身就是知道案件情况的人，而且还可以从其他人那里获知商事案件有关情况。当时并没有商事诉讼证据规则约束陪审团成员认定待证事实的活动，使用的证明事实方法与日常经验的证明方法没有本质区别，都是依据知识、经验和良心去判断的，而且也不需要对商事诉讼事实的特殊性予以关注。这种情况下的商事诉讼证据并没有与商事争议事实严格区别开来，很难具有独立的价值与作用。

在 14 世纪前后，英国的商事审判发生了很大变化。商事诉讼中的陪审团成员由知情人转变为不知情人，同时商事诉讼方式由控告式演化为抗辩式。在这种商事审判模式下，不了解商事案件争议事实的人组成的陪审团，传唤了解商事案件争议事实的人，并让其作为证人向商事法庭作证。但是，当事人提供的证人所作的证言常常带有倾向性和虚假性，为了保证商事审判的公正性，也为了避免既不熟悉商法也缺乏商事审判经验的陪审团成员受到不可靠证据的影响，商事诉讼必须对当事人与其他诉讼参与人提供的各类证据进行限制。于是，商事诉讼证据体系就逐渐形成了。到了16世纪左右，英国判例法建立了众多商事诉讼证据规则。当时商事审判中提交的证据主要是证人证言和书证，因而初期确立的商事诉讼证据规则主要是针对证人证言和书证的。例如，传闻证据规则和证人资格规则的功能是将不可靠的传闻证据和不适格的证人证言予以排除，而最佳证据规则的作用则是通过责令提交原始书证和书证制作见证人出庭来保证书证的可靠性。[①]17世纪以后，证人豁免权与作证特权规则、品格证据规则、强制证人出庭规则和律师在商事法庭上对证人进行直接询问和交叉询问的规则先后形成。这些商事诉讼证据规则中，有些明显是为了查明案件事实的，有些则是为了保护当事人诉讼权益与司法公平的。

由此可见，英国商事诉讼证据的初始或基本功能在于排除不可靠的证据或者减少其对商事诉讼事实裁判者的不当影响，以确保陪审团成员可以对商事案件争议事实作出正确裁判。这种功能是非常单纯的，并不将商事诉讼证据与司法模式直接关联起来，也并不是先从司法公正的角度界定商事诉讼证据的功能。

神明裁判方式在商事诉讼中退出后，以法国为代表的欧洲大陆国家最初的商事裁判中基本没有形成证据规则。为了规范裁判者在商事审判中运用证据的活动，法国在16世纪设立了法定证据制度，这也可以视为商事诉讼证据在法国等欧洲大陆国家产生。法定证据制度是指法律对商事诉讼活动中可以采用的各类证据的证明力作出明确限定，法官在判断商事案件事实时必须严格执行，没有凭借自己的知识、经验和良知作出裁判的自由裁量权。例如，一个可靠证人的证言只具备对商事待证事实二分之一的证明，如果对商事待证事实的证明是基于两个可靠证人的证言，而且证言内容不存在矛盾，法官由此就有了完整的证明，就可以作出对商事案件事实的判决，如果只有一个可靠的证人证言或者与其他证据联合起来也不能构成一个完整的证明，法官就不能对商事案件事实作出认定。商事诉讼制度之所以确立这么具体明确的证明方法，是考虑到法官对商事案件事实的判断容易受到各种因素的影响而出现偏差，用统一的商事诉讼规则将法官个人的认识判断错误降低到最低，就可以保证法官运用商事诉讼证据认定待证事实的准确性与可靠性。法定证

---

① 吴洪淇．证据法体系化的法理阐释 [J]. 法学研究，2019（05）.

据制度也有利于规范法官采证行为和维护商事审判权威的功能。不过，随着商业活动的蓬勃开展，各类商事案件争议的事实没有可比性，这种法定证据制度就显得僵化和简单化了。商事诉讼中的法定证据制度缺少灵活性，很难保证在不同类型商事案件中准确判定待证事实，[①]于是大陆法系国家逐步减少甚至不采用这种判断商事诉讼事实的方法了。

18 世纪末期，法国立法机构认识到，商事诉讼实行法定证据制度是荒谬的，对当事人和司法制度都是不利的，只有在商事审判中给予法官自由判断案件事实的权力，才能保障法官尽可能查明商事案件事实，从而作出正确裁判。法国宪法会议确立了自由心证制度。所谓自由心证制度，是指商事诉讼证据的价值或证明力不由法律事先作出具体规定，法官和陪审员在商事审判中可以按照自己具有的普遍认知能力，判断商事案件中各个证据的具体证明力。这种商事诉讼证据制度具有灵活性，并能适应商事案件的具体情况，可以更好地保证法官和陪审员在商事诉讼案件中准确认定事实。法定证据制度是以明确的商事诉讼证据规则为依托的，而绝对的自由心证制度是不需要商事诉讼证据规则的。从某种意义上讲，自由心证制度中根本就没有商事诉讼证据。但是，极端的自由心证制度不可能存在，商事诉讼程序是司法公正的基本内容，只要商事诉讼程序存在着，就必然有商事诉讼证据制度。[②]商事诉讼证据规则从无到有又从有到无的演变过程中，商事诉讼证据的基本功能是清楚的，那就是要尽力保证商事裁判中认定待证事实的准确性和合法性。

上述对英国和法国的商事诉讼证据制度的历史考察，表明不论是在英美法系国家还是在大陆法系国家，商事诉讼证据大体上是围绕查明案件事实真相演变发展的。保证裁判者准确有效地认定案件争议事实是商事诉讼证据的基本功能，不管现代商事诉讼案件复杂到什么程度，都需要查明案件待证事实，而这是商事诉讼证据制度义不容辞的责任。[③]同时，虽然有些商事诉讼证据规则不一定是服务于查明案件事实真相的，但这些规则也是为了保证商事诉讼能够合法有效地查明案件事实。

---

① 陈瑞华 . 以限制证据证明力为核心的新法定证据主义 [J]. 法学研究，2012（06）.

② 施鹏鹏 . 刑事裁判中的自由心证——论中国刑事证明体系的变革 [J]. 政法论坛，2018（04）.

③ 张卫平 . 我国民事诉讼法理论的体系建构 [J]. 法商研究，2018（05）.

## 二、商事诉讼证据的多元功能

分析商事诉讼证据的功能时，考察相关立法的宗旨很有必要。《美国联邦证据规则》第 102 条规定："解释本证据规则应注意到确保执法的公正，消除不合理的费用与拖延，促进证据法的成长与发展，以实现确定事实真相，公正处理诉讼。"《美国 1999 年统一证据规则》第 102 条 c 款宗旨和解释也规定："解释本证据规则必须要确保公正，消除不合理费用与拖延，促进证据法的成长与发展，以期最终能够确定真相，公正裁决争议。"此外，美国《新泽西州证据规则》第 5 条和《加利福尼亚州证据法典》第 2 条中也有类似规定。根据上述证据制度规定，可以发现，商事诉讼证据立法宗旨体现出来的证据功能有几个方面内容：确定商事案件事实真相；确保商事审判的公正性；降低商事诉讼的成本；提高商事审判的效率。

怎样对商事诉讼证据进行有效规范以发挥其最大效用，这一问题本身就是在思考商事诉讼证据的多元功能，即商事诉讼证据制度在具体案件中能够发挥什么效用，直接关系到商事诉讼证据存在的价值。虽然商事诉讼证据领域适用自由心证原则，但证据适用始终受到一定程度的限制。尽管在不同国家或地区的不同时期，具体运用证据的方式存在差别，自由心证和证据规制是始终是商事诉讼证据的两个相对方面。

对于我国商事诉讼证据制度来说，需要解决的问题是：商事诉讼证据规则的形式应该是怎样的，对商事诉讼证据的限制应该详尽到什么程度。这些问题的回答，就是揭示商事诉讼证据的多元功能，以便真正指明法官在商事裁判中的自由裁量权。[①] 商事诉讼证据的功能是多方面的，除了证据法规定的内容外，商法规范在更具体的范围内展示出证据的功能。

2018 年 10 月全国人大常委会审议通过了修改《公司法》第一百四十二条的决定。股份有限公司回购股份，已经从单纯的减资手段，转变为股权激励、转换可转换公司债和安定操作等多种用途，成为证券市场调整多种关系的重要工具。在适用《公司法》第一百四十二条中，要同时从《公司法》和《证券法》角度加以考虑，并准确把握该条款修改的目的。《公司法》规定，因减少公司注册资本、与持有本公司股份的其他公司合并、将股份奖励给本公司

---

① 周洪波．修正的事实说：诉讼视野中的证据概念新解 [J]. 法律科学，2010（02）.

职工而回购股份的，应当经股东大会决议。不过，即使公司相应的回购行为未经股东大会决议，或者有导致股东大会无效、不成立或者被撤销情形的，也不能因此撤销公司与外部善意相对人进行的股份回购交易。股东大会是法人产生自己意思的一个内部设置，应当受其从事交易时的意思表示的约束。公司因此如果受到损失，可追究内部行为人的责任。但是，股份回购和操纵市场难以区分，这是商事审判工作中的难点。连续交易型操纵市场与上市公司回购行为，在审判实践中的具体情形很多重叠在一起，在实务中常见的情况是：上市公司回购股份时，常常具有资金及持股优势；上市公司回购股份往往数量较多，单日多次交易属于正常情况；上市公司回购股份频繁，很可能会影响交易量和交易价格。①这些情形也符合操纵市场的法律特征，如果只根据回购行为本身来看，难以对上市公司股份回购操作和连续交易型操纵市场行为进行区分。

在商事审判工作中，要充分考虑公司法规定，全面考虑相关商事诉讼证据和商事行为背景。正确区分股份回购与操纵市场行为，要注意多方面因素：在商事行为的目的上，股份回购是公司股份严重脱离其价值下跌时进行的干涉，促使公司股价回到正常范围内，而操纵市场却是利用资金优势，采取大规模交易升高股价至不合理范围，然后再反向操作谋求不正当利益；从商事行为操作频度来看，股价回购在公司股价至基本稳定后就会停止，所购股份在市场平稳后于法定期间内逐步减持，操纵市场行为则是拉高股价后快速进行反向操作，抛售所购股份；在商事行为的后果上，股份回购经常能产生积极的效果，会使公司股价渐趋稳定，操纵市场行为总是导致股市混乱。人民法院审理此类案件，要避免股份回购的表象掩盖操纵市场的本质，维护股票市场的公平、公正和公开，保障投资者的合法权益，也要避免将真正的股份回购判定为操纵市场行为。同时应当注意，股份回购过程中，很可能掺杂内幕交易。股份回购能够带来股价上升，大股东和实际控制人一般能够事先得知内部信息，具有进行内幕交易的可能性和原动力，此时中小股东的利益将会受到损害。②此外，股份回购结束后，上市公司成为公司股东时，由于上市公司与股东资格混同、利益过度倾斜和信息不对称等原因，可能引起公司

---

① 张勇健 . 股份回购制度的完善与司法应对 [J]. 法律适用，2019（01）.

② 叶林 . 股份有限公司回购股份的规则评析 [J]. 法律适用，2019（01）.

股东与其他股东之间的不平等关系，假如对于回购股份缺少监督和治理，就可能形成众多内幕交易，使少数内部人获得不当利益。这类案件中，商事诉讼证据的判定必不可少，不同的证据就会将案件事实确定为不同的法律行为，从而区分出股份回购与操纵市场行为的不同。就是说，商事诉讼证据不仅仅具有查明案件事实真相的功能，也具有确定当事人商事权利的功能。制定不同的商事诉讼证据制定，在确保商事审判的公正性就会得到不同的体现，就会使商事法律规定的内容产生不同的效果，同时也会降低商事诉讼的成本和提高商事审判的效率。最关键的是，商事诉讼证据现在已经与商法密不可分，商法的规定必须有相应的证据支持，反过来，商事诉讼证据的规定也必须得到商法的认可，因而商事诉讼证据的功能还体现为对商事法律的补充与强化。

## 三、商事诉讼证据功能的规范

商事诉讼证据具有多重功能，可以在不同的法律制度与审判实践中发挥不同的效用，但必须得到相应的规范才能真正具备法律意义。自由心证并不是说可以通过任何形式证明待证事实，而是说对商事诉讼证据的采纳和运用要尽可能少地限制。一个良好的商事诉讼证据制度，可以让当事人向法庭提出想要提供的一切证据，也可以让裁判者尽可能作出各种调查，并且让裁判者的自然推理过程主导裁判的作出。但良好的商事诉讼证据制度本身就是一种规范的产物。

自由心证原则主要表现在商事诉讼证据准入和证明力评估这两个环节。在商事诉讼证据准入环节，各国商事审判制度中都存在着一定程度的规范，只是这类规范在不同国家和时期以各自特有的形式存在着。商事诉讼证据发展的历史显示，确立了自由心证的理论与实践，就是指的商事诉讼中相关证据应该被采纳，除非有正当理由将其排除在外。商事诉讼证据制度的不断改革在一定程度上朝着逐渐限缩强制性规范的方向发展，但不等于不加限制。到了 19 世纪末期，商事诉讼中的自由心证原则基本上包含两项内容：对证明待证事实在逻辑上无证明价值的证据不可采纳；任何具有证明价值的商事诉讼证据都应该被采纳，除非有明确的法律政策理由将其排除在外。[①]前者是排

---

① 张卫平．民法典与民事诉讼法的连接与统合——从民事诉讼法视角看民法典的编纂 [J]. 法学研究，2016（01）.

除原则，通过相关性标准将不相关的商事诉讼证据排除在外，后者是包容原则，只要具有证明上的相关性，商事诉讼证据一般都是可采的，除非被法律设定的规则所排除。这两项内容均为美国《联邦证据规则》所采纳，成为商事诉讼证据制度的基础性原则。

英美法系商事诉讼证据通过相关性和可采性规则对准入进行规范，大陆法系则是通过证据能力加以限制，只有具备证据能力的商事诉讼证据才能进入诉讼程序。对商事诉讼证据能力的限制主要在两个方面：一是规定商事诉讼证据种类；二是规定法庭调查程序与判决程序。商事诉讼审判程序中关于案件事实的调查与证明，必须在诉讼法规定的证据种类范围内，并且依据诉讼法规定的法庭调查程序进行，才能取得证据能力和采信的根据。不过，对商事诉讼证据能力的限定主要针对需要严格证明的案件事实。无论是英美法系还是大陆法系，证据法规范的对象都是在商事诉讼证据准入阶段，而且即是在这一阶段，也不是不加区分地限制，而是对涉及特定关系的商事诉讼证据进行较为严格的规范。

提交与接受商事诉讼证据后，证据证明力由法官自由裁量，证据法通常不对证据证明力的判断进行限制。英美法系国家商事审判中，几乎不存在商事诉讼证据判断规则，什么类型的证据应该具备什么样的可信度、说服力或者证明力，由法官或陪审团作出决定，不存在也不可能存在商事诉讼证据的数量规则，即证明待证事实所要求的证人数目或证据数量。没有限制并不是完全随意，法官可以指示陪审团来引导证据证明力的判断。在德国，法官虽然可以自由裁量商事诉讼证据的证明力，但会受到伦理法则与经验法则的拘束。在日本，自由心证原则的含义就是在正常的成人意识基础上，通过法官的理智、知识和经验作出恰当的并与经验和逻辑规律不相冲突的判断。对商事诉讼证据证明力的评判都不以刚性的规则进行规范，而是以相对灵活的手段加以限定。

### （一）我国对商事诉讼证据功能的规范

我国商事诉讼程序随着商事案件增多和疑难问题不断出现而逐步成熟起来，一直在探索对商事诉讼证据功能的合理规制。经过多年审判实践经验的积累，我国初步形成了独具特色的商事诉讼证据规范体系。这从三个方面可以体现出来：第一，商事诉讼证据裁判原则初步确立。我国民事诉讼法和最高人民法院《关于民事证据若干规定》确立了商事诉讼证据裁判的基本原则。商事诉讼裁判的形成必须以商事诉讼证据为依据，没有证据不得认定商事案件事实；作为认定商事案件事实的基本证据必须具有证据资格，即商事诉讼证据未被诉讼法、证据法和商法禁止，并经过开庭前准备与法庭调查阶段的审理；据以作出裁判的商事诉讼证据必须达到相应的证明标准和要求。商事诉讼证据裁判原则不仅要求以证据作为裁判依据，而且强调认定商事案件事实的证据必须达到相应的证明标准。商事诉讼证据只有经过法定审判程序之后才能获得相应资格。这从总体上确立了法官在商事诉讼中审查证据的基本职责。第二，确定了以证据能力和证明力为中心的商事诉讼证据功能规范体系。商事诉讼证据裁判原则只是构建了总体审查框架，证据审查则需要明确的证据规则和程序。与其他国家不同，我国对商事诉讼证据功能的规范不但包括证据能力，而且还涉及一些对证据证明力提出的要求。① 从证据能力方面看，物证、书证、证人证言、当事人陈述和鉴定意见等证据种类，共同组成了商事诉讼证据审查的基本标准，如对非法证据排除的规定和瑕疵证据的修正方法，就是建立证据能力的基本依据。我国还对商事诉讼证据的证明力作了一些规范，比如，生理上和精神上有缺陷的证人作证、对案件事实的认知和表达存在一定困难的证人作证、亲属作证、公文书与私文书的证明力等，均在一定程度上进行了限制。第三，从法律渊源来看，建立了从国家到地方四个层次的商事诉讼证据功能规范体系。第一个层次是民事诉讼法有关商事诉讼证据的规定，第二个层次是由最高人民法院发布的司法解释，如《最高人民法院关于适用 < 中华人民共和国民事诉讼法 > 的解释》《最高人民法院关于民事诉讼证据的若干规定》等；第三个层次是由国务院各部门分布的部门规章；第四个层次是地方规范性文件，这类规范性文件既有针对某一类商事案件的，也有针对所有商事案件的。

以上三个方面可以看出，我国对商事诉讼证据功能的规制已经从以前规范不足逐步转向规范较为充分，对商事审判工作具有实际的指引作用。已经确立的商事诉讼证据裁判原则，指明了商事审判庭对证据审查的基本责任，实现了证据裁判原则与证据规则的相互衔接。不过，从商事诉讼证据功能规范体系化来看，仍然存在不少问题：第一，商事诉讼证据裁判原则与商事案

---

① 闵春雷. 以审判为中心：内涵解读及实现路径 [J]. 法律科学，2015（03）.

件证据审查标准之间出现不一致。尽管我国商事诉讼证据规范中已经确立了裁判原则，但该原则仅仅是一般的规定，而不是在每一个具体的审判制度中体现出。商事诉讼证据裁判原则是基础性制度，核心内容在于对证明待证事实的证据进行审查，但目前该原则主要在民事诉讼法层面得到体现，而商事诉讼证据审查标准，证据的相关性、真实性和合法性要求，主要体现在具体的商事诉讼制度中，这就出现了在有的商法制度中不能与民事诉讼法规定的裁判原则相一致的情况，在票据法、证券交易、公司法、金融安全、房地产等诸多领域，很多关于商事诉讼证据审查的规定与裁判原则不一致。第二，商事诉讼证据功能的规范之间缺乏有机配合。以商事诉讼证据体系化的标准衡量，对证据功能的规范存在彼此冲突和层次不协调的问题。商事法律领域异常广阔，而且时效性、可变性极为明显，众多机关、部门出台有关商事诉讼证据的规范性文件，可能是基于部门利益和其他考量的，不同规范性文件之间经常存在冲突和矛盾，特别是在证据能力和证据证明力等关键问题的解释上，更是容易造成商事审判工作的困难。从发布文件的机关、部门的层级来说，不同层级的机关、部门都制定了适用于本系统、本地区的规范性文件。这些文件规范的内容和范围不统一，其内容的丰富程度远远超过民事诉讼法和最高人民法院等中央机关颁布的规范性文件。针对这种局面，可以考虑在目前已由全国性规范性文件构建的商事诉讼证据的基本框架内，对现有商事诉讼证据功能的规范进行有效整合，废除一些不必要或不一致的规定。

### （二）商事诉讼证据功能从法理学上的界定

证据法的理论分析已经融入或者深刻影响了证据功能的规范体系。采取这一角度审视商事诉讼证据制度，已经不是从证据法体系本身，而是从法理学的立场上，以总体的宏观视角审视商事诉讼证据功能。对于商事诉讼证据功能的体系化问题，法理学可以从更深的层次揭示解决方法。

从法理学角度分析商事诉讼证据功能，有助于实现从证据法理论问题到证据功能规范的变迁。证据法的本体论、价值论和规范论代表着证据法理论对商事诉讼证据在作用范围、功能价值和规制方式等方面的体系化倾向。证据理论的体系化能够将特定的证据结构组织起来，形成一个有机整体，彼此之间按照一定的基本原理连接，从而使商事诉讼证据审查的实践活动能够在体系化指导下进行。证据基本理论问题展开分析，一方面将为商事诉讼证据提供一个体系化的框架结构，为我国松散的证据功能规范提供一种体系化方案，另一方面这些基本理论问题反映出商事诉讼证据的基本原理。[①]这些原理为商事诉讼证据功能规范建立了最初的学理依据和潜在的建构模式，对我国商事诉讼证据的建设具有十分重要的引导作用。在起草商事诉讼证据规范过程中，一是要借鉴国内外关于商事诉讼证据的立法例证，二是要参考法学界在商事诉讼证据制度上的最新研究成果和各地法院拟定的证据规则。因此，阐释商事诉讼证据制度隐含的基本法理，特别是上述基础理论问题，对于解释商事诉讼证据功能有着至关重要的作用。

法理学可以为商事诉讼证据正当性的探索提供一种反思方法。法理学对于部门法的重要作用在于，可以按照一种反思、批判的立场追问部门法背后的终极性、起源性问题，通过不懈的反思、批判和追问为部门法构建正当性基础。随着商事诉讼深入开展，我国商事诉讼证据的发展过程应立足于审判实践，广泛借鉴和吸收各国先进的立法例证，但由此也造成商事诉讼证据规范来源复杂、彼此难以协调甚至互相抵制的问题。例如，就商事诉讼证据提交与接受而言，在证据法理论和规范中，就有采纳、可采性、证据能力、作为定案的根据等不同术语。采纳与可采性来自英美法系商事审判活动，证据能力来自大陆法系商事诉讼程序，而作为定案的根据是中国商事诉讼中特有的表述。这种证据规范术语的多样化，反映出我国当前商事诉讼证据功能规范存在着内在冲突和紧张。要想摆脱这种困境，应当依据我国现实国情，以商事诉讼实践的视角重新看待这些不同的术语，然后在我国商事诉讼证据规范体系中重新整合。无论是采纳、可采性、证据能力还是作为定案的根据，这些术语所表达的其实都是商事诉讼证据提交与接受的条件。不同国家设置的证据准入门槛不同，程序规则差异较大，但如果以商事诉讼实践的实际需要出发，这些术语就都服务于证据准入这一制度。重要的不是讨论这些术语之间的差异和取舍，而是要指出术语背后的实质功能。因此，借助法理学的反思性方法，可以对目前有些杂乱的商事诉讼证据规范进行理论层面的评判，并在反思的基础上进行有效整合。不论是来自英美法系商事审判活动还是大陆法系商事诉讼程序，都需要解决具有什么样的价值、如何有效规范证据层面的探索和改造，才能融入已有的商事诉讼证据规范体系。

---

① 张卫平．我国民事诉讼法理论的体系建构 [J]. 法商研究，2018（05）.

法理学可以为商事诉讼证据的学科整合提供理论平台。作为正在兴起的远未成熟的学科，商事诉讼证据还处于学科发展的初创阶段。商事诉讼证据学科还没有形成完整的理论范畴和框架，甚至还没有达成共通的研究方式。虽然民事诉讼法、仲裁法、行政诉讼法等学科各自具备研究证据制度的学术范式，但彼此之间缺少交流的动力与平台，其结果是商事诉讼证据研究力量分散、明显缺乏重要的成果。[①] 在此背景下，法理学作为法学不同学科共同的理论基础，可以为商事诉讼证据提供学科的基本模式。首先，在商事诉讼证据法学建立过程中，法理学在基本范畴的提出、基本问题的解答和规范结构的确定方面，都可以给予有效的指引。依靠法理学的整体思域，商事诉讼证据可以通过学科整体来建构理论体系。从商事诉讼证据的意义、价值论、规制模式和认识论等基础出发，为商事诉讼证据功能提供原始的理论思考。其次，商事诉讼证据功能的学理阐述是其存在的依据。作为商事诉讼证据适用的程序空间，民事诉讼法与商事诉讼证据之间存在密不可分的关系。从商事审判实践来看，商事诉讼证据无法完全脱离商事诉讼程序发挥作用，商事诉讼证据的运作必须在特定的审判程序中进行。但从学科角度来看，商事诉讼证据如果完全依附在民事诉讼法中，发展空间肯定会受到限制。商事诉讼证据功能如果要相对独立于民事诉讼法，就必须形成属于自身学科的学理基础，必须从商事诉讼证据本身进行体系建构。我国商事审判工作现在已经非常全面和深入，商事活动已经极为精细，这促使商事诉讼证据问题不断出现，商事诉讼证据规范的制定实际上走在了证据功能的学科建设前面，民事诉讼法和证据法学科并未对商事诉讼证据规范的体系化提供足够的指引，这才造成商事诉讼证据规范在一定程度上处于分离、不成熟的状态。在商事诉讼证据功能规范的重整上，法理学的规范研究可以为其提供非常重要的参照。最后，法理学可以为商事诉讼证据制度汲取相邻学科的学术资源与经验。证据法区别于程序法的一个重要方面在于其直接面对事实判断，证据规范与具有判断功能的相邻学科存在天然关联，心理学、法庭科学、认识论、物证技术、概率论乃至会计学等都能对商事诉讼证据进行协助。这些相邻学科可以提供众多独到的成果，但要对这些跨学科成果进行有效吸纳，就必须纳入一个完整的理论体系，而法理学的广泛视域能够帮助商事诉讼证据建立功能理论的框架。

---

① 张建伟. 审判中心主义的实质内涵与实现途径 [J]. 中外法学，2015（04）.

# 第二章　商事诉讼证明

司法证明的对象或者标准是什么，在英美证据法研究中是作为商事审判的前提问题进行讨论的。其他对于司法证明的研究，都是在这个前提下展开的。如果质疑商事审判，比如是否是理性主义的，或者确定商事法律事实符合什么真实性标准，那么必然涉及司法证明问题。确立了司法证明的对象或者标准后，如何进行商事诉讼证明，或者司法证明如何符合理性和公正的要求，就是商事审判程序问题了。

我国商事诉讼证明的对象或者标准是客观真实还是法律真实，直接关系到我国商事诉讼证据制度的构造。主张客观真实者认为，商事诉讼证明只有以客观真实为目标才能防止错误裁判，如果只以法律真实为标准，就可能导致商事诉讼不负责任的裁判。主张客观真实者也承认，客观真实是受到法律约束的，在商事司法实践中，必须以一定证据规则体现出客观真实。主张法律真实者认为，将法律真实看成是证据规则下的真实，或者商事案件事实符合商法规定的真实标准，这有利于保证商事裁判的合理性与正当性。这两种主张都同意发现商事案件真实需要遵守证据规则，但认定商事案件事实应当遵守的法律规定不同，标准也不相同。从商事诉讼证明的基本特征来看，这两种观点的差别其实并不大。客观真实论关注的是真实性问题，什么样的真实性才能成为确定商事案件事实的依据，法律真实论更偏重合法性问题，主张商事案件真实是法律规则下的真实，主要问题是如何认识或者证明这种法律之下的真实。商事诉讼证明伴随着整个商事审判过程，是商事审判需要解决的核心问题之一。

商事诉讼证明涉及众多理论争议和司法实践问题，而且与商法规范密切联系，必须从一个一个具体的商事案件中发现普遍的规律。比如，证明标准并没有针对个案事实规定具体的证明方法和论证过程，商事案件事实的真实性争议可能遮掩了对证明理性问题的深入探讨。强调加强制定证据规则，特别是排除性证据规则，似乎将证据规则与商事诉讼证明相对了，认为商事诉讼程序的公平正义必然产生商事案件事实认定的真实，这很可能会对商事诉讼带来危害。因此，必须对商事诉讼证明进行深入研究，解释一些商事案件中的疑难问题，发现司法证明的普遍意义。

## 第一节　商事诉讼证明

商事诉讼证明应当遵循一些基本规则。遵守法制规则是指在商事诉讼证明过程中必须严格遵守法律的规定，依法办案。遵守法制规则在商事诉讼证明中要求搞好证据规则的建设，要求法官与其他诉讼参与人在收集和使用证据时遵守法制精神，依法独立办案，严禁侵害他人人身权利和诉讼权利。遵守法制规则具体包括依法取证、依法举证、依法质证和依法采证，其中依法取证是基础，是法官与当事人自主性和随意性很强的行为，很容易造成滥用权力。实事求是规则是指法官与其他诉讼参与人要从商事案件实际出发，根据确凿的证据，准确查明和证明商事案件事实。在商事诉讼证明中，法官不能主观臆断，不能先入为主，偏听偏信，反对程序虚无主义和片面追求形式真实。证据为本规则也即证据裁判原则是指商事诉讼证明活动必须以证据为基石，除法律另有规定外，法官只能根据经商事法庭辩论而获得心证的证据作为判决依据。法官不能因没有适当的商事诉讼证据拒绝裁判。

商事诉讼证明不能简单理解为重视证据，其含义应当包括：认定商事待证事实必须依靠证据，没有证据不能认定商事待证事实；无论是商法事实还是诉讼法事实都离不开证据；用于定案的证据必须具有证据能力和可采性；用于定案的证据必须在商事法庭上查证属实。在商事诉讼证明中，要求法官与当事人在办案过程中必须从客观存在的证据出发认定待证事实，不能以主观想象作为判断商事案件事实的方法，同时要转变观念，从传统的查明事实转向证明事实，还要将司法认知和推定作为认定商事案件事实补充方法。商事诉讼证明包含着多方面的内容，需要从不同角度探讨其具体的含义。

### 一、商事诉讼证明的方法

商事诉讼证明是一种特殊的认识活动，证据制度的目的在于规范司法证明活动，因而探讨商事诉讼证明方法就要从证据法理论基础入手。商事诉讼证明属于社会证明的范畴，与物理学、化学的实验室证明有很大的区别。商事诉讼证明必须容纳证据规则、商法规范和裁判者的主观因素的制约，并存在审判场所和诉讼期间的限制，而且商事诉讼证明一般由不知情的法官支配，精通法律但不一定知晓专业技术知识，可能要借助技术专家协助，证明主体与认识主体有可能相分离。所以，商事诉讼证明要与证据规则相配合，依赖众多复杂因素才能得出对商事案件事实的判断结果。

信息论的价值在于揭示商事诉讼证据的信息本质。商事诉讼证据具有信息的基本特征：证据具有知识的本性，信息能使裁判者消除对待证事实认识上的不确定性，增加商事诉讼证据本身的有序性；证据具有不守恒性，信息的不守恒可以充分调动裁判者与当事人对商事案件事实信息的收集，为最终作出裁判做好准备；证据是性质与数量有一定的统一性，信息量的大小是一个相对值，由裁判者根据案件情况自由裁量；信息具有绝对性和相对性的两面性，证据的存在是绝对的，但需要裁判者分析、发现、思考和归纳，才能发挥作用。①信息论表明，商事诉讼证明是对案件信息获取、加工处理、反馈和传输的过程，不是裁判者与当事人孤立地想象活动，而且必须符合现代科学技术与社会经济对各类信息处理的方法。

系统方法是指从系统与要素、系统与范围、系统与环境的相互联系、相互作用和相互制约的关系出发，综合地考察商事案件待证事实，以实现最佳的处理争议事实的一种方法。按照系统论的观点，各类商事案件的定案证据都是由证据元素，依照一定方法和顺序构成的证据系统。商事诉讼证据元素是与证据本身既有联系又有区别的。一方面，它们都是证明商事案件真实情况的根据；另一方面，证据本身有相对完整和独立的外在形式，商事诉讼证据元素则是证明一个相对完整的待证事实的某一部分的。任何商事案件的待证事实都是由一些事实片段构成的，商事诉讼证据元素是能够证明案件事实某一部分的证据单元。商事诉讼证据元素之间以直联系、逆联系、平行联系和逆平行联系等方式相互关联，对商事案件待证事实从各个角度进行证明。证据系统在商事审判活动中的全部内容就是证明，证据系统通过商事审判活动实现对案件待证事实的证明。

概率是指事件在同一条件下可能发生也可能不发生的可能性大小的比率。在商事诉讼证明事件中，法官所认定的商事案件事实是一种可能性事实，而不是必然性事实。因而概率论对商事诉讼证明的影响是多方面的。概率论在商事诉讼中可用于判断单一物证、书证、视听资料、证人证言等的证明力。

① 李祖军．自由心证与法官依法独立判断[J]. 现代法学，2004（05）.

统计方法归纳出的结论可信度大于经验判断。比如，商事案件中指纹的一致性解释、DNA 认定、笔迹鉴定、视听资料真伪性评价等均可能运用概率方法进行筛选。在评断商事诉讼证据证明力方面，概率论同经验法则相比具有明显优势，概率论可以是定量分析，经验法则则是定性分析。

概率论属于数理逻辑推理，在商事诉讼中可用于评判一组证据的证明力。采用概率方法可以显示出证据对于商事案件事实的独立性与相关性。概率论也可用于评断全部证据的证明力，概率是当事人或法官在商事诉讼证据的基础上构造出来的信任程度，就是说，是全部证据对裁判结论的支持度，这实质上就是法官在审判案件过程中的内心确信与自由心证。概率论还可以判断当事人主观是否有过失的问题。主观过失既是一个法律问题，也是一个待证事实问题。[①]在美国等国家商事审判中，利用汉德公式证明当事人是否有过失。该公式用于侵权案件中，模型化为 $B<PL$，其中，B 表示被告预防事故发生的成本，L 表示实际发生的损失金额，P 表示事故发生的概率，当且仅当 $B<PL$ 时，被告才构成过失。概率论在解决精神损害赔偿数额的确定问题上极有实用意义。概率心证说认为，损害赔偿额的计算应当以损害事实认定的概率为基础，当事人提供的商事诉讼证据能达到的证明程度，就是赔偿金额计算的依据。在众多的商事争议中，对待证事实的证明，仅靠法官的理智、良心、知识是难以让当事人与公众服判的，必须将自由心证的过程从客观上展现出来，概率论在这方面具有很好的效用。

商事诉讼证明是一种价值权衡的活动。商事纠纷的解决涉及各种价值的选择与实现，在这些相互冲突的价值之间达成某种平衡就是商事诉讼证明的意义所在。在存在冲突价值时，商事诉讼证明进行取舍需要考虑的因素有：取此舍彼所要达到的目的；被舍弃的价值有没有其他的替代方法；被舍弃的价值没有其他替代方法时，这种舍弃是否值得。商事诉讼证明的法律价值与其他价值都是开放性的，是法律、伦理、宗教、经济和政治等诸多因素综合在一起的，商事诉讼证明追求的法律价值与其他价值之间的平衡，也可以看作是商事争议在不同领域的正义观的呈现。古罗马法学家有句名言：法是善与正义的艺术。这句话体现在商事诉讼证明上，就是要求商事审判活动不仅要保障与体现证明的公正性，还要有助于证明活动的合理性，并保护与商事

---

① 曹佳．司法证明概率论：理论基础、应用局限与前景展望 [J]. 甘肃行政学院学报，2017（04）.

诉讼无直接关系的证人、鉴定人等的基本权益。就是说，商事诉讼证明必须具有善的品质。化解商事争端是商事诉讼证明价值的体现，诚信与关怀则是伦理价值的要求，解决好两者的关系，就实现了法律正义与道德正义的平衡。我国商事诉讼制度规定，凡是知道案情的人都有义务作证，并且应当对作证的真实性承担法律责任。这一规定是法律至上的体现，但商事审判案件中证人作证有轻视伦理价值的可能，而这种可能不能被法律价值取代，就会造成证人作证的顾虑与风险。商事诉讼证明是一种特定的劳动，能够形成一定的社会价值和经济价值，商事诉讼证据能不能如同商品一样自由交换，实际上各国法律在一定程度上承认了证据的可交换性，有的国家实行的诉辩交易、证据契约等都在一定范围内形成了交换利益。

司法公平和经济效益都是商事诉讼证明的基本要求，各种证据规则均是这两者的体现。例如，商事诉讼中的非法证据排除规则隐含两层含义：当事人一方以违法方式获取的证据对另一方当事人是不公平的，所以应当排除；当事人一方以违法方式获取的证据极有可能是虚假的，无形中会增加商事诉讼证明的成本，降低了商事审判的效率，所以应当排除。[①]商事诉讼中的证据责任、交叉询问规则、补强证据规则都有这方面的考虑。举证时限规则、推定规则、自认规则、最佳证据规则、关联性规则、书证优先规则、品格证据规则、传闻证据规则更注重商事诉讼证明的效率，宣誓作证规则、意见证据规则侧重体现司法的公平。商事诉讼证明与传统文化、宗教信仰、社会观念密切联系。有学者认为，商事诉讼的正义变幻无穷，随时可呈现出不同状态，具有极不相同的价值判断。这说明商事诉讼证明总是具体的、相对的，实体正义与程序正义是商事诉讼证明必须权衡的两种价值。

商事诉讼证明方法必须通过具体的商法现象体现出。我国现有期货市场内幕交易法律规范存在实质缺陷与结构障碍，影响对期货市场内幕交易行为的控制。在《中华人民共和国期货法》制定过程中，要对期货市场内幕信息的具体法律类型进行更为严格界定，对严重损害期货市场效率的内幕信息类型设置精细化的明示性规范。证券市场分为发行市场与交易市场，是有价证券发行与交易的平台。证券市场的实质是发行人的融资平台和交易者的投资平台，这种投 资与融资行为具有中长期的特征。与此明显不同，期货市场以

① 闵春雷．证据裁判原则的新展开 [J]. 法学论坛，2010（04）.

大宗商品或各种类型的资产作为标的进行标准化契约交易，交易双方达成合约后，不对大宗商品、基础资产或金融资产进行交割，而是在以后约定的时间内，对标准化契约中的大宗商品或基础资产实物进行交割，也可以直接进行现金交割。期货市场最重要的功能不是大宗商品、金融商品和基础资产的交换，而是提供一种价格发现机制与风险转移方式。因此，证券市场与期货市场之间具有非常明显的区别。期货市场中不存在发行人，交易标的的创制主体是期货交易所，创制的内容是标准化契约。证券市场中的内幕交易行为，实质上是有价证券的金融特征决定的。上市公司是股票、公司债券的发行人，市场内幕信息和知情人围绕着上市内幕信息进行活动。期货市场内幕交易同样需要内幕信息知情人、内幕信息非法获取人，也需要内幕信息、相关交易和泄露内幕信息等行为要素，但是相对于证券市场内幕交易来看存在明显差异。期货市场中交易的是各类标准化契约，而不是上市公司等发行人发行的股票和公司债券，使得期货市场中的内幕交易行为具有自身的特殊性。期货交易所是期货市场中标准化契约的创制主体，产品创制主体与该产品有关的内幕信息并不存在天然关联。与期货市场特定产品内幕信息有关的是该标准化契约中的大宗商品或基础资产的内在价值与市场上的供求关系。期货市场中的内幕信息知情人员是参与、制造、接触和管理对期货交易品种、对应大宗商品、基础资产市场价格具有重大影响的信息的人，不存在上市公司中内部人的法律概念。证券市场中的内幕交易行为通常发生在现货市场，而期货市场内幕交易行为并不完全存在于期货交易品种所在的市场，与特定期货交易品种市场价格挂钩的任何现货市场、期货市场和衍生工具市场，都可以成为期货内幕交易行为的场所，特别是与商品期货交易品种直接对应的大宗商品现货市场或与金融期货交易品种对应的金融商品现货市场。证券市场价格受到基础资产内在价值和证券供求关系的影响，而期货市场是一种衍生市场，期货合约是基础资产交易的衍生工具。[①]正是因为期货市场与证券市场的这些不同，在期货法对期货市场内幕交易规范时，就必须考虑商事诉讼证明问题，在不同的期货市场内幕交易案件中，必须体现出商事诉讼证明的价值与方法，这样才能真正限制与惩罚期货市场的内幕交易行为。

商事诉讼审理并不是抽象地寻找真相，而是试图在当事人之间发现解决

① 谢杰.期货市场内幕交易的法律规制 [J]. 财经法学，2019（05）.

争端的途径。法官对商事案件事实的证明在客观上是不全面的，是相对的证明。商事诉讼证明的相对性表明，查明待证事实的真实性并不是商事审判活动的唯一任务，解决纠纷才是更为现实和迫切的任务。

## 二、证据裁判原则对商事诉讼证明的规范

现代商事诉讼遵行证据裁判原则，法官、当事人和其他诉讼参与人应当运用经过法庭调查后具有证据能力的证据证明待证事实。在证据裁判原则下，商事案件的实体事实应当采用比较严格的证明方法，而非讼案件的实体事实和程序法事实则采用相对自由的证明方法。不过，已经得到确定或不存在合理争议的案件事实、经验法则和交易习惯等，一般不适用证据裁判原则。法官不遵守证据裁判原则的，可以成为上诉或申请再审的理由。

### （一）证据裁判原则在商事诉讼证明中的运用

诉讼制度不采用神明裁判方式解决事实判断问题后，就运用证人证言、物证、书证等证据证明和认定案件事实，这就产生新的证明方法，就会在商事审判上思考如何进行证明待证事实才是正当与合理的。我国商事诉讼证据裁判原则的法律规定表明了现行审判制度中对待证明方法的态度。我国现行《民事诉讼法》没有直接规定证据裁判原则，实际上要求当事人和法官必须根据商事诉讼证据来证明或认定案件事实的。比如，民事诉讼法明确规定，证据必须查证属实，才能作为认定事实的根据；当事人对自己提出的主张，有责任提供证据，并且法院应当按照法定程序，全面、客观地审查核实证据；证据应当在法庭上出示，并由当事人互相质证，不然会成为申请再审与决定再审的理由；原判决、裁定认定事实的主要证据是伪造的，原判决、裁定认定的基本事实缺乏证据证明的是申请再审的法定理由等。我国相关司法解释中也有商事诉讼证据裁判原则的规定，《关于民事诉讼证据的若干规定》对人民法院应当以证据证明的案件事实具体方法和依据作出了详细规范，就是说，人民法院裁判商事诉讼案件，应当以证据证明案件事实。现在对商事诉讼证明方法的讨论，就是在已经制定的证据裁判原则基础上进行的。[①]商事诉讼证据裁判原则要求运用物证、书证、证人证言和鉴定结论等证据来证明案件事

① 赵信会．民事诉讼证明妨碍及制裁措施之选择 [J]. 证据科学，2019（05）.

实，法官必须依据经过法庭调查程序后查明具有证据能力的证据认定商事案件事实。

证据裁判原则对商事诉讼证明具有规范意义，主要体现在几个方面：第一，必须运用商事诉讼证据证明案件事实。在商事诉讼中，没有证据不得认定待证事实。对于众所周知的事实、预决的事实、推定的事实、公证的事实、诉讼上的自认等，其真实性已经得到确认，或者当事人不存在合理的争议，就不需要证据证明了，但要注意，这并不是不用证据证明待证事实，而是已经证明待证事实了，就不需要再举证证明了。第二，认定待证事实的商事诉讼证据必须具有证据能力。具有证据能力的证据，在商事诉讼中才具有可采性，才能成为法官判断商事案件事实的根据。一般来说，具有证据能力的商事诉讼证据必须同时具备关联性、真实性和合法性，才能对商事争议事实起到令人信服的证明作用。①第三，认定待证事实的商事诉讼证据必须经过商事法庭的调查。未经法定的证据调查程序调查，或者未经当事人充分质证的商事诉讼证据，法官审查判断时，不论是否在内心形成确信，都不能采信为定案的证据，同样，在其有没有证据能力得到确定前，也不能作为认定案件事实的根据。第四，法官违背证据裁判原则将直接导致商事诉讼证明不产生法律效力，比如，法官没有用商事诉讼证据认定待证事实、采用未经法定调查程序或未经当事人质证的证据，就会形成当事人上诉和申请再审的理由。

证据裁判原则不包含应当由谁承担证明责任，证明责任是辩论主义和职权探知主义所要处理的问题。辩论主义与职权探知主义对法官和当事人之间如何合理分担收集、提供证据和证明待证事实的责任指明了基本的方向。辩论主义包括商事诉讼证明责任的主要内容，即由当事人承担提供证据证明案件事实的责任。职权探知主义则要求法官依职权收集证据，并在最终裁判时查明案件事实或形成可以作出裁判的事实判断状态。

证据裁判原则对法官自由心证构成一定的制约，要求法官认定待证事实时必须依靠查明的证据。商事诉讼证据作为法官心证形成的资料时，被称为证据原因，即通过商事诉讼调查程序获得的本案所有证据资料。法官自由心证形成的资料还包括当事人辩论的内容与诉讼请求。在现代商事诉讼中，由于采行证据裁判原则，证据在确认案件事实和法官形成内心确信方面具有不

---

① 罗兆英 . 事实认定中自由心证的作用及其制约 [J]. 福建行政学院学报，2018（02）.

可替代的作用。

证据裁判原则的适用对象就是证明对象，作为法官裁判依据的商事案件事实，是指引整个商事诉讼证明活动的基本依据。证明对象既有商事实体事实也有程序法事实，实体事实又包括商事争讼案件的实体事实和非讼案件的实体事实。[①]作为证明对象的商事案件事实必须具有商法意义，能够引起某种商事法律权利义务发生、变更、阻却或消灭，同时有必要利用商事诉讼证据予以证明，即证据的真实性还没有确定或者当事人之间存在合理的争议。不同的商事案件事实适用的法庭调查程序或者诉讼证明程序也有不同，保险案件、公司案件、国际贸易案件、商事代理案件等，由于当事人关注的事实问题很多都具有专业性和技术性，因而在审判过程中会有不同的审查判断方法。

商事诉讼证明程序大致包括提供和交换证据、当事人辩论与质证、法官审查证据与判定待证事实。调查证据资格有无和证明力大小的程序，就是当事人质证和法官判断证据，对商事案件事实进行审理与查明。商事案件的实体事实是要件事实，又称直接事实、商法规范构成要件事实或主要事实，是直接导致商事法律关系发生、变更或消灭的事实，可被划分为权利发生事实、权利妨碍事实、权利阻却事实和权利消灭事实。商事要件事实或直接事实包括两类：一是商事法律事实，如合法继承遗产、签订买卖合同形成合同关系和依法解除婚姻关系；二是商事纠纷事实，如侵权事实和违约事实。从商事权利主体或者原告的角度来看，商事法律事实的发生使其获得商法上的实质权利，商事纠纷事实的发生意味着商事权利受到侵害或发生争议从而产生救济权。[②]可见，商事权利发生事实包括形成商事实质权的法律事实和商事救济权的争议事实，均属于商事诉讼的原因或原因事实。

商事案件的实体事实还包括间接事实，即不能直接导致某项商事法律关系发生、妨碍、阻却或消灭的事实，可用来推导或证明直接事实是否存在。对商事要件事实的证明，途径有很多，主要有利用直接证据来证明和通过间接事实证明。在无直接证据证明商事案件事实或要件事实时，可以运用间接证据证明间接事实，然后运用逻辑关系的间接事实推断或证明直接事实或要件事实。所以，商事案件中的间接事实被称为证据性事实或逻辑上起证明作

---

① 蔡会明，杜文静 . 理性证明过程的本土化 [J]. 济南大学学报（社会科学版），2018（06）.

② 占善刚 . 证明妨害论——以德国法为中心的考察 [J]. 中国法学，2010（03）.

用的事实。间接事实作为证明要件事实真实与否的手段时会成为待证事实。商事诉讼中的辅助事实与间接事实不同，主要是指商事诉讼证据能力有无和证明力大小的事实，这关系到商事诉讼证据的可采性和可信性，如商事诉讼证据违法收集的事实、证人与当事人存在亲属关系的事实等。通常认为，辅助事实多为商事诉讼程序上的事项，但实际上辅助事实与间接事实之间并无严格的界限。辅助事实因为涉及商事诉讼证据能力有无或证明力大小的问题，常常包含商法权利义务内容，并且辅助事实牵连到商事案件主要证据甚至唯一证据的采信时，必须采取比较严格的证明标准。

不需要严格证明与严格证明都是商事诉讼中的证明，在证明程度上没有差别，证明标准并未降低，但与严格证明不同，不需要严格证明的不必运用法定证据种类或商事诉讼程序查明。具体来说，不需要严格证明的对象不必遵循公开审理、直接言词审理等商事诉讼原则，不以运用法定证据种类为前提，有时可以通过公告、支付令异议等方式确认商事案件事实，当然也不排斥法定证据种类的采用，至于证据是否在商事法庭上出示和用什么方式调查均由法官根据案件情况自由裁量，同时不必恪守证据交换规则、双方当事人质证程序和辩论程序。不需要严格证明的对象，德国、日本和台湾地区均没有作出立法规定。一般来说，法官职权调查的事项，如商事诉讼要件、上诉要件、申请再审要件、需要确定的经验法则、地方习惯和行业习惯等，不需要法庭言词辩论。法官释明权行使时的证据手段、司法救助的决定等也不必严格证明。考虑到不需要严格证明的对象有其诉讼上的积极意义，商事诉讼制度可以做一些明确规定。

### （二）证据裁判原则在具体商法问题中的运用

证据裁判原则在众多商法问题中都能得到很好的体现。董事受托人承担对公司与受益人的双重义务，在职责履行时伴随着公司利益与受益人利益的冲突，引入公平义务观念，允许信托事务中的公司利益考量，充分兼顾双方利益，承认但限制公司利益优先，最大程度保护受益人利益，寻求双方的理性平衡，是完善董事受托人制度的合理方案。近年来，企业股权注入家族信托逐步兴起，出于财富保值、企业传承和继承分配的隐秘性和规避即将出台的遗产税等考虑，创一代普遍对企业股权注入家族信托极为关心。与此同时，我国资管新规《关于规范金融机构资产管理业务的指导意见》迫使信托回归本来的目的，因而从2018年年末，服务信托成为信托业的关键项目，各信托公司纷纷创设内含股权信托的家族信托、员工持股信托和表决权信托等财富管理服务业务。股权信托作为家族财富传承的一种重要途径，在公司治理上具有保持公司控制权、保护外部股东利益、推动重整兼并、完善公司管理结构等优势。信托受托人掌握目标公司的控制权是股权信托的主要类型。这种信托控股目标公司下的股权信托，形成一种特殊的商事主体，即董事受托人，即兼具受托人与董事的双重身份，承担信托法与公司法上的双重义务，为受益人与公司不同利益主体服务。英美股权信托实践表明，董事受托人面临怎样恰当处理义务的严格考验，董事受托人行为标准因为极具公司法与信托法融会贯通的特色，成为商事业务领域关注的焦点问题。股权信托的开展，特别是管理型股权信托在我国公司、信托领域广泛的运用，相关问题将会涌现出来，立法与商法理论都难以回避对其作出回应。在股权信托中，信托受托人担任目标公司的管理者，实质性参与目标公司的经营管理。尤其是信托持有目标公司控制性股份的情况下，信托受托人常常处于目标公司的董事职位。一方面信托合同会约定受托人必须担任目标公司的董事、经理等管理职位，另一方面基于信托受托人谨慎义务要求，又必须对信托公司履行忠实义务，由此形成利益冲突。为了解决这种矛盾，英美法院曾发展出一条判例法规则，受托人应当选举自身为公司董事，除非信托条款有其他指定。美国《统一信托法》第802（g）条、第804条和美国《信托法重述》（第二次）第174条规定，股权信托受托人应当像普遍理性的人管理自己财产一样为受益人的最佳利益管理信托，而且当信托为目标公司的唯一所有人时，受托人应当任命会为了受益人的最佳利益来管理公司的人为董事。① 这就会带来一个新的问题，一个拥有公司多数股份的理性谨慎的人，对于公司的管理采取怎样的措施是合理的？董事受托人作为股东所能获得的公司事务的管理信息，如何才能保障其不会滥用这些信息？由信托股东受托人兼任公司董事，能够最小化代理成本，股权信托存在受益人与受托人之间、公司所有者与管理者之间的双重代理。董事受托人直接参与研究、制定和实施公司经营投资计划、利润分配方案等，能够更大程度实现信托目的。股东会虽然是公司的最高决策机关，

---

① 石慧荣.股权信托“董事受托人”行为标准研究——公司利益与受益人利益衡量[J].河北法学，2019（09）.

但事实上，更多的仅是对董事会提案的赞同或否决权力。显然，任职目标公司董事必须真正履行受托人的谨慎义务。

董事受托人制度要想真正实施，必须考虑现代商事诉讼实行的证据裁判原则。商事诉讼中的严格证明与诉讼程序的基本原理是相通的。商事诉讼程序解决的是商事诉讼请求，是双方当事人对具体商事权益或法律责任进行辩论，由法官最终作出裁决的过程。商事法律争议在诉讼上体现为对审主义，保障双方当事人的程序参与权，其中双方当事人的平等质证和辩论是诉讼程序保障的必然要求。商事诉讼程序中，双方当事人的质证是商事法庭调查不可或缺的内容，很少有排除适用对审主义的情形。但是，商事诉讼的对审主义也存在例外，一方当事人无正当理由不出庭参加诉讼或未经法庭许可中途退庭的，双方当事人不能进行言词质证和辩论的，可以缺席审判，或者为了维护对方当事人诉讼权利和避免拖延诉讼，可以继续进行商事审判。董事受托人制度一旦发生纠纷，涉及的商事主体可能是多方面的，应当由哪一方承担证明责任，应当如何与商事诉讼程序相衔接，就不能不认真分析与思考了。

## 三、商事诉讼证明中的瑕疵证据

瑕疵证据问题已经引起人们的广泛关注与研究，我国商事诉讼制度中已或多或少规定了对瑕疵证据的处理方法和采信依据。瑕疵证据在各类商事争端解决机制中普遍存在。当事人在发生争议时并没有特别明显的依法运用证据的意识，而且由于各种主客观条件的限制，各类司法机关以及当事人收集、提供的证据可能会出现各种不足与瑕疵，这就必然要求在采信这些证据时要有令人信服的根据以及符合现行法律制度的方法。在商事诉讼中，同样经常面临对瑕疵证据的处理问题，因为商事诉讼的公正性，审判庭在处理瑕疵证据时更可能引发当事人的异议，也更容易引起各方对证据合法性的重新思考与识别。商事诉讼证明中的瑕疵证据与其他诉讼中的瑕疵证据相比既有共同性又有特殊性，因此应当对商事诉讼证明中的瑕疵证据予以特别的注意，揭示出商事诉讼证明中瑕疵证据的特殊情况，以便更好地完善商事诉讼中的证据制度，保证商事诉讼能够依法公正进行。

## （一）商事诉讼证明中的瑕疵证据

瑕疵证据具有不同于非法证据的独立内涵。根据商事诉讼实务经验，商事诉讼中的瑕疵证据主要有两种类型：一类是收集证据的手段有缺陷导致证据能力待定的证据。商事诉讼证明中证据能力是指某项材料可以作为采信证据的资格，凡适用证据排除规则被排除的证据材料就都丧失了证据能力。商事诉讼证明中当事人的行为在合法行为与非法行为之间存在着一块灰色区域，即当事人的行为与法律规定的要件不符或者不完全相符，或者在现行法上找不到合适的依据，但又不违反法律的禁止性规定，这被称为瑕疵行为。①这些瑕疵行为使得所取得的证据是否具有合法性处于待定状态。证据能力待定意味着必须判断该证据是否可以作为证据进入商事诉讼；另一类是因证据外观形式的缺陷而处于真伪不明状态的证据。商事诉讼证明中一方当事人提供证据，对方当事人就其真实性提出异议，而双方均无充分证据证明该证据真实或者是伪证的。比如，在一起商事案件中，涉及甲公司与乙公司的一项借款纠纷。甲公司提出一张借据证明乙公司借自己现金 12 万元。该借据是曾被撕碎后再被拼贴起来的，部分字迹包括乙公司的签名有缺失。这张借据为什么被撕碎，双方的说法截然相反。甲公司声称乙公司把借据拿过去没有付钱就把借据撕碎了，甲公司捡回碎片重新拼了起来，由于借据被撕得粉碎状，一些碎片无法找到，故有残缺。而乙公司则主张将借款还给甲公司后才把借据收回来撕掉的，撕碎后被甲公司捡了回去拼贴在一起。这张撕碎的借据证据能力应该如何确定以及应当怎样评价其证明力，这涉及证据的真实性即客观性问题。从这张被撕碎的借据本身而言很难判断是否真实，但也不能得出该借据是伪造的结论。换句话说，这种证据处于真伪不明状态。真伪不明也可以视为真实与虚假之间的灰色区域。商事诉讼证据处于真伪不明状态会使得该证据的证明力下降。

在商事诉讼证明中，当事人对诉讼程序的进程有很大的决定权，并且审判庭对诉讼证据的收集没有完整的规则，使得瑕疵证据形成的原因多种多样。一般来说，常见的原因有以下几种。

1、商事诉讼证据因性状改变而产生瑕疵

证据尤其是物证、书证往往具有特定的性状，如形状、形态、颜色、数

---

① 熊选国主编．刑事诉讼法司法解释释疑 [M]．北京：中国法制出版社，2002：51.

量和体积等。商事诉讼证据的特定性状是证据同一性及其证明力的体现。证据的原有性状一旦发生改变将可能丧失原有的证据能力或证明力。商事审判庭在提取证据后应当采用科学合理的方法妥善保存。但是商事诉讼实践中由于法官及其他诉讼参与人主观责任心不强和客观技术条件的局限，商事审判庭在诉讼过程中对证据提取、保存和鉴定不当而改变证据原有性状，从而造成证据产生瑕疵的情况并不鲜见。

2、商事诉讼证据因来源不明而产生瑕疵

对于物证而言，具有证据价值的不仅仅是物证本身，还包括其来源，如物证存在的场所、位置和状态等。因而以物证作为证据，不仅需要提取物证本身，还需要记录提取物证的过程。但在商事诉讼过程中，由于审判庭具有司法权力，审判庭或当事人收集证据、提交证据会得到司法制度的约束，因此审判庭或当事人提交的证据特别是物证很多都是刻意提取的，或者收集物证时可能因为提取不及时、不全面或者保存处理方法不当造成证据的瑕疵。① 书证的提取存在同样的问题。根据相关司法解释，除法定情形外，书证都应当提交正本，如不能提交正本的应当说明原因，在制作副本和复印件时，制作人不得少于两人并应当注明页数及原件存放于何处，原件持有人和制作人均要署名。然而在商事诉讼实践中一个普遍问题是，书证的副本、复印件制作往往不符合上述要求，致使书证出现瑕疵。

3、商事诉讼证据因形式不符而产生瑕疵

为保证取证程序规范性，诉讼法和相关司法解释一般从取证人员、时间和地点等方面对取证行为做出规定和限制。商事诉讼中没有严格的取证程序，审判庭或当事人取证方式比较随意多变，尤其是当事人没有严格规范的取证意思，导致商事诉讼中的证据因形式不符而产生瑕疵。在有的商事案件中，证人在国外，一方当事人就要求这个证人写一份书面材料给其邮寄过来，然后这个当事人便将这份邮寄过来的书面材料当作证人证言提交审判庭，在制作这份书面证人证言过程中始终没有审判庭和另一方当事人的参与，这种书面的证人证言就存在瑕疵。另外，商事诉讼的复杂性也促成当事人对证据的形式不够重视，随意方式取证比较普遍。在商事诉讼中普遍不太重视瑕疵证据与非法证据的区别，非法证据属于重大程序违法，而瑕疵证据属于轻微程

---

① 张军主编．刑事证据规则理解与适用 [M]. 北京：法律出版社，2010：147-183.

序违法。是重大程序违法还是轻微程序违法，关键看该证据是否因程序违法而侵犯当事人的基本权利。审判庭与当事人在商事诉讼过程中经常不考虑取证方法是否侵犯当事人基本权利，而是认为只要获取相关证据达到证明待证事实的目的就可以了。例如，在商事诉讼中，非法搜查公民身体或者私自进入他人住宅的应当禁止，这种取证方法违反我国宪法保障的公民人身自由不受侵犯的规定。

4、商事诉讼证据因处于未完成状态而产生瑕疵

在证据判断过程中，经常会碰到现场痕迹物证未及时鉴定、提取的检材未进行定性定量分析和受到的损害未进行全面鉴定的情况。这些情形下证据因处于未完成状态而属于瑕疵证据，不得直接作为定案根据，而应补正或做出合理解释。商事诉讼中可能会因为当事人进一步收集证据存在困难而不再要求对未完成状态的证据进行补正，这会影响商事裁决的法律效力。审判庭对专门性问题认为需要鉴定的，可以交给当事人约定的鉴定部门鉴定，也可以由审判庭指定的鉴定部门鉴定。在商事诉讼实际过程中，当事人虽然约定鉴定部门，但因为当事人不懂鉴定事项的技术要求，提交的检材不符合规定，或者鉴定部门有时出于多种原因迁就当事人的要求，不能严格执行鉴定技术规范的要求，造成很多瑕疵证据。

### （二）商事诉讼证明对瑕疵证据的态度

商事诉讼中出现瑕疵证据，对待瑕疵证据的态度应该与其他诉讼有所不同。大体来说，其他诉讼制度中应当严格依照现行规定处理瑕疵证据，明确区分合法证据、非法证据和瑕疵证据的法律效力，法官不应当有自由裁量权或者不应当有较大的自由裁量权。正是由于这个原因，诉讼法学界才不断讨论合法证据、非法证据和瑕疵证据的区别，即便在立法和司法解释上制定了相关规范，仍然在许多关键问题上分歧较大，这涉及对诉讼制度价值理念的判断和程序正当性的理解。而商事诉讼制度则应当遵循法无禁止即可的原则，即对瑕疵证据采取适度宽容的策略。商事诉讼在很大程度上依然具有私力救济的特征，当事人服从裁决是最佳的结局，①因此在许多情况下不必清晰划分非法证据与瑕疵证据的界限，而是将问题或责任更多地交给当事人化解。

---

① 裴苍龄．彻底清除证据问题上的盲点 [J]. 现代法学，2017（05）.

我国民事诉讼法对合法证据与非法证据的界限作出明确规定，应当以当事人取证行为是否侵害他人合法权益或者违反法律禁止性规定作为所取得证据合法与非法的界限。最高人民法院在法复（1995）2 号文中认为：“未经对方当事人同意私自录制其谈话，系不合法行为，以这种方式取得的录音资料，不能作为证据使用。”这是我国司法中第一个非法证据排除规则。该规则以是否经对方当事人同意作为录音证据合法与非法的界限。在审判实践中，因其排除标准对于商事诉讼证据过于严厉，使得缺乏收集证据技术手段的当事人常常陷于取证困难的境地。一般商事主体秘密录制自己与对方当事人的谈话或者行动的录音、录像，在银行、超市、宾馆、收费站等场所设置的录像设备录制的视听资料，都属于未经对方当事人同意制作的，如果不加分析而全然排除显然是不切实际的。[①]《关于民事诉讼证据的若干规定》对非法证据再次做了规定，以侵害他人合法权益或者违反法律禁止性规定的方法取得的证据，不能作为认定案件事实的依据。该条重新确定了商事诉讼证据合法与非法的判断标准，将非法证据限定在以侵害他人合法权益或者违反法律禁止性规定的方法取得的证据的范围。根据这条标准，一般民事主体采取引诱、欺骗的手段，或者未经他人许可秘密录制其谈话、行动的行为本身并不触犯法律禁止性规定，用这种方式所取得的证据是否应当排除，关键看这种瑕疵取证行为是否侵害他人合法权益。

2010 年 6 月，最高人民法院、最高人民检察院、公安部、国家安全部和司法部联合发布了《关于办理刑事案件排除非法证据若干问题的规定》和《关于办理死刑案件审查判断证据若干问题的规定》。这两个证据规定实现了从可采性角度将证据划分成三种类型，即合法证据、瑕疵证据和无证据能力的证据，从而在立法上明确了瑕疵证据不同于合法证据与非法证据，并且规定了瑕疵证据的补正规则。[②]根据德国证据法理论，在商事诉讼整个过程中都应当遵守关于使用证据的禁止性规定，不论是判决还是先前的决定或者裁定，都不能建立在不可采纳的证据的基础上。程序瑕疵与证据禁止两者固然息息相关，但程序瑕疵既非证据使用的充分条件，也不是其必要条件。并非所有

① 李国光主编．最高人民法院《关于民事诉讼证据的若干规定》的理解与适用 [M]. 北京：中国法制出版社，2002：443.

② 陈光中．刑事证据制度改革若干理论与实践问题之探讨——以两院三部《两个证据规定》之公布为视角 [J]. 中国法学，2010（06）.

违法取得的证据，都不得作为裁判的基础。在商事审判实践中，法庭会尽力纠正先前发生的程序错误，从而挽回有争议的证据。例如，法官忘记告知被告的配偶具有免证特权，审判庭可以告知其这一内容，然后再从被告的配偶处获得可以采纳的陈述；审判庭甚至认为在证人被告知权利后果后如果征得其同意，在上述情形下可以提交先前的陈述。可见，在德国证据法理论和司法实务中同样认可通过补充告知权利、征得当事人同意等方式，补正先前取证程序存在瑕疵的证据，从而继续使用而非排除该证据。

不论如何规定，商事诉讼证明中如果要对瑕疵证据进行补正也必须有现行法律的依据，法官不得自由裁量。比如，在辨认笔录的审查判断方面，《关于办理死刑案件审查判断证据若干问题的规定》列举了十种侦查人员违反法律程序的情形，其中前五种被列为非法证据，后五种被归入瑕疵证据的范围。根据这些规定可以看出，侦查人员组织辨认的手段会不会影响辨认结果的真实性是区分非法证据与瑕疵证据的关键。例如，辨认不是在侦查人员主持下进行的，以此所得辨认记录属于非法证据；而主持辨认的侦查人员少于二人的，以此所得辨认记录属于瑕疵证据。非侦查人员由于不熟悉辨认程序和操作规程，所主持的辨认很容易出现错误，而侦查人员少于二人的，则属于技术上违规，对辨认结果的不利影响要小一些。又如，辨认中给辨认人明显暗示或者明显有指认嫌疑的，很容易对辨认人造成诱导，导致辨认结果的错误，这就属于法定的非法证据；而辨认笔录没有记载被辨认对象资料情况的，虽然属于辨认程序不规范，却不一定对辨认结果的真实性产生消极影响，从而被列入瑕疵证据的范围。①再如，勘验、检查过程没有见证人到场参与，违反了民事诉讼法有关勘验、检查需要见证人参与的规定，使得整个勘验、检查过程缺乏中立第三方的监督，其真实性和合法性难以得到保证。这些在辨认过程中的违规操作，既违背辨认本身的程序规范，又容易造成辨认人的错误辨认，甚至导致商事诉讼误判现象的出现。以上对非法证据与瑕疵证据的详细具体的规定，同样在商事诉讼中法官必须遵守。即使对瑕疵证据进行补正，也必须依照规定的方式进行，如果现行法律没有规定的，法官不得擅自决定是否非法证据或者如何进行补正，这是诉讼制度本身的司法属性决定的。事实上，这种可补正的排除规则得到了商事诉讼制度的部分吸收，从而为国家

① 陈瑞华 . 程序性制裁理论 [M]. 北京：中国法制出版社，2010：102.

基本法律所部分确立。[①]收集物证、书证不符合法定程序，可能严重影响司法公正的，应当予以补正或者作出合理解释；不能补正或者作出合理解释的，对该证据应当予以排除。商事诉讼证明特别强调公平公正价值，法官的自由裁量在程序方面被严密限制，所以虽然瑕疵证据在商事诉讼中可以补救，但补救的方法应当符合诉讼程序的基本原则。

商事诉讼奉行诚实信用原则。对于商事诉讼证明的性质虽然有不同的观点与争论，但不论哪种学说都承认商事诉讼具有当事人自治的因素。司法权理论认为商事诉讼证明来源于当事人商事权利的司法保护，契约理论认为商事诉讼证明是基于当事人的意愿和同意创立的。商事诉讼的诚实信用原则就是指的当事人的意思自治，以当事人的合意为基础，授权作为第三方的审判庭解决双方之间的私权纠纷。[②]直接地说，诚实信用就是当事人自己做主。因此商事诉讼证明过程中对待瑕疵证据的态度，首先要取决于当事人的态度，审判庭不能也不宜强制干预瑕疵证据的认定及其补正。

从证据法理论与实践来看，所谓合法证据是指完全符合法定要件的证据，其自始具有证据能力，具有直接的可采性，可作为定案根据；所谓无证据能力的证据是指欠缺法定构成要素而自始不具有证据能力的证据，其不具有作为证据的资格、不得采信作为定案根据；所谓瑕疵证据是指在法定证据要件上存在轻微违法情节的证据。瑕疵证据属于证据能力待定的证据，其是否具有证据能力，取决于其瑕疵能否得到补正或合理解释，若能得到补正或合理解释，则该证据即具有证据能力，可继续在后续程序中使用，若无法予以补正或合理解释，该证据即不具有证据能力，不得在后续程序中继续使用。但从商事诉讼角度来看，合法证据、非法证据与瑕疵证据之间并没有明确的界限，即使合法证据，当事人如果协议予以排除，也应当尊重当事人的意愿，相反即使瑕疵证据，当事人如果同意采信，审判庭也应当尊重当事人的意思。当然，在商事诉讼过程中审判庭并不是消极不作为的，而是在保证诉讼事实真实性的基础上尊重当事人的意思自治。实际上，商事诉讼活动中，追求的是对案件的真实性和当事人对争端解决方案的认可，不必过于拘泥于证据的可采性。这种对待瑕疵证据的态度与商事诉讼证明不同。商事诉讼证明是国

---

① 林喜芬，董坤 . 非法证据排除规则运行状况的实证研究——以 557 份律师调查问卷为样本 [J]. 交大法学，2016（03）.

② 李浩 . 证明责任的概念——实务与理论的背离 [J]. 当代法学，2017（05）.

家司法权的体现，而且必须在程序设计上防止与限制公共权力的滥用，因此不能赋予法官太大的自由裁量权，审判庭与当事人对瑕疵证据甚至非法证据的采信就不是一成不变的，而是随着案件情况的变化改变的，即只要当事人满意、有助于化解当前的商事纠纷就可以根据具体情况灵活掌握采信的标准。

在商事诉讼证明中应当注意区分瑕疵证据与非法证据，不能将两者混为一谈，这关系到当事人的权益保障和国家司法制度的完整性与严肃性。按照诉讼制度，瑕疵证据有别于合法证据。合法证据自始具有证据能力和可采性，可直接在商事诉讼程序中使用；而瑕疵证据处于证据能力待定状态，不具有直接的可采性，只有经过补正或合理解释后才能在商事诉讼证明中使用。瑕疵证据也有别于其他无证据能力的证据。无证据能力的证据自始不具有证据能力，并且具有不可弥补性，要使其具有可采性必须经过转化或重新取证；而瑕疵证据并非自始不具有证据能力，而是处于证据能力待定状态，予以补正或做出合理解释后即可具有证据能力，并可继续使用而无须重新取证。瑕疵证据还有别于非法证据。非法证据是取证程序重大违法，且以侵犯公民宪法性基本权利的方式获取的证据；而瑕疵证据虽然也是违反法定程序取得，但却并非重大违法，尤其是并未侵犯公民的宪法性基本人权。非法证据一经查证属实，应从程序上予以排除，且不得经转化或重新取证而继续使用。瑕疵证据虽然因证据能力待定而不得直接在商事诉讼证明中使用，但却可以经由补正或合理解释后继续使用。商事诉讼中有时没必要严格考虑这些证据的差别，只要当事人提交的证据不违反国家禁止性规定，特别是不严重侵犯公民基本权益和公序良俗就可按照证据反映出的事实状态进行判断是否可采。《中国国际经济贸易仲裁委员会金融争议仲裁规则》第十七条规定："当事人约定或者仲裁庭确定举证期限的，当事人应当在规定的期限内向仲裁庭提交证据材料。当事人没有约定或者仲裁庭没有确定举证期限的，当事人应当在首次开庭 3 个工作日前将全部书面陈述和证据材料交至仲裁委员会秘书局。除非当事人另有约定或者仲裁庭另有决定，仲裁庭有权拒绝接受当事人在超过举证期限后提交的书面陈述和证据材料。"这些规定对商事诉讼证明也具有参考意义，也能清楚反映出商事诉讼对待瑕疵证据的态度。在商事诉讼过程中，即使瑕疵证据存在缺陷，也首先按照当事人的意愿补救或者按照当事人采取的措施予以补救，而不是审判庭单独依照既定的规则判断这些瑕疵证据是否采信。

### （三）商事诉讼证明中瑕疵证据的适用

尽管商事诉讼中对于瑕疵证据的采信没有其他诉讼制度那么严格，但毕竟瑕疵证据自身存在缺陷，容易引起对商事案件事实的错误判断，特别是在当事人对瑕疵证据的采信争议较大时，就需要发挥审判庭的作用，以合理的方法对瑕疵证据进行补正以便令当事人信服地采信。要确定瑕疵证据的证据能力，在商事诉讼证明中应当通过一定方式消除其违法情形。考虑到商事诉讼的复杂性，在商事诉讼证明中对瑕疵证据的适用应当从两个方面入手加以解决。一方面可以根据诉讼制度的相关规定，对瑕疵证据通过补正或合理解释这两种方式予以挽救，另一方面又要根据商事诉讼案件情况灵活掌握瑕疵证据的补正或合理解释的方法，使审判庭能够具有更大的自由裁量权，以便商事诉讼当事人在证据采信问题上拥有较大的决定权。①

1. 瑕疵证据的补正

对瑕疵证据进行补充和纠正，就是对瑕疵证据的缺陷进行某种有针对性的修补，以挽救该证据。从商事诉讼实践情况来看，因为商事诉讼案件类型多样，而且许多国际商事纠纷需要适用不同国家法律，对瑕疵证据的补正方法就可以根据案件属性进行调整。大致来说，可通过下列方式对瑕疵证据予以补正：

（1）当事人同意。证据存在瑕疵，往往意味着商事诉讼取证过程中当事人权利受到一定程度的损害，但如果当事人对自身权利受损状态并不介意，反而通过事后追认等方式认可了该证据的有效性，则该瑕疵证据就可据此而再生。这类似于刑事诉讼上的被害人承诺，即侦查机关的违法取证行为因当事人的同意而取得了合法性，或者类似于自认，只要当事人对不利于自己的事实在诉讼过程中予以承认，那么就对当事人产生拘束力。例如，审判庭由于疏忽没有告知证人应当如实提供证言和有意作伪证或者隐匿证据要负法律责任，造成证人证言的瑕疵，但如果在后续程序中审判庭补充告知了证人的相关义务，而当事人对此表示认可的，则该证人证言的瑕疵因此得到补正而具有证据能力，可作为定案的根据。再如，商事诉讼过程中一方当事人提交的一份合同书上没有另一方当事人的签名，但另一方当事人对这份合同书予以承认的，那么这份合同书就具有证据能力了。在商事诉讼中，审判庭可能

① 潘剑锋．民事证明责任论纲——对民事证明责任基本问题的认识 [J]. 政治与法律，2016（11）.

没有按照法定方式询问证人，或者当事人没有依照规定方式提交证据，但对方当事人同意的，审判庭就可以作为采信的依据。[①]商事诉讼证明制度的设计目标就是有效地解决当事人的争议，许多证据规则不适合在商事诉讼证明中运用，严格限定瑕疵证据的采信方法可能会造成商事诉讼效率低下，甚至阻碍商事诉讼的正常进行。

（2）补强证据。证据因缺失形式要件而产生瑕疵的，审判庭可以要求当事人另行提供相关证据予以补强，从而对其予以补正。例如，书面证人证言上没有证人签名的，审判庭可以根据情况要求证人签名，当事人向审判庭提交的合同书有缺漏页的，审判庭也可以根据情况要求当事人补充缺漏的页面。商事诉讼中当事人可以约定诉讼程序，即使对于诉讼制度中规定的证据采信依据也可以通过协商规避。比如，如果当事人提出证据证明裁决所依据的证据是伪造的，或者对方当事人隐瞒了足以影响公正裁决的证据的，可以向人民法院申请再审。但是在商事诉讼过程中，即使发现一方当事人的证据有伪造的，如存在虚假签名，虚拟单证上的数据，修改过供货数量等，只要与对方当事人协商，就可以补强这些证据使其成为合法的证据。商事诉讼证明中瑕疵证据的补强规则更应当具有灵活性。联合国国际贸易法委员会仲裁规则第二十四条规定："当事人对于其要求或答辩所依据的事实，应负举证责任。仲裁庭如认为适当，得要求一方当事人在仲裁庭决定的期限内向仲裁庭和另一方当事人提出他为支持其要求书或答辩书中所陈述的争论中的事实而打算提出的文件和其他证据的概要。在仲裁程序进行期间，仲裁庭得随时要求当事人在法庭决定的期间内提出文件、证物或其他证据。"这些规定在商事诉讼证明中同样适用。商事诉讼中对瑕疵证据可以采取灵活的做法，依据当事人对诉讼程序进行的支配作用，可以对瑕疵证据根据情况予以补强。

（3）补充证据。商事诉讼证据处于未完成状态的，若条件允许，审判庭和当事人均可补充完善该证据。例如，当事人或审判庭只提取了现场痕迹物证却未及时鉴定、仅提取检材未进行定性定量分析，造成商事诉讼证据因处于未完成状态而存在瑕疵的，只要补充鉴定的条件仍在，审判庭或当事人可进行补充鉴定，以对该证据的瑕疵进行补正。瑕疵证据的补正应有其内在的限度，并非所有的瑕疵证据都可通过补正的方式予以挽救。商事诉讼实践中

---

① 邱爱民 . 科学证据内涵和外延的比较法分析 [J]. 比较法研究，2010（05）.

应切忌认为任何瑕疵证据皆可补正，因为补充证据虽然为补正瑕疵证据的方式之一，但有些证据一旦错过恰当的取证时机而形成瑕疵，就无法通过补充证据的方式补正。商事诉讼中当事人同意是补正瑕疵证据的合法方式，但以当事人认可的方式补正证据也存在一定的条件和限制：一是有些证据瑕疵根本就无法通过当事人同意的方式予以补正；二是有些证据瑕疵单凭一方当事人的同意无法得以补正。此外，商事诉讼证明中瑕疵证据的补正还应当以真实原则为底限，防止当事人为补正瑕疵证据而伪造证据，尤其是应当禁止倒签时间、补充制作文书或虚拟证人等。

补充证据涉及商事诉讼证明的基本制度，一方面要根据瑕疵证据的特殊情况进行补充，另一方面也要遵守商事诉讼证明制度的限定。《中国国际经济贸易仲裁委员会仲裁规则》第七条规定："各方当事人应当诚信合作，进行仲裁程序。"第八条规定："一方当事人知道或者理应知道本规则或仲裁协议中规定的任何条款或情事未被遵守，但仍参加仲裁程序或继续进行仲裁程序而且不对此不遵守情况及时地、明示地提出书面异议的，视为放弃其提出异议的权利。"第三十七条又规定："仲裁庭认为必要时，可以自行调查事实，收集证据；仲裁庭自行调查事实、收集证据时，认为有必要通知双方当事人到场的，应及时通知双方当事人到场。经通知而一方或双方当事人不到场的，仲裁庭自行调查事实和收集证据不受其影响。"这些看似彼此无关的规定，在商事诉讼证明活动中也是通用的，反映出了商事诉讼证明中对待补充证据等的基本理念。就是说，商事诉讼过程中如果需要补充证据，也应当遵守诚实信用原则，并且遵守双方当事人达成或者认可的仲裁程序规则。①

2. 瑕疵证据的合理解释

由于时空和技术条件限制，商事诉讼过程中并非所有瑕疵证据均有条件进行补正。另一种挽救瑕疵证据的方式就是合理解释。合理解释是通过对证据产生瑕疵的原因进行分析、阐释，排除其为非法取得或不真实的可能。商事诉讼实践中，合理解释作为挽救瑕疵证据的方式，目的是通过审判庭和当事人的辩解与解释，稀释瑕疵证据的违法性。合理解释最大问题是，究竟何种解释才能被接受为合理，或者说应如何理解合理解释的证明程度。

解释的合理性在商事诉讼中主要指的是符合经验法则、合乎常情常理。

---

① 杨良宜. 国际商事仲裁 [M]. 北京：中国政法大学出版社，1997：450.

解释的合理性体现在理由充分。具体而言，就是要看通过当事人或审判庭的解释，能否排除该证据是非法取得或虚假的可能。从商事诉讼证据来看，合理解释是审判庭或当事人依据日常生活中所形成的反映事物之间内在联系的事理作为认定待证事实的根据。审判庭或当事人通过亲身经验，领悟或者借助多方面的相关信息资料取得的知识归纳得出涉及事物的因果关系或者常态性状的推理法则。商事纠纷中待证事实异常复杂，许多事实纠缠在一起，有的事实对当事人的诉讼请求至关重要，而有的事实则无关紧要，审判庭或当事人就要对各种事实进行分析，并通过有关证据加以证明。在一起商事诉讼案件中，甲公司的法定代表人以个人名义给乙公司出具了一份三十万的借据，借据上没有甲公司的印章。后来乙公司要求甲公司偿还借款，甲公司声明这是那个法定代表人个人的借款，与甲公司无关。在商事审判过程中，乙公司提出有证人能够证明这项借款是甲公司借用的，但这位证人作证时只说明借据是在法定代表人的办公室里出具的，至于是否是甲公司的借款不清楚。针对这样的商事案件，这个借据是一个瑕疵证据还是一个合法证据，要根据待证事实与当事人的诉讼请求来决定，并且还要依据发生这起借款纠纷时的具体情况，如双方的交易过程、借款原因、法定代表人如果是个人借款其有什么用途等综合判断，也即要给出一个合理解释。

德国《民事诉讼法》第 1042 条第 4 款规定："仲裁庭有权确定证据的可采性，调查取证和自由地对所取得的证据作出评估。"商事诉讼中对证据的审查和认定，就是审判庭在当事人提交证据和自行调查证据基础上对证据的关联性、可采性等进行评价。商事诉讼程序通常赋予审判庭更多的自由裁量权，而且审判庭也不应当给当事人证明案件事实造成不必要的限制。至于已有的证据材料能否证明待证事实或者多大程度可以证明待证事实，可以根据案件具体情况妥善解决。很多情况下，虽然当事人提交了诸多证据材料，审判庭也依法收集了许多证据材料，但却不能据此证明待证事实的真实情况。因此商事诉讼过程中，往往需要审判庭或当事人根据现有的证据材料并结合诉讼请求的具体内容进行分析归纳，这需要专业知识、技术手段、个人经验、特定的社会环境以及常识、自然规律等，是一个综合判断过程。商事诉讼证据相当程度上需要依靠当事人提供，当事人一般都会主动提交对自己有利的证据，而对自己不利的证据当事人往往不愿意提交，审判庭往往采用推定证据方法迫使当事人提交证据，如果一方当事人能合理指出另一方当事人持有对判断争议具有实质性意义的证据，而另一方当事人又不能合理解释并拒绝提供，审判庭就可以据此对待证事实作出判断。如果当事人在无法作出合理解释的情况下，不能出示被请求出示的证据资料，而且对出示请求没有在规定时间内提出异议，或者不能出示任何审判庭要求出示的证据资料，审判庭可以推断此证据资料与其利益相悖。对商事诉讼证据的合理解释范围非常广泛，其中就包括瑕疵证据的合理解释。

## 第二节 商事案件相似性的证明

依据《关于案例指导工作的规定》，最高人民法院发布的指导性商事案例，各级人民法院审判类似案件时应当参照。我国是成文法国家，法官判案的法律渊源是制定法，怎样参照指导性商事案例就值得研究。从商事案例指导制度建立以来，具有指导作用的发布案例依赖于法律规定，体现为对特定法律规定的具体解释。法官在适用法律规范的过程中，指导性商事案例提供具体的指引和根据，帮助其找到恰当的法律规定。但是法官审判的商事案件是否与指导性商事案例具有相似性，往往成为指导性商事案例能否发挥实际作用的关键，甚至有可能会反过来束缚法官适用法律规定的自由裁量权。因为法律规定的理解可能不止一种，与特定法律规定关联的指导性商事案例也可能不是一例，法官经常会在待决商事案件与指导性商事案例之间的相似性问题上面对多种不同的理解结果并从中作出证明。但问题是，至今关于商事案件相似性的证明缺乏明确的标准，不论从事实认定还是法律适用来看，让法官参照指导性商事案例判案都存在很多困难，应当尽快明确商事案件相似性的证明标准。

### 一、我国商事案件相似性标准问题的产生

制定法体制如何适用商事判例历来是司法中的难题，大陆法系国家已经意识到判例法在某些方面的优势，因而试图将制定法与判例援引以某种恰当方式结合起来，但这种尝试由于各种因素一直存在困难。2010 年 11 月最高人民法院发布了《关于案例指导工作的规定》，商事案例指导制度在我国初步建立。指导性商事案例由最高人民法院确定并统一发布，对判决类似商事案件具有普遍指导意义。截至 2016 年 12 月 31 日，最高人民法院已陆续发布十五

批七十七例指导性案例，其中包括商事案件、民事案件、行政案件和刑事案件。2015 年 5 月最高人民法院又发布《< 最高人民法院关于案例指导工作的规定 > 实施细则》，其中第 2 条规定，指导性案例应当是裁判已经发生法律效力，认定事实清楚，适用法律正确，裁判说理充分，法律效果和社会效果良好，对审理类似案件具有普遍指导意义的案例。2011 年 12 月发布的《最高人民法院研究室关于印发 < 关于编写报送指导性案例体例的意见 >、< 指导性案例样式 > 的通知》指出，最高人民法院发布的每个指导性案例均应由七个部分组成：标题、关键词、裁判要点、相关法条、基本案情、裁判结果及裁判理由。其中最核心的是证明与裁判要点、基本案情和裁判理由，这部分内容并不是生效裁判文书本身，而是重新整理生效裁判文书，对其内容所作的提炼和总结。

我国商事案例指导制度建立以来，虽然取得了一些成绩，但是仍存在很多问题，特别是商事案件相似性问题一直未得到恰当处理，导致商事案例的发布与法院审理商事案件参照适用都缺乏确切的根据，使得商事案例指导制度难以发挥效用。大致来说，我国商事案例指导制度在相似性判断方面存在以下不足：第一，指导性商事案例遴选标准比较宽泛，对商事案件事实证明表述不明。《关于案例指导工作的规定》第2条规定了指导性案例遴选的条件，其中“裁判已经发生法律效力”是明确的标准，而其他几个条件，如“社会广泛关注、法律规定比较原则、具有典型性、疑难复杂或者新类型和其他具有指导作用”都是比较弹性的标准。虽然《< 最高人民法院关于案例指导工作的规定 > 实施细则》进行了补充，其中第 2 条规定，指导性案例应当是认定事实清楚，适用法律正确，裁判说理充分，法律效果和社会效果良好，对审理类似案件具有普遍指导意义的案例，但是标准仍然随意模糊。由于缺乏商事案例相似性判断标准，而商事案例数量庞大，在众多商事案件中挑选出符合指导性案例标准的案件极为困难。第二，对相似性商事案件的判断标准不同，致使商事案例参照适用数量偏少。我国指导性商事案例的发布本着精炼的理念，发布数量比较少，目前涉及的商事案由仅几十种，而司法实践中，全国法院系统各类商事案件数量增幅明显，并且随着互联网的发展各类新型疑难案件不断出现，亟须通过案例指导制度加以研究和引导。《关于案例指导工作的规定》第 7 条规定：“最高人民法院发布的指导性案例，各级人民法院在审理类似案件时应当参照。”但是应当参照的规定究竟具有什么法律拘束力，各级法院在审判商事案件时有着不同的理解。我国目前公布的商事案例数量上千万，但是商事指导性案例的参照适用仅有几百例，审判实践中很少有法官应用。《< 最高人民法院关于案例指导工作的规定 > 实施细则》第 9 条规定："各级人民法院正在审理的案例，在基本案情和法律适用方面，与最高人民法院发布的指导性案例相类似的，应用参照相关指导性案例的裁判要点作出裁判。"可见商事案件相似性是指导性商事案例适用的必要条件。在商事案件审判中，对于相似性商事案件的判断存在着诸多分歧，不仅裁判要点而且基本案情和裁判理由也会形成不同的认识。对于如何判断相似性商事案件目前尚无统一意见。基本案情相似性的对比仅在简单商事案件中容易进行，对于复杂商事案件，案情多样不宜作出相似性的判断，这是商事案例指导制度难以发挥作用的重要原因。第三，从已经参照适用商事案例的援引表述来看，大量存在援引不规范的情况。《< 最高人民法院关于案例指导工作的规定 > 实施细则》第 11 条第 1 款规定："在办理案件过程中，案件承办人员应当查询相关指导性案例。在裁判文书中引述相关指导性案例的，应在裁判理由部分引述指导性案例的编号和裁判要点。"但是商事审判实践中对于指导性案例的援引存在着不统一的问题。指导性商事案例援引的要素包括七种：发布主体、发布时间、发布批次、指导案例编号、指导案例字号、指导性案例标题和裁判要点。商事审判中援引最多的是发布主体和指导案例编号，也有相当数量的援引商事案例仅提到发布主体和指导性案例等字样。不同的法院或法官在援引指导性商事案例时会采用不同的表述方式，援引情况比较混乱。这同样也与商事案例相似性判断标准不明确有关。

英美法系的商事审判过程中，由于遵循先例的原则，法官会积极寻找与待决商事案件类似的先例并据此做出判决。遵循先例必然要求先例与待决案件具有相似性，英美法系法官是造法者，因此可以依据自己的良心和理性自由裁量先例与待决案件的相似性，无需法律规定相似性的证明标准。我国商事审判实行案例指导制度，本质上属于大陆法系的判例制度，法官仍然以制定法为首要法律渊源，并没有主动适用指导性商事案例的强制义务。商事案例指导实际运行后，地方各级人民法院的法官依旧以制定法规定作为判决的依据，很少适用指导性商事案例。这也反映出我国法官适用指导性商事案例可能不如直接援引法律法规判决更直观方便，实际上我国法官没有英美法系法官的自由裁量权，不能依据自己的审判权证明指导性商事案例与待决商事案件的相似性。必须有一个司法界公认的商事案件相似性证明标准才能真正参照适用指导性商事案例。[①] 考虑到这一情况,《〈关于案例指导工作的规定〉实施细则》分别在第 11 条和第 9 条做出规定,审理商事案件过程中,主审法官应当查询相应的指导性商事案例,并在发现与待决商事案件类似时应当参照适用指导性商事案例。这一规定强调了指导性商事案例的法律地位,强调商事案件承办法官应当在平时就注意了解相关指导性商事案例,才能在审理过程中及时查询并参照指导性商事案例。但问题是,要求法官参照适用指导性商事案例的前提是指导性商事案例与待决商事案件具有相似性,而我国法官无权自己制定商事案件相似性的证明标准,如果我国法律法规或最高人民法院的司法解释不能给出商事案件相似性的证明标准,法官就必须在判案过程中自己制定相似性的证明标准,但是如果法官自己制定某次判决中的相似性的证明标准,就很容易引起当事人或法律界的争议,因为相似性证明标准多种多样,见仁见智,很难统一,从而导致我国法官审判商事案件时不愿意主动参照指导性商事案例,使得商事案例指导制度形同虚设。

## 二、我国商事案件相似性证明的困难

商事案例指导制度的价值在于统一法律适用、提高商事审判效率、提升法官素质、维护司法权威等,同时判例法的灵活适用和创新能力也为制定法克服自身的不足提供了路径。最高人民法院已经发布了多个类型的指导性商事案例,但这些案例在当前商事审判活动中并没有充分体现出上述价值和理念。实证研究表明,商事案例指导的实际法律效果远低于制度初创时制定者和部分学者的预估,迄今只有极少数商事审判活动明确提及参照了相关指导性商事案例,绝大多数指导性商事案例并没有直接被商事裁判文书援引。这种现状与我国目前商事案件相似性识别存在诸多困难有关。

我国指导性商事案例发布主体单一。为了维护指导性商事案例的权威性和适用法律的一致性,指导性商事案例只能由最高人民法院发布。《关于案例指导工作的规定》第 1 条规定,对全国法院审判、执行工作具有指导作用的指导性案例,由最高人民法院确定并统一发布。据此,在我国,地方各级人民法院均不能发布指导性商事案例。我国是制定法司法体制,制定法是正式

---

① 张骐 . 再论类似案件的判断与指导性案例的使用 [J]. 法制与社会发展,2015(05).

的法律渊源，而指导性商事案例不是法律渊源。指导性商事案例本身不具有法律拘束力，不能作为商事裁判依据直接援引，但可以作为商事判决理由加以援引，却是值得思考的。商事裁判的核心是案件事实证明和法律适用，就是法官自由心证的具体体现。如果运用指导性商事案例加强法官的自由心证，使当事人更能理解法官说理论证的过程，达到心证公开的目的，显然有助于提升商事裁判的说服力和权威性。指导性商事案例不能作为裁判的直接法律依据，但法官、律师和当事人可以作为商事裁判理由或法庭辩论理由引用。不过，我国指导性商事案例发布主体只能是最高人民法院，而发布的指导性商事案例只是从已决案件中总结出法律理由和案件事实，至于发布的指导性商事案例能否与待决商事案件具有相似性，是不能通过指导性商事案例说明的，就是说，最高人民法院发布的指导性商事案例中并不包含具体的参照适用方法，也即没有商事案例相似性的证明标准。在商事审判活动中，地方各级法院法官比照适用指导性商事案例时常常会觉得不如直接援引商事法律更清楚明确。一般来说，最高人民法院公布的指导性商事案例怎样理解和适用法律，而待决商事案件的情形与指导性商事案例相同或类似，待决商事案件也应当像指导性商事案例一样理解和适用法律，这种参照适用指导性商事案例的思维方式其实与直接援引商事法律法规大同小异。要想真正发挥指导性商事案例的作用，必须经过法官对指导性商事案例与待决案件事实进行对比分析，以便证明两者的相似性，而指导性商事案例恰恰缺少这种相似性证明的标准。

指导性商事案例的来源实行推荐制度。最高人民法院设立案例指导工作办公室，专门负责指导性商事案例的筛选、审查和报审工作。指导性商事案例的推荐有三种途径：一是最高人民法院各审判业务单位、各高级人民法院及解放军军事法院对本院和本辖区内已经发生法律效力的商事裁判，认为符合规定的，可直接向最高人民法院案例指导工作办公室推荐；二是各中级人民法院和基层人民法院对本院已经发生法律效力的商事裁判，认为符合规定的，经本院审判委员会讨论决定，报高级人民法院并建议向最高人民法院案例指导工作办公室推荐；三是人大代表、政协委员、专家学者、律师以及其他关心人民法院审判、执行工作的社会各界人士对人民法院已经发生法律效力的商事裁判，认为符合规定的，可以向作出生效裁判的原审人民法院推荐。推荐来源多样化，有助于发现典型商事案例和及时发布具有新颖性的商事案例。但是，指导性商事案例的重点是裁判要点，准确理解和把握指导性商事案例的指引意义，不能完全脱离指导性商事案例证明的案件事实和关键证据、裁判的说理论证以及案例的评析等内容。[①]指导性商事案例可以作为判决理由参照适用，适用的不仅是指导性商事案例的裁判结果，更是裁判的证明理由根据。指导性商事案例的来源实行推荐制度，很难了解法官在审判过程中接触的案情细节以及形成裁判结论的过程。例如，合议庭合议时，有必要详细讨论双方当事人辩论的理由和质证的证据，甚至审判规则遵守的情况和庭前会议情况，这些内容有时无法在判决书中呈现出。就是说，指导性商事案例只能由最高人民法院公布，但案件本身来源却可能不是最高人民法院审判的案件，这与英美法系判例形成过程大不相同，会造成公布的指导性商事案例与实际判决案件事实不一致，也会引起法官参照适用指导性商事案例时的困惑。大陆法系国家判例援引的前提是对待决商事案件与判例之间的相似性程度有着正确的证明，而我国指导性商事案例推荐制度重点关注法律适用的合理性，对商事案件事实关注不够，而且指导性商事案例主要体现为具有抽象性和形式性的裁判规则，案件事实与裁判结论之间的关联性要求一般不像英美判例法严格，因此，在商事案件相似性证明上往往缺少证明标准。

指导性商事案例的参照效力具有强制性。《关于案例指导工作的规定》第7条规定，最高人民法院发布的指导性案例，各级人民法院审判类似案例时应当参照。《<最高人民法院关于案例指导工作的规定>实施细则》第9条规定，各级人民法院正在审理的案件，在基本案情和法律适用方面，与最高人民法院发布的指导性案例相类似的，应当参照相关指导性案例的裁判要点作出裁判。因此，在待决商事案件与指导性商事案例相同或类似时，必须要参照指导性商事案例进行裁判。这一规定同样会导致商事案件相似性识别的困难。在英美法的审判实践中，两种情况应排除商事判例与待决商事案件的相似性：一是前后两个商事案件不同。商事判例的援引适用是待决商事案件在案件关键事实上证明与其具有实质的相似性。待决商事案件与某一个商事判例不具有相似性，则可以排除适用。而两个商事案件不具有相似性，常常表现在事实不同、法律争议不同、实际判决理由不同、判决在不同背景的解释中不同

① 胡国均，王建平.指导性案例的司法运用机制——以《关于案例指导工作的规定》的具体适用为视角[J].上海政法学院学报，2012（04）.

和社会经济或其他情况不同。二是商事判例内容存在缺陷。错误的先例、冲突的先例、过时的先例、没有理由的先例和疏忽做出的先例等均可以排除适用。普通法理论认为，判例的采用与排除不仅是一门知识，更是一门技艺。[①]英美判例实质上是法官自由裁量的体现，是法官从自身的良知、理性和责任感出发确立的社会行为准则，更需要法律技术与艺术的自由发挥。而我国指导性商事案例的参照具有强制性效力，会导致法官必须对商事案件相似性进行证明，一旦证明具有相似性就必须参照适用。但问题是，商事案件相似性的标准本身就不确定，法官根据自己的经验与认识水平判断商事案件相似性，如果审判案件的法官的判断与其他人的判断不一致，是否造成法官错误判案甚至追究法官的责任，就成为一个回避不了的问题。

指导性商事案例的援引方式具有规范性。最高人民法院发布的《人民法院民事裁判文书制作规范》裁判理由第 7 项规定：正在审理的商事案件在基本案情和法律适用方面与最高人民法院颁布的指导性商事案例相类似的，应当将指导性商事案例作为裁判理由引述，并写明指导性商事案例的编号和裁判要点，而且还规定指导性商事案例不作为裁判依据引用。根据《< 最高人民法院关于案例指导工作的规定 > 实施细则》第 10 条和第 11 条规定，指导性商事案例只能作为裁判理由予以引述，而不能直接作为裁判依据予以援引，法官在裁判理由部分引述指导性商事案例时，应当注明其编号和裁判要点。这些规定使得审判商事案件的法官在参照指导性商事案例方面未必能够达到主动的程度。长期适用制定法和司法解释的法官，对于指导性商事案例的适用会感到陌生。更重要的是，指导性商事案例只能作为裁判理由予以引述，而不能直接作为裁判依据予以援引，这会使我国的法官更不积极适用指导性商事案例，因为只能作为裁判理由予以引述，即使法官引述了指导性商事案例，仍然需要法官给出引述的理由，要充分证明引述这一指导性商事案例的必要性，实际上就是要证明引述的指导性商事案例与待决商事案件的相似性，这是很烦琐和复杂的工作，远不如直接援引制定法或司法解释简单。因此，我国法官主动引述指导性商事案例的积极性不高，实际审判工作中，各级人民法院的法官更为保守和谨慎，同时为了稳妥选择不引述指导性商事案例。

最高人民法院关于商事案例指导的正式制度中，只有比较模糊的奖励规

① 孙海波 . 法学方法论论丛（第三卷）[M]. 北京：中国法制出版社，2016：230.

定而缺乏惩戒规定。作为推荐指导性商事案例的主体，一些高级人民法院还发布了内部文件，对发现、收集、整理和推荐指导性商事案例的工作进行了更为细致的限定，例如强制中级人民法院和基层人民法院定期或不定期提交备选商事案例，为选编指导性商事案例设置专门人员，对入选各级指导性商事案例的法官和相关人员进行表彰奖励等。但是，最高人民法院和高级人民法院的规定中，对于应当援引指导性商事案例而未援引的情况，都缺少明确规定。遵循先例不仅仅是一项制度，更需要具备必要的方法。根据英美法的实践，常见的遵循先例的方法有：自觉控制遵循先例导致的法律后果的方法；通过简单依据或已决事项所获得的选择范围的方法；遵循权威先例时自觉倾向于更为简单的创造方式的方法；诉讼材料应用过程中重要扩展或改变方向的方法等。[①] 由此可见，英美判例法的运作过程充满了技艺性和法官的自由裁量。相比较而言，我国指导性商事案例的适用过程没有那么复杂，没有那么丰富的技巧方法。因为我国法官运用指导性商事案例重点关注的是案例指导规则，而该规则通常已经事先被商事案例发布者从案件事实和裁判中归纳出来，适用指导性商事案例甚至可以像适用司法解释一样。英美法系法官适用先例既要在事实与规则交融的大量判例中发现据以适用的先例，还要对先例规则进行归纳、提取和遵照适用。当然，由于商事案例指导规则的抽象性和不全面性，我国法官适用指导性商事案例也不能完全脱离具体的案件事实，英美法体系下的判例证明问题，在我国案例指导实践中仍一定程度上存在。

## 三、确立我国商事案件相似性证明标准的思路

制定法是要件法律，以构成要件分析法律事实与法律关系。对两个商事案件作相似性评价，是因为二者的法律构成要件相类似。法律构成要件是指法律对特定问题的判断方法和重要观点。法律构成要件必然存在于案件事实之中，或者说，案件事实本身就体现出法律构成要件。因此，研究案件事实以及密切关联的法律关系，对建立商事案件相似性判断标准具有重要的意义。在具体的审判工作中，法官所关注的商事案件相似性的法律事实，通常不是所有的案件事实，而是具有法律意义并且能成为法律评判对象的事实，特别是根据法律确定案件事实的关键点或争议点。这些法官关注的事实，在英美

---

① ［英］克罗斯·哈里斯，苗文龙译．英国法中的先例 [M]. 北京：北京大学出版社，2011：212.

判例法中被称为必要事实，即对于得出判决结论的基础事实。我国指导性商事案例制度建立以来，由于种种原因造成商事案件相似性证明标准模糊不清，直接影响了指导性商事案例制度发挥效用。从法律技术而言，商事案例相似性证明取决于制定法制度与判例法制度如何相互结合，即如何在制定法的构成要件制度中灵活运用法官的自由裁量权。这是一个比较具有挑战性的问题，因为大陆法与英美法的结合本来就困难重重。大致来说，我国商事案例相似性判断标准至少应该在两个方面符合要求：一是待决商事案件与指导性商事案例在已经证明的必要事实上相一致；二是待决商事案件与指导性商事案例虽然在其他事实方面证明存在不同之处，但不足以改变或推翻双方在必要事实上相一致。根据现行指导性商事案例制度，应当对我国商事案件相似性标准具体分析，视不同情况采取不同的思路。

### （一）基本事实与法律适用标准

《〈关于案例指导工作的规定〉实施细则》第九条规定："各级人民法院正在审理的案件，在基本案情和法律适用方面，与最高人民法院发布的指导性案例相类似的，应当参照相关指导性案例的裁判要点作出裁判。"由此可见，待决商事案件和指导性商事案例相似性的证明，需要从基本案情和法律适用两个方面进行确定。这种基本案情判断标准引起广泛质疑。[①]无论出于何种原因，法官在司法程序中启动了援引指导性商事案例后，都需要对待决商事案件和指导性商事案例之间是否具有足够的相似性进行证明，只有确定了相似性，才能参照指导性商事案例做出判决。根据基本案情证明商事案件的相似性，似乎没有太大问题，但是基本案情决定着法律适用，缺少这一基本前提，就无法在待决商事案件与指导性商事案例之间确定相似性。那么由此产生一个问题：法律适用能否作为待决商事案件与指导性商事案例之间具有相似性的判断标准。《〈关于案例指导工作的规定〉实施细则》第九条认为法律适用也是商事案件相似性判断的标准。

将法律适用认定为对制定法规定的具体化，指导性商事案例制度将失去存在的意义。指导性商事案例制度的目的就在于克服制定法的缺陷，而不是

① 于同志．论指导性案例的参照适用 [J]. 人民司法，2013（07）.

对制定法本身进行解释。①法官在具体判案时进行商事案件相似性证明，使用法律适用标准比较笼统，而且法律适用的侧重点既可以是法律也可以是适用，在具体操作时存在争论。指导性商事案例是对现行的制定法或司法解释进行具体解答的，其裁判要点更是直接概括了指导性商事案例中体现的主要法律规定。已经公布的正式案例文本中，裁判要点完全可以独立于基本案情而存在，成为独立的法律规则，只不过这种规则是对现有制定法的拓宽或细化。如果指导性商事案例制度只是形成抽象法律规则，成为具有准立法性质的司法解释，那么指导性商事案例制度就变成司法解释的另一种形式了，实际上就是司法解释了。而且基本案情从证明对象的角度来说，不是一个严谨的明确的法律术语。②基本案情在商事诉讼制度中没有明确的界定，不同的法官或当事人会有不同的理解，不宜作为商事案例相似性证明的标准。商事案件事实方面的比较证明是决定性的，只要商事案件关键事实部分具有相似性，就可以决定法律适用上的相似性，进而参照指导性商事案例形成类似的判决结果。在审判过程中，法律适用上的相似性是附随的，不能与基本案件事实中相似性的比较证明并列在一起。

### （二）构成要件事实标准

裁判要点一直是判例制度或者指导性商事案例制度中的重要问题。英美法系的先例中，并没有明确的裁判要点，只有后来的判例研究者总结的裁判要旨。大陆法系的判例制度中，多数都指出了裁判要点。大陆法系公布的判例倾向于从案件中总结出抽象的法律规则，与制定法没有多少本质区别。我国指导性商事案例制度在正式文本中指明裁判要点，是制定法体系必然的做法，也有助于法官在审判案件时援引。不过，商事案例中写明裁判要点会被认为先入为主，在裁判作出之前就写明如同法规的要点会不符合裁判规律，因为要点就是判决理由中抽象出来的，与案件事实密切相关，在很大程度上本身也需要证明。③指导性商事案例如果变成另一种形式的法规，就不能产生判例制度的独特价值，尤其是不能对法官的具体判案起到灵活的指引。然而，换个角度来看，也恰恰说明大陆法系判例的特殊情况，就是指导性商事案例

---

① 郭锋．中国案例指导（第一辑）[M]. 北京：法律出版社，2015：345.

② 张卫平．民事诉讼法 [M]. 北京：法律出版社，2016：229.

③ ［德］卡尔·拉伦茨，陈爱娥译．法学方法论 [M]. 北京：商务印书馆 2003：233.

的相似性判断离不开法律构成要件，因为裁判要点类似于法律规范，是由法律构成要件组成的。要件事实标准可能更符合大陆法系法官援引案例，即待决商事案件与指导性商事案例相似性的证明依赖构成要件作出判断。比如，一个无因管理案件，可以按照法律构成要件分成若干构成事实，即管理他人事务、为他人利益而管理、无法定或约定的义务，如果待决商事案件与指导性商事案件的事实在这几个方面都相同就符合相似性标准，否则就达不到相似性要求。

构成要件事实的法律效力是制定法明确规定的，具有法律权威性，而且大陆法系法官熟悉法律构成要件，如果将法律构成要件作为指导性商事案例相似性判断标准，更容易引导法官去援引指导性商事案例。《〈关于案例指导工作的规定〉实施细则》专门强调，裁判要点只能作为裁判理由而非裁判依据。相对于制定法和司法解释，这种法律效力更适合用来分析案件事实的构成要件。裁判要点在实体法上完全可以成为裁判依据，只是囿于法官权力设置，人民法院不应直接以商事案例的形式确定法律规范。最高人民法院原初的观点认为："基于我国宪政制度的考虑，将先前的判决作为有实际拘束力的法律规范来对待，缺乏立法基础，也无相应诉讼制度支撑，因此，指导性案例应不具有正式的法律效力，不属于正式的法律渊源，不能被裁判文书直接援引。"①而《〈关于案例指导工作的规定〉实施细则》允许裁判文书通过将裁判要点作为裁判理由的方式援引指导性商事案例，就必须以符合我国法官权力的方式判断指导性商事案例的相似性。指导性商事案例文本中，还有专门设置的相关法条部分。按照最高人民法院的说明，标示出法条可以表明指导性商事案例是以案释法，可以使指导性商事案例明显区别于英美法判例和其他大陆法系国家判例。案例中指明法条可以避免法官与当事人之间的误解，有利于法官正确理解和把握裁判要点，便于裁判商事案件时引用相关法条，也有利于检索、查询、参照适用、汇编和整理指导性商事案例。

指导性商事案例中有裁判理由，其内容非常丰富和全面，更适合作为直接的援引依据。在每个指导性案例的正式文本中，都有裁判理由部分，对整个案件中所涉及的事实和法律进行细致说明。指导性商事案例正式文本中，裁判理由部分的篇幅要远远大于裁判要点部分，裁判理由是裁判要点的深入

---

① 胡云腾.〈关于案例指导工作的规定〉的理解与适用[J].人民司法，2011（03）.

分析，裁判要点是裁判理由的提炼和总结。在指导性商事案例裁判理由部分，法官往往准确地归纳案件的焦点争议，同时对各方当事人和诉讼代理人意见进行评述，确定是否采纳相关辩论意见。相比于接近抽象法律规则的裁判要点，裁判理由部分以更加详细的事实证明商事案件的情况。根据我国指导性商事判例制度的实际情况，商事案件相似性证明标准宜采用法律构成要件证明方法，因为指导性商事案例中的裁判要点与裁判理由均支持法律构成要件证明方法，而且也符合制定法体系的传统做法。

## 第三节　案例汇编对商事诉讼证明的影响

案例汇编是为了在诉讼实践和法学教育研究中引用参考而出版的有系统的法院裁判汇编书，收入汇编中的案例根据需要进行编辑与评析，通常包括案件名称、争议事实、审理经过、法院意见、诉讼证据、诉讼文书以及裁决。近代以来，编撰者经常会对每个案例写上一段分析意见，概括地说明判决中的主要意见和对司法审判的意义。案例汇编的方式与质量标志着一个国家司法审判、法学教育与法学研究水平的高低。由于司法环境的限制与成文法传统的影响，我国长期以来不重视案例汇编的编撰出版工作，在法律实务与教育研究领域甚至忽略案例的整理与评析。我国大学法学专业中案例分析课程大多是选修课甚至不设置，人民法院审判工作中也不注重案例汇编的查阅与应用。最近十年来，随着各级人民法院，特别是最高人民法院规定裁判文书互联网公布，大量的裁判文书在人民法院网和中国裁判文书网上公布出来，使得民间编撰案例汇编有了第一手法律文献，将会改变我国案例汇编以人民法院少量公布为主的格局。人民法院、法学专业图书馆、出版商、个人与商业网站均可发挥各自的特长编撰出版各有特色的案例汇编，真正发挥案例汇编在司法审判与法学教育研究中的作用。案例汇编不同于一般的汇编材料，是一种具有实用价值的法律文献，在司法审判与法学教育研究中可以直接被援引、分析、总结与批评。我国互联网公布裁判文书，必将对案例汇编出版产生重要影响，会引起案例汇编编撰的根本性变革。因此，制定我国案例汇编的出版规则极为迫切，有必要分清人民法院、出版商、个人、法学专业图书馆、商业网站等编撰出版案例汇编的责任，从而保证我国案例汇编的质量，切实有利于我国法律制度的健全与完善。

## 一、人民法院案例汇编对商事诉讼证明的影响

最高人民法院从 1999 年以来发布了三个人民法院改革纲要，均提出了裁判文书应当加强说理和全面公开，2009 年 12 月最高人民法院印发了关于《司法公开的六项规定》，专门指出裁判文书应当充分表述当事人的诉辩意见、证据的采信理由、事实的认定、适用法律的推理与解释过程，做到说理公开。最高人民法院于 2014 年 1 月起施行的《关于人民法院在互联网公布裁判文书的规定》，对裁判文书在互联网上公布的形式、范围、各级人民法院的职责等进行了规定。为进一步贯彻落实审判公开原则，统一人民法院裁判文书在互联网公布的规则，促进司法公正，提升司法公信力，最高人民法院对《关于人民法院在互联网公布裁判文书的规定》于 2016 年 7 月进行了修订，增加了一些裁判文书互联网公布的具体方法。

人民法院在互联网公布裁判文书，应当依法、全面、及时和规范，必须遵守民事诉讼法和刑事诉讼法等规定。中国裁判文书网是公布裁判文书的统一平台，各级人民法院应在本院政务网站和司法公开平台设置中国裁判文书网的链接。人民法院裁判文书在互联网公布范围非常广泛，主要包括：民事、刑事和行政判决书；民事、刑事、行政和执行裁定书；支付令；民事、刑事、行政和执行驳回申诉通知书；国家赔偿决定书；刑罚执行与变更决定书；对妨害诉讼行为和执行行为作出的拘留、罚款决定书；提前解除拘留决定书；行政调解书；民事公益诉讼调解书；其他有中止、终结诉讼程序作用或对当事人实体权益和程序权益有重大影响的裁判文书等。截至 2019 年 10 月 5 日，中国裁判文书网已公布各类裁判文书 77743610 件，成为最大的裁判文书公布平台。中国裁判文书网对已公布的裁判文书分类细致，有多种分类方法，如分为最高法院、高级法院、中级法院和基层法院等，或者区分地域、裁判年份和文书类型等。还可以通过关键字搜索，以商事案件关键字为例，分为票据、信托、非法占有、程序合法、交通事故、附带民事诉讼、鉴定、主要责任、违法所得、财产权、集资、财产权利、恶意透支、非法经营、保险、行纪、中介、买卖、租赁、承包、海事、海商、传销、投资和不当得利等。

以前，最高人民法院主要以《最高人民法院公报》的方式公布很少的裁判文书，各级人民法院有时也会出版一些案例汇编书籍，公布一些具体的案例。自从人民法院互联网公布裁判文书后，彻底改变了我国法院案例公布的

格局，从不同法院分散公布变成集中统一公布。[①]中国裁判文书网公布数量巨大的裁判文书后，实际上就形成了我国法院案例汇编新的编撰出版方式，而且以不同分类形成了不同类型的案例汇编，为我国司法审判、法学教育与研究提供了大量的第一手法律案例文献。

近年来，最高人民法院还出台了指导性案例规定，不定期公布对各级人民法院审判具有指导意义的案例。截至 2019 年 10 月 1 日，最高人民法院发布了二十一批共 112 例指导性案例。这些指导性案例实际上也形成了案例汇编，反映出我国当前司法审判中的疑难问题。对这些指导性案例的关键词和核心内容进行汇总，其中有 2 例危害公共安全罪案件，5 例破坏社会主义市场经济秩序罪案件，4 例侵犯公民人身权利和民主权利罪案件，3 例侵犯财产罪案件，2 例妨害社会管理秩序罪案件，2 例贪污贿赂罪案件，2 例婚姻家庭和继承纠纷案件，2 例物权争议案件，2 例确认合同效力纠纷案件，4 例买卖合同争议案件，1 例房屋买卖合同纠纷案件，3 例借款合同纠纷案件，2 例建设工程合同纠纷案件，1 例运输合同纠纷案件，1 例居间合同纠纷案件，1 例服务合同纠纷案件，1 例劳动人事争议案件，2 例海事海商纠纷案件，4 例与公司有关的民事纠纷案件，1 例与破产有关的民事纠纷案件，2 例保险纠纷案件，4 例侵权责任纠纷案件，2 例适用特殊程序案件，1 例生命权纠纷案件，1 例名誉权、荣誉权纠纷案件，4 例著作权权属、侵权纠纷案件，4 例商标权权属、侵权纠纷案件，5 例专利权权属、侵权纠纷案件，3 例植物新品种权权属、侵权纠纷案件，6 例不正当竞争纠纷案件，2 例垄断纠纷案件，4 例行政处罚案件，3 例行政确认案件，3 例行政许可案件，2 例行政批准案件，1 例行政合同争议案件，1 例行政受理案件，1 例行政征收案件，1 例行政登记案例，7 例其他行政行为案件，2 例国家赔偿案件。这些不同的指导性案例集中在一起，事实上形成了新的案例汇编，反映出我国司法审判中面临的疑难问题。最高人民法院公布指导性案例以后，应用案例数量逐年递增，其中 2011 年至 2013 年应用案例非常少，分别仅有 2 例、8 例和 16 例，2014 年和 2015 年应用案例增长明显，升至 146 例、233 例，2016 年应用案例上升至 519 例，2017 年应用案例同比增长 25%，达到 647 例。指导性案例在司法实践中发挥

---

① 季金华．司法的法律发展功能及其价值机理 [J]. 政法论丛，2019（01）.

的指引作用正日益加强，明示援引和隐性援引指导性案例均广泛应用。[①]商事诉讼中的证明活动都在关注指导性案例汇编产生的影响。

法院编撰出版案例汇编，是不同国家或地区法院的通常做法，判例法国家与大陆法国家有所不同。以中国台湾地区为例，台湾“最高法院”的判决例，经采为判例，纳入判例要旨，并报“司法院”核定后，具有法律效力。台湾地区“最高法院”出版《最高法院民刑事判例全文汇编》《最高法院民刑事庭会议决议录类编》《最高法院判例要旨》《最高法院民刑事庭会议决议录全文汇编》《最高法院民刑事庭会议决议判例要旨续编（一）民国 78 ~ 80 年》《最高法院民刑事审查庭裁判专辑》《最高法院民刑事庭会议决议录类编 17 ~ 60 年》等。台湾“高等法院”编辑出版《台湾地区高等法院暨所属第一、二审法院 87 年度民刑事裁判选辑》等。台湾地区判例纸质版本，主要存在于法院公报、判例、司法解释和判决书汇编等各种官方出版物中，如“司法院”大法官书记处编辑《司法院大法官解释索引》（上、下册），判例电子资源存在于“司法院”网站及其制作的数据库。“司法院”制作的判例数据库主要包括法学资料全文检索数据库和裁判书数据库，收录“最高法院”和“最高行政法院”判例。裁判书数据库收录“最高行政法院”“高等法院”与地方法院、简易庭的判决书。此外，“司法院”网站还提供最新的司法动态、诉讼文书范本、“最高法院”最新判例等内容。另以香港特区为例，由于香港遵循先例的普通法制度，香港特区法院可参考其它普通法地区的司法判例以及本港高级法院的先例。香港特区终审法院和司法机关有权邀请其它普通法地区的法官参加审判。香港判例资源包括英美等普通法系国家的判例以及香港本地判例。[②]香港政府印务局出版的判例集有《香港判例集》与《香港区域法院判例集》两种。我国法院也是比照其他国家或地区公布案例的方法，根据自己的情况制定公布案例规则的。

人民法院互联网公布大量裁判文书，呈现出了我国法院案例汇编的特色。一般的案例汇编各级人民法院都可以制作，但只有指导性案例汇编才能对商事审判的证明具有拘束力，指导性案例汇编的选择、确认、制作、发布以及废止等必须由最高人民法院进行。人民法院普通案例汇编实质上是一种供教

① 张骐 . 论中国案例指导制度向司法判例制度转型的必要性与正当性 [J]. 比较法研究，2017（05）.

② 渠涛 . 中文法律文献资源及其利用 [M]. 北京：法律出版社，2006：200–230.

学、研究和参阅的资料，一些地方法院试行参阅性案例、参阅判决等，虽然试点法院规定了在辖区内的约束力，但仍然是一种参阅和研究资料。①人民法院案例汇编在制作或撰写方面没有统一的格式要求，根据中国裁判文书网已公布的裁判文书分析，基本上就是司法文书的写作方式，是最原始的案例资料。各地法院编撰的参阅案例、先例判决大致包括案情简介、判决书、裁判要点摘要（提示）等内容，也没有统一的做法。裁判文书互联网公布，的确为商事审判和商事诉讼证明提供了丰富的案例资料，但目前这些已经公布的裁判文书还不是严格意义上的案例，因为这些公布的仅仅是案件中的裁判文书，并不包括起诉书、答辩书、法庭辩论记录、证据材料以及合议庭评议等，并不能完整反映案件的过程。随着人民法院公布裁判文书数量的增多，要想更大地促进司法公正和提高我国商事诉讼证明水平，就必须在适当范围内公布全案案卷，开放人民法院审判档案材料。英美法系国家商事裁判文书可以反映全部案情，但大陆法系法院商事裁判文书仅仅是案件概要，不能全面呈现案情与争点细节，必须通过阅读案卷才能了解大陆法系法院商事审判案件的全貌。所以，我国人民法院案例汇编可以进一步丰富公布的内容，至少有选择地公布已经终审完毕的案卷，这样会大幅提升人民法院商事诉讼证明的质量。

## 二、出版商、法律图书馆案例汇编对商事诉讼证明的影响

20 世纪 80 年代以来，中国法学教育与研究水平突飞猛进，法律出版商、法律图书馆的案例汇编工作也从无到有地发展起来。互联网技术对信息载体带来根本性变革，案例汇编数字文本应运而生，但纸质案例文献仍然不可缺少，因为司法制度的特殊要求必须保留传统证据、档案、书状、合议庭评议等，司法案例不可能全部数字化。人民法院裁判文书互联网公布，会使出版商、法律图书馆加工整理这些裁判文书，编撰出版富有特色的高水平的案例汇编。在法律领域，出版商、法律图书馆历来是案例汇编编撰出版的重要力量，而且其编撰出版的案例汇编的权威性甚至超越法院出版的案例汇编。

美国联邦最高法院和西方出版公司、律师合作出版公司对于联邦最高法院判例的汇编出版情况，包括判例的载体、编辑体例、判例汇编的主要内容

① 彭中礼．司法判决中的指导性案例 [J]. 中国法学，2017（06）.

以及各自不同的风格，都已成为美国法律的精髓。美国联邦最高法院判例汇编制度的特点是，官方与出版商汇编并存，商业出版公司以商业运作方式编撰和开发判例汇编，判例汇编载体多种多样，判例汇编编辑体例成熟合理，已形成经典的判例汇编体系，判例汇编检索和研究极为便捷。西方出版公司从 1880 年开始收集出版《美国联邦判例汇编》，是登载美国联邦下级法院判例的判例集，到 1973 年，共出版两辑，第一辑 300 卷，收入 1880–1924 年间的重要判例，第二辑 472 卷，收入 1925–1973 年间的重要判例。由于诉讼案件数量猛增，案件类型也出现复杂化，1932 年起，西方出版公司出版《联邦判例增编》，专载联邦地区法院和权利申诉法院的判例，到 1973 年，已经出版 348 卷，此后也陆续增加卷数。西方集团出版社汇编出版的国家判例汇编系列是美国最全面和权威的判例出版物，它包括所有联邦判例和每个州的判例。[①]这些判例汇编虽然都是非官方编撰，但在美国下级法院中通常受到重视，成为联邦下级法院法官必须了解和掌握的文献资料，汇编判例体现出的法律规则，对后来法官处理同类案件具有重要影响。

英国现代判例汇编开始于 1865 年，一个代表法学界的非营利性民间机构英格兰和威尔士判例汇编联合委员会成立，出版判例汇编的系列出版物。在英国，巴特沃斯公司于 1936 开始出版周刊《全英判例汇编大全》，是目前唯一由私人出版商出版的综合性判例汇编连续出版物，以较快速度全文刊载某一判例并由编者加入有关参考和注释说明，并可以据此参阅由巴特沃斯公司出版的其他法律文献，如《霍尔斯伯里英国判例法大全》《霍尔斯伯里英国制定法大全》《霍尔斯伯里英国制定法文件大全》《英国判例法摘要》等。自从出版以来，英国法院判决的案例均按照年月顺序编辑在包括索引和综合服务的《全英判例汇编大全》里，这个判例汇编提供很短时间内的判决，常常只有六周。判例汇编的编辑都是律师，在出版前法官要检查和修改。英国还有专门性判例汇编。专利局 1884 年开始编辑出版的《专利判例汇编》和《外观设计和商标判例汇编》，本土税务局 1875 年开始编辑出版的《税收判例汇编》，斯威特马克斯韦尔公司从 1908 年开始出版的《刑事上诉判例汇编》，伦敦劳埃德出版社从 1919 年开始出版的《劳埃德商事海事判例汇编》，奈特

① 渠涛 . 中文法律文献资源及其利用 [M]. 北京：法律出版社，2006：200–230.

出版社从1903年开始出版的《地方政府判例汇编》，[①] 都是权威的判例汇编。

相比较来看，我国出版商出版案例汇编的积极性不够，而且出版的案例汇编不成系统，往往是随意收集若干案例就可以编成一部案例汇编，对司法审判与法学研究并无益处。裁判文书互联网公布，为出版商提供了编撰案例汇编的机会，如果能够精心组织有创意的选题，可以编撰出版专门性的案例汇编，这也是我国法律界长期期待的。

我国法律图书馆随着法学教育与研究而建立并逐步发展，但其发展速度较慢。现在法律图书馆在物理环境和硬件技术上有了显著提高，但其提供的服务仍满足不了教学和研究的需求。法律图书馆与法律教育研究之间相辅相成的关系并没有有效建立。裁判文书互联网公布，大量案例材料可以使法律图书馆加工整理，可以使法律图书馆功能扩张，与出版机构建立新型的互动关系。法律图书馆负责组织整理案例材料，对已公布的裁判文书归类、分析，并根据法学教育研究的需要，编撰专门性案例汇编，与出版商合作出版案例汇编。在法律图书馆与出版机构的相互关系中，法律图书馆过去常常扮演消极被动的角色，只是出版商产品的购买者和使用者，与出版机构缺乏业务合作方面的沟通和交流。[②]随着法律图书馆软硬件条件提高，人民法院公布裁判文书以及案件档案资料，法律图书馆完全有能力在案例汇编方面发挥应有作用，如借助图书馆掌握的流通数据、读者关注热点、司法审判争议等信息提出具体的出版、合作出版案例汇编的策略建议，甚至引导案例汇编出版方向。连续出版物是案例汇编文献资源中的重要形式。法律图书馆馆藏中随时都有案例案卷材料的变动，大学法学院、律师事务所、法院、法学研究机构的图书馆馆藏大量的未公布的案件案卷与档案，与人民法院已公布的裁判文书相结合，可以编撰出众多有针对性的案例汇编。这些法律图书馆的优势可以与出版商合作，为商事诉讼证明提供优质服务。

法律信息资源是法律图书馆和出版商为法律界提供的基本服务，与国家法律渊源有紧密关系。法律渊源主要指根据法律的效力来源划分法律的不同形式，如制定法、判例法、习惯和法理等，而法律信息资源则是根据法律资料及其效力的分类，为方便法律检索，有助于快速而有效地找到所需要的法

---

① 林燕萍．中外法律文献检索[M]．北京：法律出版社，2013：122.

② 武寒松．从案例看出版汇编作品应当注意的版权问题[J]．科技与出版，2007（10）.

律信息。法院方面只是根据审判公开原则公布一些裁判文书与案件档案，没有责任提供法律信息资源服务，这就需要出版商与法律图书馆收集、加工、提炼法院公布的司法材料，编撰出方便法律界实用的案例汇编。英美与欧洲大陆有比较长的编撰案例汇编的历史，积累了非常成熟的经验可供借鉴。①案例汇编在其他国家如何编撰、如何引注以及掌握案例案卷最多的法院如何把司法材料公开出来，都值得学习。人民法院互联网公布裁判文书后，还需要让社会利用、加工和发展。出版商与法律图书馆出版案例汇编，法律学者要研究，学生要学会如何运用这些案例汇编，才能将互联网公布的裁判文书变成法律信息资源，促进法律研究与教育的健康发展。因而，法律图书馆和出版商在编撰出版案例汇编时，也就是建立这个国家案例汇编检索规则与适用指引，法律图书馆与出版商在案例汇编出版中弥补法院编辑案例汇编的不足。②

我国目前尚无统一的法律案例引注标准，案例适用指引并不明确，这也表明我国案例汇编编撰不够发达，没有引起法律界的足够注意。已有的可供参考的学术规范手册是国家标准局 1988 年 1 月起实施《文后参考文献著录规则》。该标准规定了各类型出版物中的文后参考文献的著录项目、著录顺序、著录用的符号、各个著录项目的著录方法以及参考文献标注方法，专门提供著者与编者编纂文后参考文献时使用。另外，中国学术期刊（光盘版）编委会提出，国家新闻出版署 1999 年 2 月起使用的《中国学术期刊（光盘版）检索与评价数据规范》和 2000 年 1 月教育部印发由中国人文社会科学学报学会提出的《中国高等学校社会科学学报编排规范（修订版）》，对案例汇编适用指引并不专业。法律图书馆与出版商应当建立我国案例汇编适用指引习惯，方便案例汇编在司法审判、法学教育研究中的使用。美国判例汇编引证标注规则是芝加哥大学出版社的《芝加哥手册：写作、编辑和出版指南》，成为美国判例汇编应用最为广泛的一种专业写作和编辑规范，有些国家专门就法律文献的引证注释制定标准，如美国法律界最通行的引注标准《蓝皮书：统一注释体系》，是哈佛、耶鲁、哥伦比亚和宾夕法尼亚四所大学法学评论编委会

---

① 高鸿钧．英国法的主要特征（上）——与大陆法相比较 [J]. 比较法研究，2012（03）.

② 徐洁．国内外高校引进法律数据库的比较及分析——基于法学专业排名前 20 的高校数据库资源数据 [J]. 法律文献信息与研究，2014（04）.

联合制定，由哈佛法学评论社出版发行的。[①]所以，我国出版商和法律图书馆在案例汇编出版方面任重道远，大有可为，应当尽快根据互联网公布的裁判文书出版一批有实用价值的案例汇编，为商事审判中的证明提供可靠保障。

## 三、商业网站案例汇编出版对商事诉讼证明的影响

法律案例文献数字化进程开始于20世纪70年代初，我国则是开始于20世纪90年代初，较早的法律案例数据库是北大法律系制作的《中国法律检索系统》。法律案例信息数字化对传统的案例汇编方式产生了巨大冲击，[②]人民法院互联网公布裁判文书实际上就是案例汇编数据化。同时，案例汇编通过商业网站编撰，形成了一些至关重要的案例数据库。

LexisNexis公司是商业、法律和判例全文的信息供应商。LexisNexis数据库已成为全球收录最多的法律资料库之一，许多著名的法学院、法律事务所、高科技公司法务部门都是其忠实用户。Lexis.com是LexisNexis数据库中的在线检索系统，专门提供在线法令、判例和法案等检索服务，内容非常丰富。LexisNexis数据库法律部分分为五类：美国法律文献、美国以外包括中国在内的其他国家和地区的法律文献、二次资源、法律新闻和参考文献。美国法律文献中，判例分为《联邦和各州判例合集》《联邦法院判例集》《各州法院判例集》《美国最高法院判例（律师版）》《美国最高法院摘要》等数据库。判例文献形式多样，有判例或附案件处理时的背景材料、与此相关的处置命令、多数法官意见、判决和异议等。各法院判例的收录时间差异比较大，但各具特色。《联邦和各州判例法合集》是一个庞大的数据库，美国建国以来联邦法院和各州法院判例全部汇集于此，收录范围包括美国最高法院、上诉法院、联邦地区法院、联邦专门法院以及全国五十多个州和地区法院的判例，还有军事、破产、税务、海关、专利、贸易和退伍军人法院等专门法院的判例。判例文献顺序为依据判决时间或文件收录时间逆序排列。《联邦法院判例集》收录了美国最高法院（1790年起）、上诉法院和地区法院（1789年起）、联邦赔偿法院（1992年起）、美国退伍军人法院（1989年起）、国际贸易法院（1980年起）、破产法院（1979年起）和税法法院（1942年起）等联邦法

---

① 龙飞.域外法院裁判文书上网制度比较研究[J].人民司法，2014（17）.

② 赵鹏.数字技术的广泛应用与法律体系的变革[J].中国科技论坛，2018（11）.

院的判例。《各州法院判例集》包括自 1730 年以来所有各州最高法院、上诉法院判例。《美国最高法院判例（律师版）》收录了 1790 年至今的最高法院判例律师版所收录的所有判例意见书全文，还包括所有上诉到最高法院的案例最终决定。《美国最高法院摘要》收录了 1979 年至今的美国最高法院判例摘要。其中，1993 年 /1994 年之前的美国最高法院实质性判决摘要都是经过授权的，包括相关附录以及精选的美国最高法院批准的调卷令申请状。[①]

LexisNexis 数据库所收录的案例资源不仅全面、准确和及时，而且经过了严格、科学的加工整理，可谓西方案例数据库制作技术典范。作为专业判例数据库，并没有局限于法学领域，还涉及新闻、政治和商业等相关学科的信息，覆盖面比较广，信息量极大。该数据库不仅包括法规、判例等原始资源，还有学术论文、法律新闻、参考文献等二次资源，基本上形成了一个完整的、多层次和多角度的判例资源体系，能同时检索多种不同性质的判例法律资源，并满足法学研究与实务操作等不同层次的需求。[②] 该数据库信息来源全球化，既有美国各州和联邦的本土判例法律资源，也有英国、加拿大、法国、欧盟等其他国家和地区的判例法律资源。该数据库的全球信息合作伙伴皆为久负盛名的判例信息提供商，信息资源具有权威性。如 Butterworths、Martindale-Hubbell、Shepard’s 以及 Matthew Bender 等，因而其提供信息的质量是比较高的。

我国近年来也出现了著名的法律案例数据库。中国知网《中国学术期刊网络出版总库》收录的学术期刊占我国同期印刷出版期刊的 99.6%，是内容较全、功能强大、时效较快、用量最大的中文期刊全文数据库，其中有部分内容涉及案例汇编。北大法宝 V 版法律数据库智能型法律信息检索系统也是较全的判例数据库，收录自 1949 年起至今的法律法规，内容不断更新，包括中央法规司法解释、地方法规规章等，数据内容均经过严格的分类整理，确保准确，满足查询法规的一站式服务。北大法宝司法案例数据库独家推出个案系统呈现、案例帮助系统及刑事比对功能，同时在北大法宝法条联想功能的基础上，进一步实现法规与案例的全方位联想功能，[③] 使用户在最短时间内

---

① 蒋隽 . 中外法律文献研究（第一卷）[M]. 北京：北京大学出版社，2005：66-72.

② 林丽，卓晓云 .Lexis.com 数据库检索方法与技巧 [J]. 图书馆学研究，2010（16）.

③ 李志明，闫梅 . 北大法宝、法意科技、法律家三大法律数据库的比较及启示 [J]. 上海高校图书情报工作研究，2019（02）.

了解与本案相关的理论、实务方面的知识。此外还有万方数据资源系统、维普资讯网以及书生之家、超星数字图书馆等，也都提供了一些案例汇编。

我国商业网站案例数据库发展水平较低，不同案例数据库对案例分类散乱，没有形成专门性案例汇编，主要原因是以前我国案例公布有限。最高人民法院规定裁判文书互联网公布，对近年来审理完毕的案件，商业网站可以收集其裁判文书，但对以前的人民法院审判案件无法获得诉讼案卷，也就无法编撰大规模的案例汇编。不过，从现在往后，我国人民法院会连续公布每一时期的裁判文书，这会对商业网站建立案例数据库提供便利。我国现在还没有类似 LexisNexis 数据库，法规、案例等一次法律文献与学术论文等二次法律文献基本上分属不同的数据商，要想得到全面的法律文献资料，还需分别查找不同的法律数据库，如收录法规、案例的北大法宝数据库，收录学术论文的中国学术期刊网等。这就为查找和利用电子案例汇编带来了不便。美国是判例法国家，联邦和各州有各自独立的判例系统，因而美国判例法卷帙浩繁，查找和利用有一定的难度，专业的索引和注释必不可少。美国法律数据商对此积累了丰富的经验，LexisNexis 判例数据库绝非简单的罗列排序，而是对每个案例进行详细分析的基础上，链接了案件的评价、被引用情况和其他文献的引证分析，在个案分析中包括本案提交法院前的历史线索、法院对案例争点的意见概括、核心术语以及法院判决等内容。此外，在每个案例前还有反映本案评价以及被引用情况的符号，红色圆圈表示警告即强烈负面评价、黄色三角表示小心即可能是负面评价、绿色菱形表示正面评价以及蓝色圆圈表示本案例被引用的文献等内容。而我国商业网站案例数据库设计都比较简单，即使比较细致的北大法宝案例库，也只有法律条文解释链接。裁判文书互联网公布，为我国商业网站案例汇编数据库的发展提供了广阔的空间，必须认真分析我国商事法律制度的特点，探索适合我国商事审判证明活动的商业网站案例汇编数据库，改变我国案例汇编在商事诉讼证明活动中不实用、缺乏深度和创新的状况。

## 四、我国案例汇编是商事诉讼证明中的重要依据

人民法院裁判文书互联网公布，为案例汇编编撰提供了大量第一手法律文献，使得我国案例汇编出版面临重要变革。各类裁判文书，是我国商事诉讼证明活动真实情况的写照，如果对这些裁判文书进一步加工，从中提炼出

我国商事诉讼证明的一些规律以及法律适用、事实认定的标准，编撰出有针对性的商事案例汇编或者按照年代与分类的商事案例汇编，无疑对商事诉讼证明具有重要意义。

判例法是与制定法相对的，是英美国家法律的一个重要渊源。依据判例法制度，某一判决中的法律规则不仅适用于该案，而且可以作为一种先例适用于该法院或下级法院以后审理的案件。只要案件的主要事实相同或相近，就必须按照判例处理，这就是遵循先例原则。判例法来源于法官对案件的裁判结果，不是立法者制定的，而是司法者创造的。[①]判例法的基本思想是承认立法本身不可能周全，立法者只能注重法律的一般条款，在遇到具体案件时，法官还应根据具体情况和法律条款的含义，作出符合实际的解释和判定。案例汇编正是适应判例法的需要而形成的。英格兰13世纪末至16世纪出版的判例汇编形式是年鉴，随后被私人出版的汇编所取代。早期判例汇编大多是私人自愿工作的结果，汇编案例的目的不尽一致，体例差异较大。至19世纪中期，判例汇编渐趋官方化和商业化，得到法律界的广泛应用。美国第一个判例汇编是由凯尔比汇集出版的《康涅狄克特汇编1785—1788》，1790年联邦最高法院任命一位汇编官，从而开始官方的判例汇编。现在，联邦最高法院的判决由《美国最高法院判决报道》加以汇编，联邦巡回法院的判决由《联邦汇编》编集，还有出版商与商业网站的各种判例汇编。法国、德国、意大利等也都有形式不同的判例汇编。判例汇编使法官、律师在诉讼实践中对以往判决有所依循。我国近年来随着经济社会的发展，各类商事案件层出不穷，现有的立法远远跟不上形势的变化，需要通过人民法院指导性商事案例等方式弥补立法方面的不足。编撰商事案例汇编，产生一批有深度有影响力的商事案例汇编，可以极大提升商事诉讼证明的质量，也促进商事诉讼证据制度的发展。

我国属于成文法体制，加上各级人民法院办案质量参差不齐，长期存在着判决理由说明不充分的现象，即心证公开不足。在欧洲大陆，只是到了近代，才陆续确立了裁判要说明理由的做法。法国于1810年颁行法律规定：不包括裁判理由的判决无效。英美法系实行的是判例法制度，判决理由是发挥其约束力的关键，说明裁判理由是英美法系裁判的基本要求。英美法历来有

① 叶榅平.遵循先例原则与英国法官的审判思维和方法[J].比较法研究，2015（01）.

说明判决理由的传统。美国法院非常强调法官对案情的仔细思考和清晰的文字描述。美国联邦法院法官中心认为：裁判文书连接法院、当事人和公众，除了很少例外情况，法院是通过司法判决同当事人、律师、其他法院和整个社会联系和沟通的。不管法院的法定地位如何，最终的裁判文书是法院权威的源泉和公正的标准。因此，商事判决必须是公正的、合理的和容易让人理解的。商事判决的任务是向整个社会解释，说明该判决是根据原则作出的正当判决，并说服整个社会，使公众满意。

现代商事诉讼中，裁判文书的说理已成为诉讼制度的重要内容。英美法系裁判文书说理充分、分析缜密、涉猎广博、充满文采、风格独特，大陆法系无法比拟。法国裁判文书说理简单概括、注重把握全局和整体。法国法院，尤其是最高法院想方设法使判决书的内容缜密紧凑，附带性论述一概排除，判决基于某一理由应予撤销，其他理由便弃之不顾。法官裁判文书不涉及案件背景、法律史、法律政策或比较法。美国裁判文书的风格则截然不同。美国裁判文书论证细致、对话翔实，判决中呈现不同意见并作出选择性判决。美国法院法官经常撰写篇幅宏大、具有复杂的论点结构、详尽而扩展的判决。在判决中时常讨论价值问题，法院并不力图将最终选定的结论作为必然结果，只是认为比其他选择拥有更充分的理由而已。我国商事裁判文书互联网公布，已经形成一种新的法律文化，是否可以通过商事案例汇编的编撰出版，改变我国商事诉讼证明说理方式，促成我国法院重视商事案例规则，有待时间的观察。[①]但不论如何，互联网公布商事裁判文书，使大量同类型商事案件形成对照，并且不同类型案件也有不同审判程序的制约，无疑会改变我国商事诉讼证明活动的方法。

① 汤文平．中国特色判例制度之系统发动[J]．法学家，2018（06）．

# 第三章　商事诉讼证据规则

商人权利的保护是商法的核心内容。商人权利保护方法在不同商事审判体制中具有不同的表现形式，始终伴随商法体系和商事诉讼证据规则的调整而不断发展演变。各国商法典以前的商事诉讼证据规则本质上属于商人的特权。实行商法典后商人的权利与商事审判规则密切相关，已经与商事诉讼证据规则在一定程度上相分离，商法已经变为侧重调整商行为。商人权利的保护需要从商法基本权利出发，按照不同商事领域的特征建立不同的权利规范，而这必须与商事审判体制特别是商事诉讼证据规则相一致。经济全球化时代商人权利保护又面临新挑战，我国商法体系建构需要商事诉讼证据规则围绕商人权利保护这一核心内容展开，或者说，商事诉讼证据规则必须适应商人权利保护的终极目标。

我国商事权利理论研究极其薄弱，已成为商法基础理论研究最为明显的缺陷，严重阻碍了商法的成熟与完善，其中一个重要不足就是很少关注商事诉讼证据规则对商事权利保护的作用。基于商事权利理论的重要性和核心地位，应高度重视商事诉讼证据规则对商事权利保护的促进作用，同时也会对商事诉讼证据规则的实质内容进行完善。商事权利类型体系要采用科学、可行的方法构建，当然，相应的商事诉讼证据规则也要有所创新和变通，在各类商事争议案件中，要考虑不同的证据规则对解决争端的效用，剔除那些不符合我国商事审判或商事权利保护的规则与程序，这样既可以建立具有逻辑基础和完整结构的商事权利体系，又可以满足商事立法、商事审判实践和商事诉讼证据规则的需要。

以国际商事法庭的证据规则来看，可以发现商事诉讼证据规则与商事权利密不可分，已经成为证据规则与商人规范的统一。国际商事法庭起源于中世纪的灰脚法庭，当时商业发展成立此类法庭产生的根本原因。灰脚法庭的证据规则特点是兼具仲裁和诉讼的性质，为现代国际商事法庭的建立提供了样板。现代国际商事法庭的设立，也是受到商业的推动或源于新型商业的诱因，如反垄断、不正当竞争、知识产权、跨国公司、企业重组与互联网交易等。现有的国际商事法庭在证据规则的设计上，都试图吸收仲裁和诉讼的长处，规避二者的缺陷，如在非法证据、传闻证据、证明责任、证明标准、知识产权等特殊契约的证据规则等方面均有不同的做法，在一定程度上实现了商事诉讼证据规则的专业化与仲裁化。我国国际商事法庭的设立也是为了顺应经济繁荣的需要，但囿于现有商法与商事审判制度的限制，我国国际商事法庭的证据规则偏于保守，与国内商事审判一样，证据规则不够灵活并且缺乏适应性。我国商事诉讼证据规则亟须大胆创新，力争为经济发展与商业稳定提供可靠保障。

## 第一节 商事诉讼证据规则

证据是证明案件事实的依据，证据规则是商事诉讼的核心问题。全部商事诉讼实际上都是围绕证据的搜集、提交、质证、认证等活动进行的。在商事诉讼证据运用中，各国证据法虽然普遍认可自由心证制度，允许法官根据理性、良知和经验对证据作出自由判断，但由于商事诉讼证明存在当事人的利益冲突和事实认定上的矛盾，如果不确立商事诉讼必须遵守的证据规则，将难以保证商事诉讼的效率和对待证事实的正确裁判。对商事诉讼的证明活动而言，证据规则至少有两方面作用：在商事诉讼活动中规范当事人各方的取证和举证行为；在运用证据认定事实时限制法官对证据的自由采信。我国商事诉讼证据规则还不够全面，是当前商事诉讼研究中的重点。

商事诉讼证据规则的内容受到诉讼基本结构的约束。两种基本的商事诉讼结构，即在商事诉讼证据调查上当事人主导型的对抗制和法官主导型的审问制，对证据规则的要求不同，前者的证据规则复杂而严格，后者则十分简略且灵活。①英美法系国家的对抗制诉讼，确立了详细而复杂的商事诉讼证据规则，如证据材料必须与案件实质性问题有关的相关性规则、防止难以确认不能质证的证据进入诉讼的传闻证据规则、不允许证人以意见或评论的形式提供证言的意见规则、对非法获取证据的排除规则等。对抗制诉讼中重视商事诉讼证据规则，一般认为这与英美国家实行陪审团审判有关。陪审团成员来自社会各界，大多不熟悉法律，为防止对陪审团成员误导，商事审判中不得不设置详细的证据规则。在对抗制条件下，当事人双方对立并推动商事诉

---

① 杜闻．论英美两国专家意见可采性与反传闻规则的复合关系 [J]. 中国政法大学学报，2019（05）.

讼的进程，如对当事人收集、提交证据不设严格具体的规则，当事人难免会随意使用证据，可能会干扰、拖延商事诉讼的进行，容易模糊争点事实，甚至造成真假难辨。大陆法系国家实行职权主义诉讼，商事诉讼证据虽然可以由当事人双方提出，但在诉讼中当事人不能任意收集、提交、辩论证据，法官可以依照职权裁量什么证据应当在法庭上调查，什么证据可以不予审查。商事诉讼证据调查和诉讼程序推进很大程度上受制于法院，因而即使没有详细的证据法则，也不需要担心商事诉讼的拖延和待证事实模糊。职权主义审判模式鼓励法官运用各种法律允许的方法主动发现证据和查明案件事实，这种实体真实主义排斥程序化的证据规则的约束。不过，商业活动的规模和种类现在已经发展到异常复杂的程度，不论对抗制还是职权主义模式，在商事诉讼证明活动中都面临着新问题。我国现行商事诉讼制度尤其应当重视证据规则的建设，在不同类型案件里配置不同的规则方案，以便有效地保护商人权益和化解商事争端。

## 一、最佳证据规则

最佳证据规则又称原始证据规则，是指以文字、图形和符号等方式记载的内容证明待证事实时，原件才是最佳的证据。最佳证据规则要求书证的提供者应尽量提供原件，如果提供原件不可能或确有困难，才能提供副本、复印件或抄本等非原始材料，并且必须充分说明理由，否则该书证不能在商事诉讼中采信。商事诉讼最佳证据规则的着眼点在于真实性和可靠性。书证原件的真实可靠程度要高于抄件和复印件，在抄写或复制的过程中很可能遗漏重要内容或是故意弄虚作假，因而抄件或复印件可能不真实。[①]《美国联邦证据规则》第 1002 条规定："除本证据规则或国会立法另有规定外，为证明文书、录音或照片的内容，应要求提供文书、录音或照片的原件。"第 1003 条又规定："复制件在与原件同等程度上具有可采性，但下列情况除外：（1）对原件的真实性发生了真正的怀疑；或者（2）在具体情形下许可采纳复制件替代原件将导致不公平。"《美国联邦证据规则》咨询委员会对这条规则所作的注释中指出：如果关注的唯一问题是准确地将文字或其他内容提交到法庭面

---

① 聂昭伟．证明力与证据能力规则演变规律探究——我国证据规则立法方向的理性选择 [J]. 西南政法大学学报，2007（02）.

前，那么只要复本是使用确保准确性与真实性的方法制作的，该复本就可以起到与原件同等的作用。因此，如果对于原件的真实性不存在真正的争议，并且没有其他理由要求提供原件，则根据此项规则可采纳复制件。最佳证据规则这个表述可能给人带来一些误解，以为当事人或律师必须在商事案件中提供最有分量和证明力的证据。最佳证据规则其实就是原始证据规则，仅是规定原始文字材料可优先作为采信的证据。最佳证据规则的基本功能在于保障商事审判中使用的文书类证据是真实可靠的。

最佳证据是普通法上的一项基本原则。我国商事诉讼中，对于具体的事实问题，除了根据民事诉讼法或司法解释的规定采用最佳证据外，还可以根据案情需要制定更多的最佳证据规则。比如，票据诉讼中是否可以采用最佳证据，要根据票据法的规定办理，但现在票据类型多种多样，甚至银行卡、购物卡、大额存单、保险单等都可以按照票据法的有关规定处理一些纷争，这些电子化的票据是否应当建立最佳证据规则值得探索。《关于民事诉讼证据的若干规定》规定：人民法院就数个证据对同一事实的证明力，可以依照下列原则认定：国家机关、社会团体依职权制作的公文书证的证明力一般大于其他书证；物证、档案、鉴定结论、勘验笔录或者经过公证、登记的书证，其证明力一般大于其他书证、视听资料和证人证言；原始证据的证明力一般大于传来证据；直接证据的证明力一般大于间接证据；证人提供的对与其有亲属或者其他密切关系的当事人有利的证言，其证明力一般小于其他证人证言。这些规定也可以看做是广义的最佳证据。

随着商事案件类型多样化，我国商事诉讼也在增加当事人之间的对抗性，要求当事人进行证据交换与庭前质证，并且当事人证明责任也具有可变性，因而最佳证据在更加广泛的诉讼领域得到应用。物证、视听资料、电子数据、鉴定意见等传统上与最佳证据无关的证据类型，也在一定范围内寻求最原始的证据，而且随着物证技术学、法医学和其他科学技术水平的提高，可能会在商事诉讼领域尝试不同类型证据的原始因素。①

## 二、意见证据规则

意见证据规则是指证人只能陈述自己亲身感知和经历的事实，而不得对

① 郑曦．证据规则体系及其中国构建 [J]. 证据科学，2016（02）．

该事实发表意见或进行评价。商事诉讼中实行意见证据规则的根据在于：证人陈述意见或评价干涉了事实裁判者的裁判权；证人陈述意见或评价有可能对认定案件事实产生误导；一般的证人缺乏发表意见或评价所需要的专门知识、经验或者基本的技能训练；证人对待证事实发表意见或评价对案件事实认定没有价值。[①]证人的权利只是将自己知道的事实提供给商事审判庭或陪审团，而不是陈述自己对事实的真伪性或证据的可采性的判断。

英美法系国家将证人分为专家证人与普通证人。商事诉讼中允许专家证人基于专业知识与技术对待证事实发表意见、分析、总结和评价，而普通证人只能陈述自己知道或经历的事实，不能分析、归纳、推断事实，也不能根据自己知道的事实发现其包含的意义，当然，有些情况下也允许普通证人提供意见证据。我国商事诉讼中将证人和鉴定人加以区分。鉴定意见不同于证人证言，是一种独立的证据种类，鉴定人是某一领域的专家或技术人员，可以依据待证事实的情况进行分析并发表意见。当事人、诉讼代理人可以申请商事法庭通知有专门知识的人出庭，就鉴定人作出的鉴定意见提出意见。[②]我国商事诉讼制度对作为专家证人的鉴定意见的审查做了较为详细的规定，同时关于普通证人的意见证据予以限制，证人的猜测性、评论性和推断性的证言，不得作为证据使用，但根据一般生活经验判断符合事实的除外。

意见证据是英美法系国家使用的概念，是证人根据感知或了解的案件事实作出的推断性陈述。按照英美法系国家的证据规则，商事诉讼中专家证人的意见证言可以被采信，普通证人的意见证言一般不能采纳。《美国联邦证据规则》第 701 条规定，如果证人不是作为一名专家作证，则其以意见或推理的形式表达的证言不能被采纳，除非属于下述情况：合理建立在证人感知的基础之上；有助于澄清该证人证言或确定争议事实。所以，普通证人一般只能向审判庭陈述自己看到或以其他方式感知到的案件事实，而不能向审判庭表述自己对案件事实的推断和看法。之所以不允许普通证人向审判庭陈述意见，是因为这些意见具有主观成见，会干扰陪审团成员或法官对案件事实的认定，也影响对商事诉讼证据的客观评断。《美国联邦证据规则》咨询委员会在对这条规则的注释中表述了该规则的功能在于，此项规则保持了传统证据

① 高芙蓉．构建我国民事诉讼意见证据规则的思考 [J]. 内蒙古大学学报（哲学社会科学版），2013（01）.

② 马贵翔，张海祥．意见证据规则探析 [J]. 华东师范大学学报（哲学社会科学版），2009（02）.

法的目标，即让事实审理者来把持对事情的准确再现。[①]商事诉讼中意见证据很常见，而且在很多案件中，当事人往往是以意见证据的方式去证明自己的主张，如在买卖纠纷、商标侵权、专利权争议和不正当竞争等案件中，双方当事人会以主观认识对对方的行为目的、效果等进行评价。在商事诉讼证明中，应当尽量避免使用意见证据。

## 三、传闻证据规则

传闻证据规则要求排除传闻证据作为认定商事案件事实的根据。没有法定理由，任何人在商事诉讼期间外的陈述，不得作为认定商事案件事实的证据。传闻证据主要包括两种：一是书面传闻证据，亲身经历案件发生过程的证人在庭审期日之外所作的书面证人证言；二是言词传闻证据，证人不是就自己亲身感知的事实作证，而是向审判庭转述从他人那里得知的情况。[②]商事诉讼中传闻证据被排除的主要理由有：一是传闻证据可能会失去真实性。传闻证据因是证人复述他人的感知，可能会故意或过失地传述错误和偏差；二是传闻证据无法接受审判庭、律师和当事人的询问，不能在审判庭上质证，真实性难以证实；三是传闻证据并不是裁判者面前的陈述，而直接言词原则要求证据调查应当在审判庭进行，以保证裁判者可以察言观色，明辨是非。裁判者不能直接听取原陈述人的陈述，无法看到原始证人在商事诉讼中作证的表情和应对，就很难判断真实性和准确性，为稳妥起见一般予以排除。

根据美国联邦证据规则的定义，传闻证据是指审判外所作的陈述或所发生的叙述性动作，被提出于法庭用来证明该叙述事项真实性的证据。这里有一些需要澄清的内容：首先，审判外是指商事诉讼中证人在事实裁判者面前作证时所作的陈述以外的陈述，包括商事法庭审判时出庭证人以外的任何人所作的口头或书面陈述，以及出庭证人在开庭前所作的陈述。其次，关于叙述性动作，如证人将供指认的照片抽出来交给裁判者或律师的动作，明显等同于主张照片上人就是所指的人。因为叙述性动作与言词陈述同样具有传闻的性质，一般均适用传闻法则予以排除。再次，关于待证事实的真实性的问题，根据商事判例和美国联邦证据法的定义，当商事审判外的陈述是要作为

① 易延友 . 证据规则的法典化——美国《联邦证据规则》的制定及对我国证据立法的启示 [J]. 政法论坛，2008（06）.

② 陈盛 . 直接证据何以存在——对直接证据与间接证据分类标准的理解 [J]. 刑事法评论，2017（02）.

证明该陈述内容的真实性时，该审判外陈述才是传闻证据，反过来，若审判外的陈述并不是用来证明陈述内容是否真实时，就不是传闻证据。依照美国商事判例的规则，即使是以他人陈述作为陈述内容或笔录，有时自始至终都不是传闻证据。例如，以下几种审判外陈述，不是用来证明该陈述内容真实性的，就不受传闻法则的拘束：陈述内容的真伪与商事案件事实无关。要证明该陈述本身是否存在，陈述本身就是待证事实，就不属于传闻；审判外陈述本身与行为不可分时，为赋予其法律意义就必须将其作为行为的一部分，这项陈述就不是传闻证据；作为弹劾证据使用情况下，当用证人先前所作的自相矛盾的陈述去降低其在审判庭上证言的证明力时，该陈述不是传闻证据；当审判外陈述是为了证明对听闻该陈述的人所产生的影响时，一般认为不属于传闻证据；当陈述本身是要作为情况证据去推论行为人的认知，而不是用来证明陈述内容的真实性时，该陈述也不是传闻；当审判外陈述用以推测陈述人陈述时的心理状态，如精神是否正常或恐惧时，该陈述不是传闻证据。①

陈述过去的事实，该陈述是否真实，涉及陈述人的知觉、记忆、表达能力和诚实程度。证人作证的可信度同样涉及证人的知觉能力、记忆能力、表达能力和真诚程度。证人证言有四个不可靠因素：人的观察不一定可靠；人的记忆不一定可靠；人的表达不一定清楚；人不一定诚实。因此，英美商事审判中，目击证人应在商事审判时亲自出庭作证，通过四种保障措施确认其证言的可靠性与真实性：进行宣誓作证，如果作出伪证将承担法律责任；可由裁判者直接观察其态度，对其证言的合理性进行评价；要求出庭证人就其认知事实的环境与背景进一步说明；对证人证言由诉讼当事人或律师进行交叉询问。②如果陈述人不在商事审判时出庭，而是以书面记录由他人到庭转述，对于这种传闻材料或传闻证人的陈述无法经过交叉询问予以确认，而且商事诉讼外原记忆者的陈述没有经过宣誓，审判庭也无法观察其陈述时的态度，就应当被禁止在商事裁判中使用。

传闻证据规则是英美商事裁判中的一项重要规则，起源于英国，与陪审团制度一道被认为是英国商事裁判最基本的特征。陪审团制度的发展，确立的基础是商事诉讼职能的区分，调查职能和审判职能相对分离。经过几百年

① 韩仁洁．我国传闻证据规则确立的必要性思考 [J]. 法制与社会，2017（07）.

② 齐树洁．美国证据法专论 [M]. 厦门：厦门大学出版社，2011：256.

的演变，从禁止使用口头传闻证据变成包括禁止使用书面证言，大约在 17 世纪后期，禁止商事诉讼中的传闻证据规则逐渐定型。1700 年，英国法院判例明确传闻证据规则的内容：如果证人本人能够出庭作证，庭外陈述即使经过宣誓也不得采用。直至今天，传闻证据规则成为包括传闻证据不可采的一般规定和传闻的例外两方面的内容。

传闻法则的例外情形在商事诉讼中也是经常遇到。在选择什么是较为可信传闻的过程中，法院逐渐创设一些传闻具有证据能力的例外情况。不过传闻证据排除的例外情形不是由法官自由裁量，商事诉讼证据的必要性与可靠性是判例法上形成传闻例外的主导因素。《美国联邦证据规则》根据判例法所阐述传闻法则的例外，有系统地将其规定于第 803 条和第 804 条。因传闻证据的特别可信性可以引用传闻证据的例外情形有：表达感觉印象、刺激的发泄、当时存在的精神、感情或身体状况、出于医疗诊断或治疗目的的陈述、被记录的回忆、关于日常行为和活动的记录、公共记录或报告以及其他文书或记录。该条规定的传闻证据例外不关注证人能否出庭作证。①《美国联邦证据规则》第 804 条规定的因传闻证据的必要性可以采纳的例外情形有：传唤不能、先前证词、临终陈述、对己不利的陈述、关于个人或家史的陈述。此外，还有这两种类型没有涵盖的概括性传闻证据的例外情形。

传闻证据规则与直接言词原则有所不同。直接言词原则是职权主义下的商事诉讼证据制度的核心内容之一，是以法官可以直接与证据相接触为目的的大陆法诉讼方式，关键在于追求法官与证据间的零距离。采用直接言词原则审理商事案件，基于商事诉讼程序制约以及法官居于支配地位搜集证据，并不重视当事人法庭审理中的询问权，所以直接言词原则的侧重点是处理法官与证据的关系。传闻证据规则是以当事人直接分析证据真实性为目的的英美法诉讼方式。传闻证据规则是当事人主义下的审判程序，关键在于反对询问，充分保障当事人及其律师的询问权利。②同时，直接言词原则与传闻证据规则涉及的商事诉讼范围也不一致，前者包含物证、书证在内的全部证据，而后者仅限于证人证言。直接言词原则是具体规范法官审判行为的原则，要求法官必须直接面对证据，对证据的调查由法官在法庭上以言词的方式进行，

---

① 覃斌武 . 评美国传闻证据规则宽松化现象——以誓证书、声明书传闻的采纳为分析起点 [J]. 湘江法律评论，2016（01）.

② 沈德咏，江显和 . 变革与借鉴：传闻证据规则引论 [J]. 中国法学，2005（05）.

而不能书面审理。传闻证据规则只限制传闻证据进入法庭审理，并不直接规范法官的具体审判行为。直接言词原则在证据能力方面更加直接规范，并且对证据调查程序要求法官亲自进行，与裁判证据必须有直接的感知，比传闻证据规则适用范围更广泛。

但是，直接言词原则与传闻法则追求的目标都是为了发现案件事实真相，降低错误裁判的可能性。两者在商事诉讼上发挥的作用是一致的，不论直接言词原则还是传闻证据规则，都会排除传闻证据，令可信度低的第二手证据材料不能作为裁判的依据。直接言词原则与传闻证据规则在商法领域发现真实主义的框架内融为一体。在商事诉讼调查证据的程序上，两者有所分化，直接言词原则不要求当事人之间反复询问探知，传闻证据规则强调当事人及其律师在裁判者前进行交叉询问。直接言词原则如果加上保障当事人的反复询问权利，就接近传闻证据规则谋划的商事诉讼形态了。[①]对直接言词原则与传闻证据规则进行比较，实际上不是比较两者的差异，而是比较不同商事诉讼结构或调查证据方式。

## 四、非法证据排除规则

非法证据排除规则主要是指商事诉讼中应当排除通过非法程序收集、提交证据的规则。现代任何国家的商事诉讼程序都禁止以违法的方式获取证据，但对非法取得的证据能否具有证据能力，最终成为定案根据，却有着不同的意见，尤其是在商事诉讼中，案件类型庞杂，什么情况下就是违法取得证据有时候真的很难确定，即使商法本身也不易把握，比如，一个公司董事在案件发生以前就私自复印公司内部文件，后来在商事诉讼中将其提交法庭，这是不是一份违法取得的证据，在商事诉讼实践中有很大争论。

美国实行非法物证排除规则，通过众多判例确定采取违法的、无根据的搜查和没收获得的证据，以及违法收集的证据均应排除。根据“毒树之果”的理论，以非法手段取得的证据在诉讼中使用是有害的，因为会鼓励警察的不当执法行为，纵容对公民隐私、住宅和人身权利的侵犯。但为了追究当事人的法律责任，联邦最高法院通过判例确认了规避非法证据排除规则的例外

---

① 宋维彬．传闻法则与直接言词原则之比较研究 [J]. 东方法学，2016（05）．

情形。[①]比如，最终或必然发现的证据不适用排除规则；侦查人员不是明知非法搜查和扣押的也不适用排除规则；警察的非法行为必须与犯罪给社会造成的损失一起衡量，也就是对非法获得的证据取舍作利益权衡。英国、德国和法国等与美国的态度有差别，并不一概排斥违法取得的物证，而是考虑违法取证的严重程度以及排除非法证据对社会利益的损害程度，同时给予法官一定程度的自由裁量权。排除违法物证并未在这些国家形成一个确定的证据规则，在商事诉讼实务中，对这些非法证据排除也极为谨慎。

对非法取得的能够证明商事案件事实的物证是否排除，根本上讲是一种价值选择或诉讼理念，应当着眼于保护当事人和其他诉讼参与人的合法权益，或者尽可能追求商事案件的客观真实。商事诉讼中使用的证据应该具有合法性，似乎是理所当然的，收集程序和手段等方面不合法的证据不具有可采性。非法证据排除规则就是要把合法性作为证据采信的依据。不过，美国的证据法很少用立法语言对这一规则作出阐述，而是通过法院商事判例来确立相关规则。毫无疑问，非法证据排除规则的基本功能在于保障人权和当事人诉讼权利。同时维护司法公正和规范商事诉讼行为。[②]非法证据排除规则也具有查明事实真相的功能。美国联邦最高法院在布莱克伯恩诉亚拉巴马州案（1960）的判决中指出：保护陪审团不受那些不可靠供述的影响是支持自愿性规则的另一个价值观。长期以来，法律一直强烈怀疑强迫性证据的可靠性，因为当事人为避免受到惩罚或得到某种许诺的好处而作出的陈述，而不是出于自愿作出的陈述，很可能是不值得信任的。商事诉讼实践经验显示，把非法证据作为定案的根据很容易造成裁判错误。

## 五、优势证据规则

我国现在商事诉讼中的证明标准可以认为是明显优势，法院根据明显优势判断双方当事人对同一待证事实提出的相互矛盾的证据，这就是优势证据规则。《关于民事诉讼证据的若干规定》指出：双方当事人对同一事实分别举出相反证据，但都没有足够的依据否定对方证据的，人民法院应当结合案件情况，判断一方提供的证据的证明力是否明显大于另一方提供证据的证明力，

---

① 陈光中．非法证据排除规则实证研究 [M]. 北京：北京大学出版社，2014：178.

② 吴洪淇．非法言词证据的解释：利益格局与语词之争 [J]. 法学家，2016（3）.

并对证明力较大的证据予以确认。商事诉讼中的证明标准据此可以被界定为明显优势。

优势证据规则又称为高度盖然性占优势的证明规则，当商事诉讼证据显示双方争议的事实存在的可能性明显大于不存在的可能性，法官可以进行分析判断，只要已达到能确信其存在的程度，即使还不能彻底排除不存在的可能性，也可以认定待证事实存在。[①]商事诉讼中的优势证据规则要有诉讼程序的保障。

法官依据证据认定的商事案件事实状态只是一种形式上的真实，只有符合案件实际的事实状态才是实质上的真实。商事诉讼中法官在裁判中认定的事实应尽可能与案件客观真实情况相接近，达到实际真实的程度。长期以来，我国商事诉讼将实质真实作为证明追求的目标，认为只有这样查证属实的事实，商事裁判结果才是公正的。商事诉讼程序公正实质上要求法官完全真实地再现案件争议事实的本来状态，法官也希望形式上的真实与实质上的真实之间是一致的，但这种希望经常实现不了。商事诉讼中要求法官查出绝对真实的事实是不现实的。由于法官最终裁判的案件事实是从法律原理或逻辑推断导出的，并不以当事人感知或陈述的事实状态为准，因而商事诉讼证据具有的优势程度直接关系到证明的待证事实状态与实际事实状态相吻合的程度。商事诉讼证据不能完全证实待证事实的真实状态时，法官只能凭借商事诉讼证据反映出的事实高度盖然性作出裁判，这时的形式真实与实质真实有可能不一样。优势证据证明标准是商事诉讼公正的真正表现，如果只是追求客观真实，就可能依职权深入调查取证，从而对待证事实先入为主，反而使商事诉讼进程有失公正。

### （一）商事诉讼证明标准

商事诉讼证明标准是衡量当事人诉讼请求是成立的具体尺度。商事诉讼证明标准不是自由心证规定的内容，商事诉讼证明是否达到证明标准，虽然是由法官作出判断，但当事人也可以预判，所以商事诉讼证明标准属于证据优势规则的内容，应从法官和当事人两个方面规定。商事诉讼证明标准是法律规定的，由法官在认定事实过程中和当事人在诉讼证明过程中所使用的证

① 李浩．证明标准新探 [J]. 中国法学，2002（04）．

据是否已达到证明其主张的具体尺度。达到商事诉讼证明标准，就能判定其主张成立，没有达到商事诉讼证明标准，就不能判定其主张成立。

商事诉讼证明标准与证明要求不同，但两者紧密联系。证明要求与证明标准有关，证明要求是证明商事案件事实所要达到的程度，而证明标准是衡量是否符合法律规定的证明要求的具体尺度。商事诉讼证明要求是证明活动要达到的目标，与证明任务、证明目的、证明目标的含义基本相同。① 商事诉讼中，证明主体运用商事诉讼证据证明案件事实的证明活动应当有追求的目标，不同阶段与不同国家具有不同的商事诉讼证明要求。按照商事诉讼的历史发展，曾经经历了神示证据制度、法定证据制度、自由心证证据制度以及我国过去提倡的实事求是证据制度等，相应地证明要求也就存在神示真实、形式真实、实质真实和客观真实的不同。商事诉讼证明标准则是指衡量证明主体的证明活动是否符合法律规定的证明要求，是衡量当事人的证明是否符合法律的规定，如没有合理怀疑的证明标准、高度盖然性的证明标准等。相对而言，证明要求比较抽象，而商事诉讼证明标准则使证明要求具体化。

我国商事诉讼长期将“以事实为根据，以法律为准绳”奉为证明标准，把发现客观真实作为商事诉讼的证明要求。如果通过商事案件审理能够发现争议事实真相，从而对案件作出裁判，当然是商事诉讼最理想的结果。但问题是，法官受到时空的限制，不可能通过证据证明完全再现案件事实发生的过程，只能凭借当事人提供的证据查明部分真相，相当一部分事实缺乏证据证明或者证据之间相互矛盾而处于真伪不明状态。面对不完整不全面的商事诉讼证据，法官无法从中准确判断事实真相，但又不能拒绝裁判，这就导致法官认定案件事实难以达到客观真实的程度。② 客观真实作为商事诉讼追求的理想具有积极意义，但如果将其作为商事案件中必须达到的最低证明要求，则会影响商事诉讼的公正性。为了达到客观真实的证明标准，法官就会不切实际地追求证据确实充分，迟迟不敢作出裁判，同时，在当事人举证不足的情况下，法官不得不承担调查取证的义务，破坏了商事诉讼结构和程序的公平性。所以，商事诉讼中不宜采用客观真实的证明要求，客观真实的证明要求严重损害商事诉讼的其他价值目标，而是应当采取法律真实的证明要求。

---

① 吴泽勇.“正义标尺”还是“乌托邦”？——比较视野中的民事诉讼证明标准 [J]. 法学家，2014（03）.

② 李春丹.我国规定民事诉讼特殊证明标准的多维反思 [J]. 学术探索，2019（05）.

法律真实是法院在商事裁判中对待证事实的判断只要严格依照商法和证据法的有关规定，达到法律规定的真实程度，即使裁判结果与客观事实不完全相同，裁判结果也应当是合法和公正的。《关于民事诉讼证据的若干规定》规定人民法院应当以证据能够证明的案件事实为依据依法作出裁判，标志着确立了商事诉讼法律真实的证明要求。

随着商事诉讼证明要求从客观真实向法律真实转变，商事诉讼的高度盖然性证明标准也随之产生。高度盖然性的证明标准从法律技术上规范了证据相互矛盾时如何审查判断证据的证明要求。证据优势规则就是我国商事诉讼高度盖然性证明标准的体现。① 高度盖然性是根据案件事实发展的高度概率进行判断的一种方法，是法官对案件事实认识达不到逻辑必然性时不得不采用的裁判手段。商事案件事实不明而当事人又无法举证时，法官认定盖然性高的案件事实发生，更能接近案件事实的实际情况。从本质上说，高度盖然性是法官对商事诉讼证据和案件事实的判断不能确定时不得不使用的裁判规则，但是由于符合案件事实发展的概率，并且弥补了客观真实原则的欠缺，是最大限度接近客观真实的有效途径。

大陆法系自由心证理念是通过对商事诉讼证据的审查判断形成内心信念，这种内心信念达到深信不疑或排除任何合理怀疑的程度时，便成为确信。这种内心确信被认为是一种理性状态。商事诉讼证据的证明力强弱和取舍，凭借自我理性的启迪和良心的感知，法官在无拘无束的状态下自由判断。法官对商事案件事实的判断，必须建立在内心深处确认真实无疑的基础上。

自由心证的强度依次分为微弱的心证、盖然的心证、盖然的确信心证和必然的确信心证四个等级。② 这就是盖然性在程度上的差别。英美法系也同样存在盖然性证明标准，例如，一项对美国纽约州东部地区的法官所作的实际调查显示，法官认为的无疑使人确信地证明标准是从 60% 至 75% 的盖然率，而确凿及毋庸置疑的证明标准是自 65% 至 90% 的盖然率。在商事诉讼证据上，英美法国家热衷于盖然性占优势的标准，与英美法系对抗制辩论有关。盖然性占优势的商事诉讼证明模式下，法官或者陪审团成员处于超然和消极的地位，当事人则积极提供和展示各种证据支持自己的诉讼主张。双方当事人辩

① 霍海红 . 提高民事诉讼证明标准的理论反思 [J]. 中国法学，2016（02）.
② 张兵 . 论民事诉讼中“排除合理怀疑”证明标准 [J]. 重庆广播电视大学学报，2019（03）.

论时，有时在证据上的对抗显得势均力敌，在证明待证事实上并没有达到盖然性占优势的程度。在这种情形下，负有举证责任的一方当事人在诉讼终结时仍说服不了法官或陪审团成员，将承担不利的裁判后果。这种裁判结果与盖然性占优势的标准没有直接关系，是盖然性的例外。因此，英美商事证据中的盖然性占优势标准是使负有举证责任的当事人为了证明自己主张的事实，必须向法官或陪审团成员承担说明责任。当事人通过商事诉讼中的举证、质证和辩论活动，使得法官或陪审团成员内心对其事实主张更趋相信时，该当事人的举证负担即行消除。英美法上的盖然性规则是与双方当事人都保持相对距离的，由一方当事人驳倒另一方当事人，进而使法官或陪审团成员不得不倾向于接受一方当事人的事实主张。一方当事人在证明效果上处于优势，而另一方当事人的证明效果就处于劣势，这种力量对比悬殊就形成一种盖然性的证明标准。

与英美法明显不同，大陆法系商事诉讼在证明上主张高度盖然性。这种证明标准并不是以当事人的激烈对抗为前提，当事人在开庭审理前的准备阶段处于法官的职权控制之下，在庭审活动中主要由法官依职权进行证据调查，从调查的结果上形成内心确信。由于当事人的对抗并不明显，法官对事实的判断不是完全着眼于当事人通过证据进行攻击与防御从而呈现出证据优势，而是由法官对各种商事诉讼证据进行调查形成心证，当心证在内心深处达到相当高度时，便促使法官对待证事实加以认定。商事诉讼中这种盖然性规则强调案件事实发展的内在性，更注重审判活动的实体公正。

如何认定商事诉讼证据达到高度盖然性，是具体审判商事案件时考虑的问题。高度盖然性与证据数量有一定联系，证据的数量与证明力成正比，证据越多，就越容易形成商事诉讼证据锁链，证明的盖然性程度就越高。但这不是绝对化的，关键还是商事诉讼证据证明力的大小。一个直接证据与若干间接证据相对抗，法官应当采信直接证据而否定间接证据。高度盖然性也与商事诉讼证据种类有关。不同的证据种类在一定程度上具有不同的证明效力，如鉴定意见的证明力一般来说高于证人证言。高度盖然性是用概率方式表述的，但商事裁判不可能用数学方法计算证据的证明力，在相互矛盾的证据面前，法官对商事诉讼证据的采信是主观判断过程，必须具有良好的法律实践经验、社会知识、逻辑推理能力和道德良知，并且建立相应的商事诉讼监督机制，还必须遵循心证公开、合议评定和穷尽证据的基本原则，最大限度地发挥高度盖然性证明标准的积极作用。

### （二）商事诉讼证明标准的具体体现

在不同的商事法律问题中，商事诉讼证明标准呈现出不同的情况。必须结合现代商事活动的特点，制定灵活的证明标准，或者说，商事诉讼证明标准要通过具体的商事问题才能体现出来。

商法向民法靠拢是商事制度发展的另一种惯性选择。包含大量公司法条款的《民法总则》出台，我国公司法应当怎样修改成为非常现实的问题。有的主张直接删除公司法中与《民法总则》重叠的法条，将这些内容交给民法调整。① 公司作为一种风险化的营利组织，本身带有的商业风险与民法的人文关怀相冲突，这种公司法泛民法化的改革方式，可能要支付更大的商业与社会成本，还会面临不同法律理念的冲突。因此，我国公司法修订的过程中，应当坚持风险确定与预防的基本立场，在尊重公司法体系化的基础上，体现公司法符合经济发展的趋势。

民法的人本主义反映出民事的色彩。法律都与人相关。民法以民事为内容，规范特定范畴下人的权利、财产、婚姻以及家庭关系。民法对民事主体独立、公平正义、意思自治、诚实信用、社会和谐等作出规定，与社会基本伦理相融合，关注特定环境下人的生存和发展。公司的商业风险性与民法的人本主义相冲突。 公司是追求利润的商事主体，在公司制度中一般会将财产而不是人放在至高的位置，将财产收益看成公司追求的目标，对人本主义比较忽略。中世纪的商人对故乡、家庭和家族的热爱也没有阻碍对商业利益的追逐，而是更愿意选择商业冒险，这种情况至今并没有随着商业的普及而改变，对商业利益的追求一定程度上会对人本身缺乏关心。公司发展的历史反复证明，为了营利或避免亏损，投资人有时不会因为遭受道德责难而放弃对商业投资和利润追求。② 与公司法的追求不同，民法坚持人文主义精神，总是将人而不是财产放到至高的位置，追求民事主体的平等、自由、幸福与安宁。公司法与民法背后所代表的法律理念是一个难以回避的问题。商法、民法和公司法奉行的理念与原则大不相同，在很多情况下应该考虑不同的证明标准。

---

① 罗培新．公司法的法律经济学进路：正当性及其限度 [J]. 法学研究，2013（06）.

② 范健．公司法改革中的泛民法化风险——兼谈《民法总则》颁布后的《公司法》修订 [J]. 环球法律评论，2019（04）.

以智能合约为例，能够较好说明不同的商业活动需要不同的商事诉讼证明标准。智能合约是在计算机代码中构建的形式承诺，合约参与方可以执行存储在区块链上的分散的承诺协议。智能合约具有自动性、执行性和匿名性的法律特征，可以弥补传统合同方面的不足，增加交易的安全。相对于传统合同方法，智能合约以放弃灵活性换取缔约效率，不确定因素对智能合约的影响更小，可以避免多重解释和重复谈判，还可以有效地保护隐私安全。智能合约对传统合同法体系产生多方面影响，对传统合同法从技术上和法律上构成挑战。智能合约从开始到结束与传统合同虽有相似之处，但智能合约包含了协议和履行，是折叠协议。[①]当事人订立智能合约时，要约和承诺不能撤回。代码生成时智能合约就成立并被执行，无法变更和解除。智能合约改变了传统合同法的意思表示规则，影响合同成立、撤销、撤回规则以及效力判断规则，也改变了合同履行方式和合同解释规则。《民法总则》第一百三十三条规定：“民事法律行为是民事主体通过意思表示设立、变更、终止民事法律关系的行为。”合同法律行为是意思表示行为，充分尊重民事主体的意思表示，因此合同法中设计许多但书条款，例如，依法成立的合同，自成立时生效，但是法律另有规定或者当事人另有约定的除外。智能合约在意思表示方面呈现出极为明显的特色，意思表示形成、错误和撤销等的证据判断难以通过现有合同法实现。智能合约中意思的充分表达分为两个步骤：第一步是区块链外部化合约构成，形成合约意思表示；第二步是区块链嵌入化智能合约表达，智能合约一旦在区块链上运行就自动执行，实现自动履约，不需要当事人意思的表达。[②]智能合约如果需要变更，必须重新订立新的合约或重新嵌入新的意思表示，这实际上就不是合同变更了。这在很大程度上限制了当事人的意思表示。

合同订立是双方的意思表示一致，智能合约是传统合同订立方式的例外情形。智能合约的内容由当事人约定，约定的内容以包括处理逻辑的数字代码形式进行确认，包含处理逻辑的执行结果。在不确定或不稳定的环境中订立智能合约，创建精确定义的协议，缔约方能够了解合同的未来状态，将自动执行存储在区块链上的分散的承诺协议。传统合同订立采取要约与承诺方

---

① 柴振国．区块链下智能合约的合同法思考 [J]. 广东社会科学，2019（04）．

② 陈逸宁．区块链技术下智能合约意思表示的认定 [J]. 海南金融，2018（05）．

式，要约与承诺都可以撤回，智能合约中要约和承诺是编写智能合约前的预备订约形式，智能合约是书写成代码形式的承诺，智能合约生成后将不可撤销。传统合同除法律另有规定或当事人另有约定，承诺生效时合同成立，而智能合约是区块链平台上书写代码完成时成立，承诺来自履行。智能合约的自动执行就在协议之中，扩大了传统合同订立的范围。合同订立总是倾向于某一方利益，传统合同很难做到绝对公平。为了在一般分布式系统和集体适应系统中使用拟议的方法，智能合约订立细致定义的协议，使缔约方可以了解合同的未来状态，一定程度上解决了合同解释问题。[①]面对智能合约对传统合同法的影响，应将智能合约纳入合同法律框架。在民法典编纂过程中，应完善智能合约的形成规则、履行机制、违约和救济规则，重构现代合同理论，为智能合约这类新型合同预留规制的空间。智能合约的这些特点，需要有相应的商事诉讼证明标准。智能合约发生纠纷以后，可能合约内容就是对证明标准的规定，即智能合约几乎将合同法与证据法紧密捆绑在一起，不分你我，有什么样的智能合约内容就会有什么样的证明标准。

商事诉讼的证明要求决定了证明标准的外在表现，证明要求的不同决定着证明标准的不同。讨论什么是商事诉讼中的科学证明标准，就应当首先讨论什么是科学的证明要求。当前商事诉讼中存在着两种不同的证明要求：一是法律真实的证明要求，法院在商事诉讼证明过程中，运用证据对商事案件事实的认定应当符合商法、民法和程序法的规定，应当达到从法律上认为是真实的程度，法院应当以商事诉讼证据能够证明的案件事实为依据依法裁判；二是客观真实的证明要求，查明商事案件的客观真实或真实状况，要求法官的主观判断必须完全符合实际情况。在智能合约纠纷中，可能会不需要关注法律真实与客观真实的差别，因为智能合约本身就是证据，当事人不可能也没必要在智能合约以外主张商事案件事实。

商事诉讼中实行客观真实的证明要求不符合诉讼实践的需要。商事诉讼证明是有限的，诉讼期间和诉讼证明手段都是有限的，对商事案件事实的本来状态完全揭示存在极大困难，甚至是不可能的。商事诉讼的目的是定纷止争，维护当事人的合法权益和社会秩序。客观真实的证明要求忽视商事诉讼中证明的局限性，其结果要么拖延裁判，要么在当事人举证不足时，法官必须负起调查

---

① 周润，卢迎．智能合约对我国合同制度的影响与对策 [J]. 南方金融，2018（05）.

取证的义务，这影响了法官的中立地位。法律真实的证明要求则看到了商事诉讼的这种局限性。将法律真实的证明要求作为科学的证明标准。商事裁判只能在调查、重塑当事人争议事实的基础上作出，也就是在法律真实的情况下维护当事人权益。虽然商事诉讼尽力追求客观真实，但实际上只能是法律真实。纯粹依据客观事实的法官判断是不能实现的。智能合约的运用直接导致法律真实的证明标准是必然的选择，也更符合商事诉讼的内在要求。

## 第二节　商事案件的证明程序

商事法律事实理论即使有特定的研究对象，也不可能是一个独立封闭的体系。商事审判中的事实问题与审判程序相关，也与法官的事实认知能力相关。相应地，商事法律事实主要作为一种审判事实，与审判程序紧密相关。有什么样的审判程序，就有什么样的商事法律事实，也就有什么样的商事诉讼证据制度。

长期以来，对于商事法律事实，尽管在具体问题上观点存在分歧，但依然具有共同的前提：真实或者真理是能够获得的，并且获取的方式是经验观察与理性。几乎所有的英美证据学者，在商事审判的性质与目的以及审判程序中证明事实主张的问题上，都认为商事诉讼证据必须与审判程序相结合才能具有实际的含义。商事法律事实就是审判程序的组成部分，对审判性质与目的的预设直接影响到商事法律事实的认定，或者说，法律事实的认定不得违背商事诉讼程序的性质与目的，甚至要以此作为最终的目标。理性主义对待审判程序的态度可以表述为：审判的首要目的是程序公正，判决符合法律程序的规定，即商事案件事实要透过审判程序才能认定。[①] 商事诉讼中达成一致真实的或者概率的标准，是通过审判程序实现的。在特定的商事案件中，商事审判程序表现为两种形式：一是理想意义、规定意义上的审判模式，程序法的直接作用在于判断待证事实的公正性，具体包括公正的审判者正确适用现行民商法，并且依照诉讼程序准确地查明过去发生的待证事实；二是描述意义上的理性主义审判模式，公平地、可预期地实现商事诉讼程序对认定

---

① 邹利琴．理性主义、证据规则与证明理性——英美法律事实理论的前提与问题转向 [J]. 法制与社会发展，2009（05）.

案件事实的作用。

在具体的商事诉讼中，可以将证据、认定事实和程序公正性联系起来。对于特定的过去事实是可以证明的；确立特定的商事案件事实真实性是获取审判正义的必要条件；审判程序中，商事诉讼证明的观念涉及决定事实问题的程序方法。在实际审判技术上，需要区分事实问题与程序问题、事实问题与价值问题、事实问题与法律问题，就是说，商事诉讼事实认定要在不同的商法案件中呈现出不同的证明方法与技巧，反过来，不同的商法纠纷也会在不同的诉讼程序中表现出不一样的特征。[①]现在，各类商事案件呈现出证据规则不能统一解决问题的趋势，而且在知识产权、商事主体、中小企业、商标代理、股东投票权征集、网络预约平台、不动产交易等案件中，商事诉讼程序对事实认定的影响尤其明显，应当通过具体的商事案件类型分析商事证明问题。

## 一、商事主体法定原则的证明程序

商事主体法定原则是我国商法学的通常观点，国外商法学理上并没有类似看法。商事主体法定原则要求商事主体的立法较为完备，不同商事主体之间的转变规范较为周密。我国目前的商事主体立法没有达到这种水平，商事主体法定原则并不适合我国商业交易活动现状。商事诉讼实务中对商事主体原则经常会有突破，法院在处理商事主体争议中，往往用类推适用的方法解决纠纷，表现为同一商事主体内部、不同商事主体之间和民商事主体之间的类推适用。这种突破在我国商事诉讼活动中是必要的。商事主体法定本来就是学理探讨，对商事审判活动没有拘束力，商事主体立法不全面促使法院不能恪守商事主体法定原则。从商业交易与裁判的实际效果来看，法院对商事主体法定的突破产生积极的意义。尽管法院在商事诉讼中类推适用可能存在一定的法律限制，但法院的裁判不应该被质疑，反倒应该督促商法理论放弃商事主体法定原则。

商事主体法定原则也被称为市场准入严格法定规则。商事主体法定的具体内容颇有分歧，存在不同的观点。有的观点认为，商事主体法定主要包括商事主体种类法定、内容法定和程序法定；有的观点认为，商事主体法定是

① 吴逾 . 论司法证明中的经验与理性——以裁判者的思维路径为视角 [J]. 研究生法学，2010（02）.

指类型法定、内容法定和公示法定，或者认为商事公示可以被登记程序包含；也有观点认为，商事主体法定应当是类型法定、设立标准法定和设立程序法定，还有观点认为，商事主体法定不仅是指类型法定、财产关系和组织关系法定，而且财产关系和组织关系实际上能够被内容法定所涵盖。商事主体法定原则被商法学界广为认可，但该原则来自什么法律规定却语焉不详，我国毕竟没有商法典，关于商法基本原则的阐述并不当然具有法律效力。

一般来说，商事主体法定原则的依据是：第一，部门法的基本原则如果有法律规定就依据规定，没有法律规定就依据学理原则，这一适用规则是一个重要法理，而且部门法的基本原则已成为部门法体系不可分割的内容。部门法基本原则可以由法律直接规定，有时法典直接在其总则部分写明该部门法的基本原则，如《民法总则》规定了民法的基本原则。这类原则法律渊源清晰，成为无可争议的基本原则。部门法基本原则也可以根据法律规定整理出来，在这类法律部门中，并没有类似《民法总则》的法条指明基本原则，而是通过该部门法的各项规定提炼出来的，公司法上的资本三原则就是如此。部门法基本原则还可以按照学理阐释呈现出，不是所有的部门法都有对应的法典，一些部门法的基本原则主要依靠学理界定的。第二，商事主体法定原则来自各国商事强制法的规定，有的观点甚至认为这是我国商法特有的制度。还有学者不顾商事制度的根源，将商事主体法定原则理解为立法中应予遵守的原则。①

商事制度日新月异，很难有一成不变的法律条文。长久以来，商法已经摆脱了立法全备性与无漏洞的信念，并且不得以没有立法规定而拒绝商事审判，赋予法官填补漏洞的造法任务。我国商事诉讼中没有禁止拒绝审判的规定，但我国商事主体严格法定所需要的立法不完整，法院面对商事纠纷不能拘泥于商事主体法定原则，而是要根据案情灵活处理。

法院大多采取类推适用的方法解决商事主体纠纷，类推适用就是针对法律没有规定的事项，比照援引与其相类似的规定。法院用类推适用的方法解决商事主体组织和财产纠纷，可以在同一商事主体内部进行类推适用。我国商事主体立法有《公司法》《合伙企业法》《个人独资企业法》《个体工商户条例》等，各类商事主体在立法上均有欠缺，因而法院突破立法进行裁判经常

---

① 陈彦晶. 商事司法对商主体法定原则的突破 [J]. 法学论坛，2017（06）.

出现。例如,《公司法》上没有规定的责任形态可以类推适用《公司法》上相似的制度,这种商事案件纠纷,一般被认为是关联企业之间的人格否认或揭开公司面纱,但是我国《公司法》第二十条规定的情形,只能包含股东承担连带责任的情形。这类争议只能在商事诉讼程序中根据具体情况予以证明。

商事诉讼主体纠纷与很多商事案件有所不同,经常在诉讼当事人以外有一个争议的主体,就是投资人投资的公司,这个公司很多情况下不能成为商事诉讼中的第三人,是一个纯粹的案外人,甚至案外人也不是,而是这个争议案件中的客体,即属于诉的客体。但问题是,这种不能以当事人身份参与诉讼的公司或客体往往是实际利益的相关者,但这种相关不是法律上的利害关系,而是事实上的利害关系。那么这将会发生一个待证事实由谁证明的问题,有时候应当由案件当事人即公司投资人证明,有时候却可能更应当由公司证明,因为公司更是利益相关者。可能就会出现这样的状况:应当承担证明责任的当事人却不关心这个证明责任,因为该当事人没有相关利益,而愿意承担证明责任的公司,更像是案件中的争议客体,根本就没有诉讼上的权利,更不能承担证明责任了。所以,商事诉讼中的证明责任、证据规则等离不开证明程序,必须在商事诉讼过程中才能真正了解证据规则与证明责任的效用。

## 二、我国知识产权法院的证据审判程序

一切来自知识活动领域的权利与通常的民事权利有着很多不同的表现形式和内容,如何保护知识产权以及判定知识产权纠纷已经成为现代诉讼制度无法回避的问题。按照现代诉讼理念,程序公正与实体公正同等重要,在审判知识产权案件时既要处理繁杂和艰难的事实问题,又要考虑到在程序上给予当事人合理的机会和公平的权利。因此,知识产权诉讼就在许多方面采取了不同于一般民事诉讼和行政诉讼的策略和制度,比如在管辖制度、当事人制度以及证据制度等方面都制定了很多独特的规则。近年来,我国经济建设快速发展,各类知识产权案件明显增长,而且很多知识产权案件都是未曾遇到过的,这就要求审理知识产权纠纷必须具有相应的制度保障。可以说,我国对知识产权保护是相当重视的,并且在审判制度上作了大量变革和调整,但是由于知识产权案件证据的复杂性和创新性,就需要随着知识产权保护的情况不断完善相关证据制度。

### （一）我国知识产权法院的设立

设立专门的知识产权法院，有助于提高知识产权纠纷的办案效率和质量。随着我国经济社会发展，知识产权审判制度的重要作用日益凸显，案件数量迅猛增长，新型疑难案件增多，矛盾化解难度加大。2008 年至 2012 年 6 月，全国法院共受理知识产权案件 226753 件，审结 208653 件。知识产权案件既涉及民事权利保护问题，还涉及行政机制问题和刑事犯罪问题，三审合一对于审理知识产权案件很有必要。针对知识产权审判工作面临的实际困难，为了进一步深入实施国家知识产权战略，优化知识产权保护体系，妥善协调司法保护和行政执法的关系，我国应当设立知识产权法院。

在 2011 年 12 月，俄罗斯实施了设立知识产权专门法院的立法变革。知识产权法院的目的是确保知识产权纠纷得到适当裁决。在俄罗斯法院体系中知识产权法院扮演着双重角色，既是一审法院，也是二审上诉法院。知识产权法院以一审法院的身份运作，审理对俄罗斯专利局（包括专利局的撤销法庭“专利纠纷院”）所做的决定提起的上诉。知识产权法院的裁决可被上诉到知识产权法院常务委员会。知识产权法院还以二审上诉法院的身份运作，用以处理侵犯知识产权行为案件。2005 年 4 月，日本成立了专门的知识产权高等法院。成立知识产权高等法院源于知识产权在日本经济和社会发展中发挥着越来越重要的作用，有必要通过专门的司法途径高效地解决知识产权案件。日本的知识产权高等法院特点是专门性、独立性和独特性。知识产权高等法院是根据特别法律成立，内设于东京高等法院，专门用来审理知识产权案件的法院；知识产权高等法院与其他法院相比具有更大程度的独立性，同时被授予特定的权力处理司法行政事务；知识产权高等法院的组成和管辖具有自身的特点，尤其是法院内部设立的专家委员会，专家委员会可以协助法官对案件中专门技术知识进行解释。在各国，成立知识产权法院逐步成为通常做法，并且都在探索行之有效的知识产权案件审判程序。

2014 年 8 月，第十二届全国人民代表大会常务委员会第十次会议通过《关于在北京、上海、广州设立知识产权法院的决定》，以立法形式宣布设立知识产权法院。根据该规定，北京、上海、广州设立知识产权法院。知识产权法院审判庭的设置，由最高人民法院根据知识产权案件的类型和数量确定；知识产权法院管辖有关专利、植物新品种、集成电路布图设计、技术秘密等专业技术性较强的第一审知识产权民事和行政案件。在知识产权法院设立的三年内，可以先在所在省（直辖市）实行跨区域管辖。不服国务院行政部门裁定或者决定而提起的第一审知识产权授权确权行政案件，由北京知识产权法院管辖；知识产权法院所在市的基层人民法院第一审著作权、商标等知识产权民事和行政判决、裁定的上诉案件，由知识产权法院审理；知识产权法院第一审判决、裁定的上诉案件，由知识产权法院所在地的高级人民法院审理。知识产权法院审判工作受最高人民法院和所在地的高级人民法院监督。知识产权法院依法接受人民检察院法律监督。设立知识产权法院，是我国司法体制改革的基础性和制度性措施，相关方面高度重视，在较短时间内完成了知识产权法院的设立，在我国知识产权司法保护方面具有特殊意义。

2014 年 10 月，最高人民法院通过《关于北京、上海、广州知识产权法院案件管辖的规定》。该规定共 8 条，主要涉及知识产权法院的案件管辖及审级关系，包括一审管辖、跨区域管辖、专属管辖、二审管辖、上诉管辖及未结案件处理等。其中最重要的改变是，根据全国人大常委会关于设立知识产权法院的规定，彻底实现了知识产权法院及其所在地高级人民法院民事和行政审判“二合一”，即由知识产权法院及其所在地高级人民法院知识产权审判庭统一管辖和审理涉及知识产权的全部民事和行政案件。北京、上海、广州知识产权法院管辖所在市辖区内的下列第一审案件：专利、植物新品种、集成电路布图设计、技术秘密、计算机软件民事和行政案件；对国务院部门或者县级以上地方人民政府所作的涉及著作权、商标、不正当竞争等行政行为提起诉讼的行政案件；涉及驰名商标认定的民事案件。广州知识产权法院对广东省内专利、植物新品种、集成电路布图设计、技术秘密、计算机软件民事和行政案件和涉及驰名商标认定的民事案件实行跨区域管辖。北京市、上海市各中级人民法院和广州市中级人民法院不再受理知识产权民事和行政案件。广东省其他中级人民法院不再受理专利、植物新品种、集成电路布图设计、技术秘密、计算机软件民事和行政案件和涉及驰名商标认定的民事案件。北京市、上海市、广东省各基层人民法院不再受理专利、植物新品种、集成电路布图设计、技术秘密、计算机软件民事和行政案件和涉及驰名商标认定的民事案件。北京知识产权法院管辖下列第一审行政案件：不服国务院部门作出的有关专利、商标、植物新品种、集成电路布图设计等知识产权的授权确权裁定或者决定的；不服国务院部门作出的有关专利、植物新品种、集成电路布图设计的强制许可决定以及强制许可使用费或者报酬的裁决的；不服国务院部门作出的涉及知识产权授权确权的其他行政行为的。此外，当事人对知识产权法院所在市的基层人民法院作出的第一审著作权、商标、技术合同、不正当竞争等知识产权民事和行政判决、裁定提起的上诉案件，由知识产权法院审理。当事人对知识产权法院作出的第一审判决、裁定提起的上诉案件和依法申请上一级法院复议的案件，由知识产权法院所在地的高级人民法院知识产权审判庭审理。

为了进一步加快知识产权法院的设立进程，具体落实知识产权法院的各项改革措施，加强知识产权法院配套制度的建设以及加大知识产权保护力度。最高人民法院将积极采取有效措施，进一步改革和完善知识产权审判体制机制，不断提升知识产权审判质量和水平，最高人民法院在 2015 年世界知识产权日宣传周活动期间，发布了《中国法院知识产权司法保护状况（2014）》白皮书。白皮书分析，2014 年，司法保护知识产权的主导作用进一步发挥，呈现出案件数量快速增长、审判质效不断提高、审判公开深入推进、审判影响力显著提升的新特点。知识产权行政一审案件增幅最为显著，达到 243.66%，主要原因是随着新修改的商标法的实施，商标授权确权行政案件大幅增长，达到 9190 件，占全国知识产权行政一审收案量的 92.67%。北京、上海、广州知识产权法院成立后，截至 2015 年 2 月底，知识产权法院已受理知识产权案件 2832 件，其中一审案件 2219 件，二审案件 613 件；民事案件 1630 件，行政案件 1202 件。

### （二）我国知识产权法院证据审判程序面临的困难

知识产权制度的普遍建立，令知识产权纠纷的关注点转向效益价值，从而使各国法院通过审判知识产权案件对知识产权法的各项具体制度进行精雕细作。这样，现代知识产权制度就担负起实现智力资源有效配置、促进社会非物质财富增加的使命，这种效益价值具体体现为知识、技术和信息的广泛传播，并通过智力成果的独占使用、授权使用、法定许可使用、合理使用等各项制度得以最终实现。[①]设立知识产权法院，当然是为了更好地实现这些目标，这就必然需要相应的审判程序，以便适应知识产权案件复杂性和创新性

---

① 吴汉东 . 关于知识产权本质的多维度解读 [J]. 中国法学，2006（05）.

的要求。但目前北京、上海和广州知识产权法院审理案件，基本上还是照搬民事诉讼法和行政诉讼法的证据规定，没有自身专门的证据审判程序，这种状况会对审理知识产权案件带来一定的困难。

1、知识产权法院证据审判程序特征不明显

目前，我国知识产权法院是按照民事诉讼法和行政诉讼法审判案件的。民事诉讼法和行政诉讼法虽然程序规定比较详细完备，但是针对诉讼案件的一般情况制定的，对于一些特殊类型的诉讼需要制定专门的程序予以解决。具体到知识产权案件，民事诉讼法和行政诉讼法在许多方面不能适应解决知识产权纠纷的证据需要。①

从诉讼案件的受理程序来看，知识产权诉讼受理的可预见性比其他诉讼高。对于其他诉讼，当事人起诉，如果法院裁定不予受理，这种裁定很难推翻。现在我国诉讼法虽然已经实现立案登记制，但这种登记并不意味着法院必须受理当事人的起诉。②而知识产权案件由于很多问题没有现行的立法明确规定，当事人和法院在受理案件时也很难判断起诉的适当性，因而对于知识产权案件的起诉与受理应当采取更加宽松的条件。从证据与程序的透明度来看，知识产权诉讼应当确保所有的证据甚至可能在法庭的辩论内容在庭审之前以书面形式提交并在双方当事人间进行交换，因为知识产权案件大量涉及技术证据问题，这些技术证据的判断需要很多方面的参与，不是单纯开庭时候质证即可解决的。而按照民事诉讼法和行政诉讼法的规定，当事人双方在开庭前的准备阶段不需要披露所有的内容，也不必在开庭前对技术证据进行全面审查，这种制度不利于知识产权案件尽快查明事实，也不能将案件争议的内容比较适当地与相关专业领域的发展结合起来。从开庭时间来看，民事诉讼法和行政诉讼法的开庭时间由法官决定。在法官通知开庭时间之前，双方当事人都不知道什么时候开庭审理。法官会任意决定庭审将在什么时候进行，而双方当事人则被默认为届时都能做好准备。某个案件有可能是六个月前受理的，之后六个月内案件审理都没有任何进展，但突然间法院就安排好了开庭时间。这种办案方式对于知识产权案件是很难适应的，知识产权纠纷中事实的判定是个复杂过程，而且法律适用也需要听取多方面的意见。事实

---

① 张广良．知识产权法院制度设计的本土化思维 [J]. 法学家，2014（06）.

② 汤维建．规则与判例丛书：美国民事诉讼法规则 [M]. 北京：中国检察出版社，2003：130.

的判断与法律的适用并不是截然分开的，所以知识产权案件的当事人不仅要关注证据问题，也必须关注技术和商业领域对于本案件的反应。因此知识产权案件的开庭时间，应由法官与当事人协商确定，或者至少应当听取当事人对开庭准备的情况再决定开庭时间。从强制执行来看，民事诉讼法和行政诉讼法规定判决做出后，法院可能执行判决也可能不执行。即使当事人胜诉了，败诉方仍有可能继续其违法行为，而如果法院不执行判决，诉讼就等于毫无用处。能不能强制执行，很大程度上取决于当事人的申请，而且当事人申请以后强制执行也不能立即进行，而是需要对被申请执行人的财产等情况进行审查。知识产权案件中，很多判决与调解书应当立即执行，否则将对当事人造成不可挽回的损失。

2、知识产权法院证据审判程序体系不完整

之所以设立知识产权法院，是因为知识产权案件在事实认定和证据适用方面都存在极为特殊的情况。在知识产权法领域，长期争论法官是适法者还是造法者的问题，是因为知识产权问题变化多端，不断会呈现出新的问题，立法往往滞后于现实争端的解决。[①]知识产权法院应当顺应知识产权领域的特殊状况，建立一套有别于普通民商事案件的审判体系。实际上，我国的知识产权法院已经开始尝试。广州知识产权法院成立不久就在证据审判程序方面进行了若干改革：广州知识产权法院是唯一不设行政级别的法院，各审判庭也不设行政级别，主审法官之间没有行政等级之差，去行政化最彻底；广州知识产权法院首次成立法官遴选委员会公开遴选主审法官，且遴选委员会最大限度体现了中立、公开、多元等司法理念；广州知识产权法院向广州市人大报告工作，但其管辖范围涉及全省，又属于省管单位，人员办公经费由省级财政负担；广州知识产权法院明确院长、副院长、庭长均为主审法官。同时，广州知识产权法院技术调查室选任技术调查官作为辅助审判的专业技术人员，负责对案件审理中涉及的技术问题协助调查、询问、分析、判断，为合议庭裁判案件提供技术意见，解决法官可能存在的技术专业掣肘。为确保审判权依法独立行使，将院长、副院长全部编入合议庭审理案件，庭长只承担法律规定应当由庭长履行的职责并负责主持主审法官会议，统一裁判标准。院长和庭长原则上不再签发本人未参加案件的裁判文书。建立法官办案档案，

---

① 梁志文．法官发展知识产权法：判例、法律方法和正当性 [J]. 华东政法大学学报，2011（03）．

法官对办案质量终身负责。广州知识产权法院的这些变革，虽然在一定程度上有益于审判知识产权案件，但在我国知识产权法院的证据审判程序上毕竟没有形成系统的制度。

日本按照特别法设立的知识产权高等法院与其他高等法院相比具有更大程度的独立性，设有一位专门首席法官、司法会议和通过独立于东京高等法院的知识产权高等法院司法会议解决司法行政问题。日本共有六个高等法院，每个高等法院仅具有基于地域范围的有限管辖权，知识产权高等法院区别于其他高等法院的明显特点是，知识产权高等法院处理所有的知识产权案件，包括某些东京高等法院专属管辖的知识产权案件（与专利相关的上诉案件，针对日本专利局做出的决定的起诉），因不正当竞争行为侵害著作权或商业利益的案件，同时，知识产权高等法院被授予特定的权力处理司法行政事务（比如分配法院事务，任命法官，更换法官，制定法院日程等等），这与案件的特定程序紧密相连，并且只有在知识产权内部才被认为是合理的。法院主要由法官、司法研究人员、专家委员会、法庭书记员和法院秘书组成。知识产权高等法院任命的司法研究人员按照法官的要求研究在执行专利、实用新型和其他知识产权案件的诉讼和判决中的技术问题。知识产权高等法院在司法管理方面受到最高法院的监督，由三位法官组成的合议庭或者由五位法官组成的大合议庭主持诉讼并做出判决。组成大合议庭的条件是案件重大，并且它能够毫无拖延地提出统一的观点。专家委员会制度主要运用于知识产权高等法院。大约有 170 名专家委员会委员，他们是由最高法院在全国范围内任命的各个领域中高水平的技术专家，这些专家中包括大学教授，公共研究机构和私人企业中的研究人员，专利律师等等，他们作为兼职官员任期两年。这些专家委员的名单存放在专家库中，法院可以指定最适合的专家来解决相关的技术纠纷案件，尤其是难以理解并且需要专业知识进行解释的案件。在审理期间，法院可以听取委员会委员从公平中立的立场对当事人提出的主张和证据所进行的解释。从 2005 年 4 月起，司法研究人员在法官的允许下可以在口头答辩或其他场合向当事人提问以澄清案件事实。法庭书记员参加并记录诉讼过程，管理诉讼的进展，准备并保存案卷，协助法官研究相关法律和规章以及司法先例，并执行法律规定的其他诉讼事务。

知识产权法院不单纯是一个专门审理知识产权案件的问题，而是涉及司法体制的问题。管辖制度、当事人制度和证据制度的合理适用，取决于知识产权法院的整个体制，比如法官的职业化和专业化、审判委员会与合议庭的关系、自由心证和辩论原则的贯彻等，都会对知识产权法院审判案件产生重大影响。以知识产权法院的法官为例，国际上通常有两种标准，一个是法律法官，一个是技术法官。[①]我们现在有法律法官，没有技术法官，所以将来必须配置技术法官。知识产权法院的良好运作，需要一个公平、公正、公开的司法环境，需要严格执行诉讼法的基本理念，所以我国需要在司法体制的各方面进行改革，以适应知识产权法院运行的基本要求。

3、知识产权法院证据审判程序适用不灵活

调解、仲裁、谈判、和解等都可能有效地解决知识产权纠纷。有许多知识产权案件就是由于双方当事人在合作过程中发生的，适用行业规则或者交易习惯反倒便于纠纷的化解，但知识产权法院按照民事诉讼法和行政诉讼法审判案件，只能按照现行立法进行，而现行立法常常与行业规则和交易相关相冲突。知识产权法院证据审判程序与调解程序、仲裁程序、行业组织争端解决程序相结合，会更好地解决知识产权纠纷。

在知识产权领域，迅速发展的互联网技术、生物科学等给立法者的预测能力提出了诸多挑战。为避免立法与现实的脱节，知识产权立法经常使用一些开放的规则。这些开放的规则导致了法律的不完全。知识产权法中总有那么多的法律漏洞。这些漏洞很多是立法者当时没有遇到而法院之后遭遇的问题，或者是立法者曾经遇到但发展不成熟的情形。知识产权法院的处理在很大程度上具有试行立法的性质。1991 年我国《著作权法》第 9 条第 5 项规定："使用权和获得报酬权，即以复制、表演、播放、展览、发行、摄制电影、电视、录像或者改编、翻译、注释、编辑等方式使用作品的权利；以及许可他人以上述方式使用作品，并由此获得报酬的权利。"这个规则就是开放性的。在王蒙诉世纪互联通讯技术有限公司侵犯案中，被告未经许可在其网站上载了原告的《坚硬的稀粥》，原告认为被告的行为侵害了其著作权。该案发生在 1999 年，当时还没有现行著作权法上的信息网络传播权。法官必须衡量著作权法是否应当调整这种行为。著作权法规定的作品使用方式中，并没有穷尽使用作品的其他方式存在的可能。作品传播方式的不同，并不影响著作权人对其作品传播的控制权利。因此法院依据 1991 年《著作权法》，判决被告侵

① 曹新明. 建立知识产权法院：法治与国家治理现代化的重要措施 [J]. 法制与社会发展，2014（05）.

害了原告对其作品享有的使用权和获得报酬权。在该案中，法院指出，新兴技术的出现，导致了使用作品方式的变化。尽管随着科学技术的发展，出现了新的作品载体，并扩大了作品的使用范围，但其本质都是对作品的公开使用。虽然这种情况1991年的立法者没有考虑到，但作品在国际互联网上进行传播，与著作权法意义上对作品的出版、发行、公开表演、播放等传播方式虽然有不同之处，但本质上都是为实现作品向社会公众的传播使用，使观众或听众了解到作品的内容。① 知识产权法院的设立，将会面临很多需要法官自由裁量的案件，这些案件不单纯是实体法问题，而且势必会影响程序法规则，即在不同的知识产权案件中采用不同的审判程序或者调整相关的规则以便公平地解决当事人的争议。就是说，知识产权法院的证据审判程序更应当灵活，更应当顺应技术和经济的发展。

此外，证据审判程序的多样性也会使保护知识产权更加可靠。我国民事诉讼法和行政诉讼法规定的程序类型比较单一，不能胜任各类知识产权案件的需要。以民事诉讼法规定的小额诉讼程序来说，在审判实践中遇到了很多问题，因此最高人民法院在2015年2月公布的适用民事诉讼法解释中，对小额诉讼程序就规定了一些限制情形，其中会对知识产权案件适用小额诉讼程序产生直接影响。在英国，伦敦郡专利法院开展小额索赔服务，旨在帮助英国中小企业保护其版权、商标和外观设计。小企业经常因高费用而暂缓实施其知识产权。这种小额索赔服务限制固定费用，并允许每个案件最多可获得高达5000英镑的损害赔偿金。英国知识产权局发布的数据估计每年将有约150个公司从此项服务中获益，并且每年将促进英国企业获得价值35万英镑的业务发展。② 英国企业认识到保护其权利的重要性并且一直呼吁知识产权体制的变革，知识产权法庭提供小额诉讼服务，是为了更好地保护知识产权。我国知识产权法院的审判程序应当制定多种程序规则，这也符合程序正义的要求。

### （三）应当制定知识产权证据特别程序法

知识产权诉讼是整个民事诉讼或行政诉讼框架内的一个具体分支，它既

---

① 李雨峰．知识产权民事审判中的法官自由裁量权[J]．知识产权，2013（02）．

② ［英］谢尔曼·本特利，金海军，译．现代知识产权法的演进：英国的历程[M]．北京：北京大学出版社，2006：200.

要遵循普通民事诉讼程序的一般规定，又具有自己的鲜明特点。《最高人民法院办公厅关于印发 2014 年中国法院 10 大知识产权案件、10 大创新性知识产权案件和50件典型知识产权案例的通知》中，列举了大量知识产权典型案例，比如在民事诉讼方面，北京奇虎科技有限公司等与腾讯科技（深圳）有限公司等互联网市场领域商业诋毁行为认定不正当竞争纠纷案；北京奇虎科技有限公司与腾讯科技（深圳）有限公司等互联网市场领域滥用市场支配地位垄断纠纷案；南京宝庆银楼首饰有限公司等与南京宝庆银楼连锁有限公司等“宝庆”商标特许经营合同及商标侵权纠纷案；北京趣拿信息技术有限公司与广州市去哪信息技术有限公司“quna.com”在先注册域名不正当竞争纠纷案；钜泉光电科技（上海）股份有限公司与上海雅创电子零件有限公司等侵害集成电路布图设计专有权纠纷案；深圳市腾讯计算机系统有限公司与广州网易计算机系统有限公司等侵害音乐作品信息网络传播权诉前禁令纠纷案等，都是通常民事诉讼中不去处理的新颖问题。这些知识产权案件在管辖、当事人、诉讼请求、诉讼标的、举证责任、法院调解、开庭前的准备和法庭调查等诸多方面都不同于普通民事诉讼或行政诉讼。

管辖是人民法院依法行使审判权的基础和前提，而知识产权诉讼当中的管辖问题也是民事诉讼理论研究当中的基础问题。但是由于知识产权本身所特有的无形性，知识产权诉讼案件的管辖权确定有时就成了一个难题。原告与被告之间、共同被告之间的法律关系能否对管辖权的确定产生影响，因知识产权许可或者转让等行为引起的侵权纠纷的管辖确定问题，都成了审判实务当中亟须研究和解决的问题。知识产权诉讼中的级别管辖和地域管辖需要由具体的规则加以确定，现行的民事诉讼法和行政诉讼法远远满足不了知识产权诉讼对于管辖制度的要求。

诉讼当事人滥用诉讼权利，虽然不是知识产权诉讼当中的一个特有的问题，但近年来却在知识产权案件审理的过程中表现得特别突出。有的当事人虚构诉讼，或者与第三人串通进行恶意诉讼，在一些案件当中因当事人滥用诉讼权利所带来的法律问题和社会问题也引起了理论界和实务界的广泛关注。为了在充分保障当事人正常行使诉讼权利的同时兼顾法律秩序稳定，对知识产权案件中诉讼行为需要特别规范。诉讼请求和诉讼标的本来就是诉讼法上的疑难问题，最高人民法院关于适用民事诉讼法的最新解释明确了诉讼请求与诉讼标的是不同的问题，但在知识产权诉讼中如何区分诉讼请求和诉讼标的，以及诉讼标的如何认定，将会是一个极为困难的问题，因而需要知识产权法院审判程序认真对待这一问题，制定特别程序专门予以明确。[①]与此相关的诉讼保全，在知识产权诉讼中也呈现出困惑之处。因为诉讼请求和诉讼标的时常难以确认，采取保全措施时往往没有针对性，诉讼保全所适用的条件、范围及当事人拒不执行保全裁定应当采取什么措施，都没有清晰的思路与办法。

知识产权诉讼证明责任分配有其特殊性。按照最高人民法院关于适用民事诉讼法的解释，当事人对自己提出的诉讼请求所依据的事实或者反驳对方诉讼请求所依据的事实，应当提供证据加以证明。在作出判决前，当事人未能提供证据或者证据不足以证明其事实主张的，由负有举证证明责任的当事人承担不利的后果。人民法院应当依照下列原则确定举证证明责任的承担：主张法律关系存在的当事人，应当对产生该法律关系的基本事实承担举证证明责任；主张法律关系变更、消灭或者权利受到妨害的当事人，应当对该法律关系变更、消灭或者权利受到妨害的基本事实承担举证证明责任。但问题是，知识产权案件中，很多情况下主张法律关系存在的当事人无法举证证明，主张法律关系变更、消灭或者权利受到妨害的当事人，很多情况下也无法举证证明。[②]知识产权案件各色各样，应当针对不同类型的知识产权纠纷作出不同的举证证明责任分配，而且应当给予法官更多的自由裁量权。与证明责任分配和认定事实相关的，还有一个对知识产权侵权损害赔偿数额的确定问题。知识产权损害赔偿数额的正确确定，既是对权利人的有力保护和对侵权者的严厉惩戒，也会为整个社会树立起一种正确的价值取向，这也是重视对于知识产权侵权损害赔偿问题进行研究的重要原因。[③]但是在知识产权诉讼中，如何根据当事人证明的事实确定侵权损害数额是比较复杂的，法官应当结合知识产权发展的现状以及商业行情等确定，这就需要听取各方面意见，而不能仅仅依赖法官的法律知识进行确定，这就应当建立知识产权特别程序。

我国目前的专门法院中，只有海事法院有专门适用的特别程序法。海事诉讼特别程序法针对海事诉讼的特殊情况，制定了一系列相对于民事诉讼法

---

① 崔国斌．知识产权确权模式选择理论 [J]. 中外法学，2014（02）.

② 吴汉东．知识产权侵权诉讼中的过错责任推定与赔偿数额认定——以举证责任规则为视角 [J]. 法学评论，2014（05）.

③ 唐力，谷佳杰．论知识产权诉讼中损害赔偿数额的确定 [J]. 法学评论，2014（02）.

和行政诉讼法的变通规定，很好地解决了海事诉讼中遇到的一些程序问题。知识产权法院的设立，也应当制定知识产权证据特别程序法。当然，制定知识产权证据特别程序法并不只是因为设立了知识产权法院，而是因为知识产权诉讼本身的特殊性决定的。知识产权纠纷的化解，已经超越了传统意义上的民事诉讼和行政诉讼，而是由法院、当事人、知识产权局等行政管理部门、律师、各种专业技术领域的专家、社会公共政策的制定者、商业界人士等共同参与的活动，因此在知识产权诉讼中应当具备特殊的政策和程序，使得各方面都能有机会参与知识产权诉讼。同时，知识产权诉讼中事实的判断、法律的适用、当事人的异议、错误裁判的救济、程序的时限等都需要通过专门的程序处理。我国设立知识产权法院，将知识产权诉讼区别于其他民事诉讼和行政诉讼，这是一个良好的开端，随着受理案件的增多，案件类型的多元化，暴露出现行民事诉讼法和行政诉讼法处理知识产权诉讼的局限性，因而有必要根据知识产权案件审判情况，适时制定我国的知识产权诉讼特别程序法。

我国制定知识产权证据特别程序法，可以分成以下几个方面的内容：知识产权诉讼管辖、知识产权证据资格、知识产权证据证明力、知识产权证据规则、知识产权举证证明责任、知识产权证据保全、知识产权担保、知识产权审判第一审程序、知识产权证据督促程序、知识产权证据公示催告程序、涉外知识产权证据特别规定等。知识产权证据特别程序法可以将民事诉讼和行政诉讼统一规定，就是说，不论是平等主体之间的民事诉讼，还是对具体行政行为的行政诉讼，都适用统一的证据特别程序法，这有利于知识产权法院以相同标准判定知识产权纠纷。知识产权作为一种无形财产权，由于其客体具有与有形物不同的存在、利用和处分形态，传统的财产权保护制度不能完全适用，知识产权诉讼中就比较难判断事实和适用法律，而且民事、刑事与行政三方面的救济都在知识产权诉讼中存在，这就需要对知识产权诉讼从多层次、多角度进行程序设计。知识产权法院建立与具体制度设计是联系在一起的，我国知识产权法院的制度设计既要具有国际化视野也要具备本土化构想。根据我国知识产权司法保护国情，不仅要对知识产权法院的职能予以定位，还要从法院审判程序、管辖范围等方面进行本土化的制度设计，对知识产权法院证据审判程序进行有针对性的规划。

## 第三节　商事诉讼证明责任

商事诉讼证据制度有理性主义的理论前提。法哲学上的理性主义相对的是怀疑论学说，同样，商事诉讼证据制度的理性主义相对的是对证据与证明理论的怀疑。对案件事实的判断到底是自由心证还是有诉讼上的理性约束，这直接引导着一个国家商事审判的运行方式，也推动这个国家商事制度的建立与完善。商事诉讼中的证明责任不仅仅是通常诉讼法上的关键制度，也是关系到商事诉讼以什么样的态度为商业活动保驾护航。对商事诉讼中的证明责任的分析，会发现当事人对事实的主张责任、提出证据的责任、证明责任等不同的制度，其实都是在回答相同的问题，那就是商事诉讼是不是可以让当事人支配证明问题，或者法官在商事诉讼证明中发挥什么作用。证明责任涉及的诉讼问题非常广泛，甚至与商法中的各项制度水乳交融，要想清楚地探讨商事诉讼中的证明责任，需要全方面观察商事制度与诉讼模式。我国现在正处于经济活动高速发展阶段，各类案件需要公平合理地解决，特别是当事人服判率对商业交易安全至关重要，因而需要认真思考我国商事诉讼中应当建立怎样的证明责任制度。

### 一、商事诉讼证明责任的概念

商事诉讼证明责任又称实质上的证明责任，是指商事案件审理终结时如果待证事实处于真伪不明状态，由主张事实的当事人进一步举证，否则将承担不利后果的责任。商事诉讼证明责任在案件事实真伪不明时发挥作用，只能由一方当事人承担，不能由双方当事人共同承担，更不能由法院承担。商事诉讼证明责任是法律预先规定的，一方当事人应当承担的商事诉讼风险，不能在双方当事人之间相互移转。[①]商事诉讼证明责任在商事诉讼实践中十分重要，为当事人主张、辩论、质证等诉讼活动指明了方向。商事案件事实处于真伪不明状态时，证明责任为法院作出裁判提供了依据，避免了商事案件因事实真伪不明无法裁判的情况。

证明责任是当事人举证的后果责任，与这种后果责任相对的是当事人举证的行为责任，即当事人提供证据证明自己主张事实的责任。商事诉讼证明

① 张卫平 . 证明责任概念解析 [J]. 郑州大学学报（社会科学版），2000（6）.

责任属于后果责任，起诉前在当事人之间已进行了分配，到审理终结时才能产生法律效果。商事诉讼举证责任也是一种行为责任，诉讼法不能事先在当事人之间作出分配，而是随着诉讼进程在双方当事人之间不断转换，是在商事诉讼过程中发挥作用的。商事诉讼证明责任还是一种诉讼风险负担，承担证明责任就是承担不利裁判的后果。

商事诉讼证明责任也称举证责任，是商事诉讼法和证据法中的一项基本制度，是当事人应当提供证据证明案件事实或有利于自己主张的责任。证明责任要解决的问题在于，商事诉讼中出现的案件事实应当由哪一方当事人提供证据予以证明，或者在诉讼结束时案件事实仍然处于真伪不明状态应当由哪一方当事人承担不利裁判的后果。商事诉讼证明责任具有以下特点：第一，证明责任总是与诉讼主张相联系。当事人向法院提出商事诉讼主张，具有拘束法院审判的法律效力，当事人就应当围绕诉讼主张通过证据证明。①第二，证明责任是提供证据责任与说服责任的统一。提供证据的责任就是双方当事人在商事诉讼过程中，根据诉讼进行的情况，就主张或反驳的事实提供证据予以证明。说服责任就是负有证明责任的当事人承担运用证据对商事案件事实进行论证、说明和证明，使法官形成对案件事实确信的责任。仅仅提出商事诉讼证据并不等于承担了证明责任，还必须尽可能说服法官相信所主张的事实存在。②第三，证明责任是和不利裁判后果相联系的。商事诉讼证明责任最终表现为，承担证明责任的当事人无法提出充分的证据证明自己的诉讼主张，则要承担商事诉讼不利裁判的法律后果。

鼓励交易原则对于我国合同法的修订和商事诉讼实践具有重要的意义。鼓励交易原则应以社会整体的经济效率为重心，鼓励自愿、可能、合法和效率最大化的交易。鼓励交易原则可以分为积极方式和消极方式，在适用上应满足必要性和充分合理性，尤其需要合理平衡与消极缔约保护的关系。近年来我国以司法解释形式规定的必要条款、预约合同、无权处分、一物（地）多卖（租）的实际履行顺序等，是鼓励交易原则的在商事诉讼中的运用。以预约合同制度为例，可以反映出鼓励交易原则的实际效用，也能表现出商事诉讼证明责任对商法制度的关键影响，或者说，商事诉讼证明责任在不同的

---

① 毕玉谦．民事证明责任研究 [M]. 北京：法律出版社，2007：202.

② 刘鹏飞．证明责任规范的功能性审视：以归责原则为重心 [J]. 政法论坛，2019（03）.

商事案件中表现出不一样的承担方式。

本着最大限度促使本约成立的目的，也为了弥补缔约过失责任制度对商事主体权利保护的不足，我国《买卖合同解释》第二条创设了预约合同制度。有关预约合同法律效力有众多观点，司法解释采用了应当缔约说，规定当事人一方不履行订立买卖合同的义务，另一方有权主张其承担预约合同违约责任或者解除预约合同并主张损害赔偿。违反预约的行为既是预约违约行为，也是本约的缔约过失行为，预约违约的损失在总体上应相当于本约的缔约过失责任范围或本约的信赖利益损失。在商事诉讼证明责任分配上，将对当事人在缔约阶段的保护和本约不能订立的缔约过失责任相区分，违反预约的违约责任在归责原则上应该与未缔结本约的缔约过失责任有所区别。但是，现有司法解释对此没有明确态度，有关指导性商事判决没有因预约不同于本约而采用不同的责任制度。违反预约的违约责任也采用合同法中的无过错责任原则，预约合同制度在缔约阶段的信赖利益保护上确实比此前的制度有所进步，甚至会导致违反本约的缔约过失责任不能实现。司法解释规定的预约合同招致一些扩张解释。有的观点认为违反预约合同的责任与本约违约责任、一般缔约过失责任都有区别，具体来说，一般有定金责任、实际履行责任、损害赔偿责任和合同解除责任。还有观点认为，应该在方法上根据不同类型在信赖利益、履行利益以及实际履行之间认定预约的违约责任。[①]关于预约合同制度的这些认识，很大程度上来源于商事诉讼实践中预约合同的证明责任分配不清，缺乏认定当事人承担举证责任的依据，直接导致商事诉讼中的预约纠纷复杂化。

现行的预约合同制度也存在过分鼓励交易的问题。合同法对合同成立有较为完整的规则，包括合同的成立要件、必要条款制度、要约的构成要件、要约邀请与要约相区分制度、缔约过失责任制度等。合同成立制度明确了当事人受合同约束或可以无责任退出的时点。合同具备全部必要条款和有效要件的，就属于成立有效，对当事人具有合同的约束力，即使采用预约或者认购书的名称，也不妨碍作为本约的法律效力。对于尚未具备全部必要条款的合同，属于合同不成立，当事人无需受合同法的约束，只需以诚信的态度或方式继续缔约或结束缔约。当事人即使以预约固定了已有谈判内容并约定就

① 罗昆．鼓励交易原则的反思与合理表达 [J]. 政治与法律，2017（7）.

其他必要条款继续谈判，也不改变缔约义务的性质。如果其余必要条款始终没有达成协议，则预约将没有任何意义。正是基于这种认识，有学者认为预约合同几乎不具有任何现实意义，在商事诉讼中预约争议最大的困难是责任不明，从而举证责任无法判断。预约合同中，因为难以预料双方谈判出什么结果，所以一方拒绝继续谈判的“违约行为”会带来什么损失无法确定与证明，这种协议是没有意义的。我国司法解释的预约合同制度明显突破了这种交易秩序，不愿意继续缔约的当事人无法通过证明自己没有过错而免除预约的违约责任，这等于将缔约阶段的信赖利益以预约合同违约责任的名义让当事人承担。从商事纠纷的实际效果来看，这种做法不仅不能鼓励交易，反而会增加当事人不必要的担忧，会更加谨慎从事交易活动。可以说，片面地鼓励交易，有关司法解释忽略了商事诉讼证明责任的难度，没有考虑商事审判实践中面临的困难，对我国合同制度没有整体把握。

认为证明责任是程序问题、商事诉讼证明责任属于诉讼法规范的观点，曾经是德国商事诉讼中的主流认识，只有在商事诉讼中才有证明问题。现在大陆法系一般认为，证明责任属于商事法律问题。[①] 因为在商事诉讼中，当事人证明商事权利形成、妨碍、排除和消灭等要件事实，都必须以商法为依据进行判断。商事诉讼是以商人的实体请求权作为诉讼对象的，证明责任决定着当事人的商事权利的归属。对证明责任的判决能否上诉、当事人能否依据意思自治决定证明责任分配，都说明商事诉讼证明责任的商法性质。如果证明责任属于诉讼程序问题，法院对证明责任的不当裁判，在任何情况下都应允许当事人上诉，但事实上只能依据商法效力范围允许当事人上诉。另外，只要当事人对证明责任分配所作的约定不违反强制性法律规范，都可以承认其效力。这足以说明商事诉讼证明责任决定当事人商事权利的归属，显然不属于诉讼程序问题。

大陆法系国家一般将证明责任规定在商法或民法中，可以看出大陆法系国家是将证明责任归入实体法的。例如，德国、日本等国在民事诉讼法中没有设置分配证明责任的规范，仅在商法或民法中就个别、特定的法律要件事实的证明责任分配作了规定。在商事诉讼中，法官一般根据商法规定确定证明责任的分配。德国等大陆法系国家，商事诉讼证据的可采性、证明的推定

① 胡学军．法官分配证明责任：一个法学迷思概念的分析 [J]. 清华法学，2010（4）.

和证明责任，都是由商法决定的。[①]台湾地区虽然在民事诉讼法中就如何分配证明责任作了原则规定，但在理论和学说上，仍然将商事诉讼证明责任作为商法问题。

英美法系国家对证明责任属性的认识比较复杂。英美法系商事判例普遍认为，实体问题与程序问题本来就不是泾渭分明的，划分二者界限时应具体考虑划分目的。为了不同目的而对同一问题进行不同的划分，在商事裁判中很普遍。任何对商事案件结果有影响的事实，即使原来为程序问题，都应当合理地处置，以保证不会仅仅因为程序问题改变案件的结果。一个证明问题何时属于商法，何时属于证据或程序问题，不能提出一般性的答案。只能从对商事裁判的具体事实、法律背景以及实际情况中寻找。商事实体问题与程序问题的区分要依据法院方便原则来决定。

不过，也有不少学者主张应对证明责任的法律属性进行区别。对于影响商事案件结果的证明责任，应识别为商法问题，从而适用商事法律判断证明责任分配。对于仅与商事诉讼程序推进有关的证明责任，则应识别为程序问题，适用法院地法。在英格兰法中，与举证责任有关的问题似乎属于法院地法的问题，但也可看成实体性的，因为商事案件结果可能取决于商法规定。就是说，如果法律中证明责任规则的主要目的是影响判决而不是调整审判行为，证明责任规范就不能单纯适用法院地法。随着欧洲国际商法统一化进程，英国更倾向于将证明责任作为商法问题。英国为适用 1980 年罗马《合同法律适用公约》，于 1990 年通过了《合同（法律选择）法》。该法明确规定，证明责任是实体法问题。美国许多商事案例将证明责任直接作为商法问题。美国法院已逐步认识到，应将那些对当事人商事权利义务起决定性作用、直接影响案件结果的证明责任作为商法问题。[②]美国《第二次冲突法重述》第 133 条规定：何方当事人负有证明责任，由法院地法决定，如果准据法关于证明责任的规则影响案件的决定而不是调整审判的进行，则应适用准据法。这种方法指导法院在援引责任法时，可以对证明责任规则背后的商事政策评估，以决定这一规则与商法政策密不可分。商事诉讼证明责任规则就不应与商法政策拆散开来。这种解决证明责任的方法在大多数商事案件中是正确的。《第

① 吴泽勇．不负证明责任当事人的事案解明义务 [J]. 中外法学，2018（05）.

② 王学棉．美国联邦民事诉讼中的主张具体化及对我国的启示 [J]. 民事程序法研究，2017（01）.

二次冲突法重述》关于证明责任规则的适用，要求法官在未遇到证明责任问题前，就决定适用的实体法。

## 二、商事诉讼证明责任与主张责任的相互关系

我国商事诉讼证明责任理论是否切合当下商事审判制度的实际状况，值得认真思考。商事诉讼证明责任理论早已存在，但该理论却一直未能获得商事实务界的青睐。20 世纪 90 年代末我国推行商事审判方式改革，商事诉讼证明责任理论为法院减负提供了理论支持，被商事诉讼实务界关注。但作为商事诉讼脊梁的证明责任理论不仅没有充分发挥作用，甚至被商事审判忽略。这其中的原因，就是我国商事诉讼证明责任理论与审判实践脱节，与当事人的主张责任没有紧密联系。商事诉讼证明责任与主张责任是不可分的，必须从当事人在诉讼中的主张出发分析证明责任才能有实际意义。

### （一）商事诉讼中的要件事实

要件事实是商事审判的对象，评价当事人举证是否完备，必须以要件事实是否得到证明为依据。当事人在商事诉讼中的主张责任，也是以要件事实呈现出的，这是大陆法系审判制度的特征之一。但关于要件事实指的是什么，有很多不同的观点，大致分为三类：一是商事诉讼中的通说。要件事实是指商事实体法（法律要件、构成要件）所揭示的类型化事实，要件事实与具体事实或主要事实相对，将商事要件事实与主要事实相互区别使用；二是日本商事审判的主张。要件事实是与法律规定要件对应的具体事实，与主要事实和直接事实同义；三是折衷论，将法律评价的根据事实作为准主要事实处理。①这三种观点就要件事实的理解相差较大。早期认为要件事实和主要事实其实是相同的，后来商事诉讼的发展，发现过失、因果关系这类法律概念具有不特定性和抽象性，不能作为要件事实处理，只能将商法评价的基础事实作为主要事实。

商事诉讼的多样化，支持自由心证主义取代法定证据主义。法官依据良心和理性认定商事诉讼事实，不允许对法官自由判断事实进行过多羁绊，保证法官尽可能准确认定事实。自由心证对于待证事实没有明确规定，使得当

① 袁琳．证明责任视角下的抗辩与否认界别 [J]. 现代法学，2016（06）．

事人在商事诉讼中辩论、举证、质证活动没有明确的方案和目标，因而要件事实在自由心证模式中就是必不可少的。一方面各国法律均规定，法官不得在商事案件事实真伪不明的情形下拒绝裁判，否则便是侵害了当事人的诉讼权利；另一方面由于缺乏具体的裁判基准，强制法官裁判又可能导致法官任意裁判。为此，提供法官裁判基准的要件事实和以要件事实为基础的证明责任就是商事诉讼的主要内容。自由心证用尽，商事诉讼证明责任分配才能进行，而自由心证用尽的依据是要件事实未被证明。

是否所有要件事实均涉及证明责任，需要特别予以澄清。就商事诉讼事实分类而言，除了商法规定的具体事实即要件事实外，还会存在间接事实及辅助事实。间接事实是借助经验、技术可以推断要件事实的事实，辅助事实是关于证据资格、证据证明力、商事诉讼程序的事实。商事诉讼证明中，间接事实和辅助事实视同间接证据，要件事实与间接事实的区别也是相对的。证明责任关注的商事案件事实，或者说当事人需要承担证明责任的待证事实，可能不完全局限于要件事实。[①]要件事实依据不同标准可以分成不同类型。依据商法规范间相互补充、排斥和支持关系可以分为权利发生基础事实与其他事实，反对规范可以分成妨碍基本规范发生效力的权利障害规范、事后消灭基本规范效力的权利消灭规范和排除实现已经发生法律效果的权利排除规范。按照这种分类方法分配商事诉讼证明责任的学说就是要件事实分类说。按照要件事实的属性可分为消极要件事实与积极要件事实。要件事实分类说是与法律要件分类说相对立的学说，这些不同的要件事实会产生不同的主张责任。

### （二）商事诉讼证明责任与主张责任的关系

商事诉讼涉及的争议与商事主体之间利益有关，大多数国家商事诉讼采用辩论主义解决私权争议。为了尊重当事人意思自治，法院审判对象由当事人的主张确定，当事人没有主张的事实法院不得裁判。当事人在商事诉讼中因故意或过失遗漏事实主张就必须承担相应的法律后果，这就是商事诉讼中的当事人主张责任。

主张责任是当事人没有在辩论中主张要件事实导致的不利诉讼风险，主

---

① 刘丹.民事诉讼主张的类型化分析——以当事人的诉讼行为为视角[J].河南财经政法大学学报，2016（03）.

张责任的对象事实限于要件事实，目前也有认为主张责任的对象事实不限于要件事实的。主张责任与证明责任是不同的。证明责任是商事诉讼中要件事实真伪不明情形下当事人承担的风险，主张责任是商事诉讼中没有主张某要件事实承担的不利风险。不论证明责任还是主张责任都将规制对象限定于要件事实，与间接事实等其他事实无关。商事诉讼中不乏倡导主张责任具体化的观点，[①]就是说，在一个具体商事案件中要明确哪些事实由当事人主张，并不是所有的事实都有当事人承担主张责任，比如，在买卖纠纷中，当事人诉讼请求是要求被告承担违约责任，但是违约责任究竟由哪些事实构成，并不能要求当事人全部了解，因而当事人并不需要对所有的事实都承担主张责任。商事诉讼中，主张责任更是一种诉讼活动，而不是法律责任制度，不能像证明责任完全由当事人承担。但是，主张责任与证明责任的分配具有高度的一致性，应该承担主张责任的当事人相应地就应当承担证明责任，反过来，承担证明责任的当事人也应当承担主张责任。

大陆法系商事诉讼证明责任意味着要件事实真伪不明情况下，一方当事人承担的败诉风险，这也是大陆法系商事诉讼证明责任的一般分配方法。判例法体系的商事诉讼，同样会遇到案件事实真伪不明的情况，法官根据案件情况决定证明责任的分配。商事诉讼证明责任具有的审判意义在于：当事人如不证明其主张将承受败诉的危险；商事审理中当事人承担提出证据证明待证事实的责任。美国法院的商事判例中证明责任多半意指上述含义。另外，区分证据提出责任与说服责任是美国证据法学者的通说，也是商事审判中采纳的主要做法。

美国《联邦证据规则》第 301 条明确区别了上述两种责任，从制定法上将两者明确区别开来。区分证据提出责任与说服责任，与美国商事诉讼采用陪审团制度具有很大关系。证据提出责任是当事人在商事诉讼中必须提交证据的行为责任，类似日本和德国倡导的主观的证明责任，但实际上证据提出责任决定了法官与陪审团之间的权限分配。如果当事人没有履行商事诉讼证据提出责任，案件事实认定将不经过陪审团审理，而是直接交给法官作出裁判。证据提出责任是法官控制陪审团的诉讼设计。[②]承担商事诉讼证据提出

---

① 邵明，欧元捷．论现代民事诉讼当事人的主张责任 [J]. 武汉大学学报（哲学社会科学版），2015（02）.

② 邹利琴．理性主义、证据规则与证明理性——英美法律事实理论的前提与问题转向 [J]. 法制与社会发展，2009（05）.

责任的当事人倘若没有履行责任，法官将以指示评决、驳回诉讼请求、驳回诉讼等方式判决当事人败诉。即使陪审团作出判断，法官仍可以不受其拘束，自行作出裁判。证据提出责任是商事案件是否经由陪审团判断的基础。

在商事诉讼过程中，证据提出责任可以在当事人之间转移。证据提出责任一般是对事实承担说服责任的当事人负担。当事人没能提出任何实质性证据，可能会在争点事实上败诉，由此也会导致全案败诉。当事人只有充分履行证据提出责任，陪审团才能判断其提出的证据从而认定争点事实。在这种情况下，即便对方当事人没有提出商事诉讼证据，法官也不会做出最初举证者胜诉的裁判，因为由陪审团判断证据的真实性更符合诉讼制度的安排。但上述情形也有例外，当商事诉讼证据的可靠性没有问题或者因为最初举证者举证充分，陪审团只要合理判断必将作出最初举证者胜诉的话，法官也可以做出最初举证者胜诉的裁判。对方当事人承担证据提出责任，与商事诉讼开始时最初举证者处于同样的立场，在审理过程中证据提出责任就会在当事人之间来回转移。

## 三、商事诉讼证明责任与证明标准的关系

英美法系的说服责任如同大陆法系的客观的证明责任。当事人充分履行证据提出责任后，商事案件事实认定则由陪审团负责。在商事诉讼最后阶段，陪审团根据所有证据无法判断待证事实是否存在时，当事人需要承担说服责任。不是陪审团审判的商事案件中，法官也会无从判断待证事实的真伪性。说服责任只在商事诉讼最后阶段发挥效用，就不会像证据提出责任那样在当事人之间来回转移。不管证据提出责任在商事诉讼中如何转移，说服责任也不会转移。但也有认为，说服责任在审理开始与诉讼过程中都不会产生问题，仅在适用陪审团审理终结时才会出现问题。不论哪方当事人承担说服责任，商事诉讼中法官都必须在陪审过程中同时指示证明需要达到的程度。说服责任的实际效用不如证据提出责任明确，主要是法官指示陪审团的诉讼安排。

说服责任同时涉及到陪审团在当事人证明到什么程度就可以判断待证事实问题，也就是证明标准问题。在美国的商事诉讼中，案件的证明标准各异，一般来说，商事案件中的事实证明只需要达到证据优越即可。因为没有统一的商事判例，证据优越究竟是指什么样的状态是不确定的，这种优越显然不是证据数量上或证人人数上的多少。通常认为，证据优越是一方当事人提交、

说明了更有说服力的证据。[①] 正如大陆法系国家认定的事实真伪不明的问题，证据优势也无法建立一致的标准，由法官或陪审团根据商事案件情况判定当事人承担说服责任。

我国商事诉讼证明责任首先属于大陆法系体系，也是按照待证事实处于真伪不明状态时分配的，但商业活动已经国际化，我国商法汲取了众多英美法系的制度，因而英美商事审判中的证明标准与说服责任也在我国现行商事诉讼中或多或少地呈现出。尽管两大法系在诉讼构造上存在巨大差别，但不妨碍英美法系的证明标准与说服责任对我国商事诉讼证明带来的启发。

区分证据提出责任与说服责任，承认独立存在的证据提出责任，证明标准与说服责任相关联，是英美法系证明责任的特色。大陆法系商事诉讼的证明标准是统一的，而美国商事诉讼将证明程度区别为若干阶段，这恰恰对商事案件不同类型具有不同证明标准有实际意义。这种做法对大陆法系证明责任与证明标准的影响是深刻的，比如，日本民事诉讼法规定公害诉讼中的因果关系证明标准仅仅是盖然性，便是受到美国的证据优越的影响。根据盖然性规则，当事人对于公害诉讼中因果关系的证明只要超过疏明程度即可。我国近年来的商事案件，实际上也在变通适用证明标准，并根据不同的证明标准调整证明责任的分配，比如，PPP 模式中的反垄断问题、大数据时代的商业秘密保护问题、互联网行业经营者集中申报制度、网络谣言损害商业信誉案件、网约车平台提供商责任问题等，在很多情况下都不能适用相同的证明标准，[②] 而是要根据案件情节合理判断待证事实的证明程度，从而分配证明责任。

美国商事诉讼证明责任判例对于大陆法系国家的最大影响在于证明责任的分配方法。美国商事诉讼分配证明责任的常见情形是提出肯定主张的或该事实为当事人主张不可欠缺的由该当事人承担证明责任，但很多时候这种证明责任分配如同大陆法系证明责任分配一样面临着困惑。目前美国的通说认为商事诉讼证明责任并无一般性的分配方案，应当衡量若干因素后综合判定。英美法系商事诉讼中的证明标准是与证明责任统一的，考虑一个商事案件的证明标准，就同时是在分配这个案件中当事人承担的证明责任，反过来，考

---

① 霍海红．提高民事诉讼证明标准的理论反思 [J]. 中国法学，2016（02）.

② 谢小剑．以审判为中心改革中的统一证明标准：学术争辩与理论反思 [J]. 当代法学，2019（05）.

虑一个商事案件的证明责任，也是在判断这个案件应当达到什么样的证明标准。大陆法系商事诉讼证明责任与证明标准相对分离，往往单独思考证明责任问题，而不考虑证明标准，或者说，证明标准可能在所有的商事案件中都是唯一的，不需要分别考虑，而证明责任则需要不同案件不同处理解决。

以有限责任公司股权转让合同纠纷为例，可以看出证明责任分配离不开证明标准的确定。我国《公司法》第七十一条对有限责任公司股权转让的规则作了基本规定，但对公司章程和默认条款对股权转让限定范围没有进一步阐明，商法学界与商事诉讼实务的理解和适用存在分歧。有限责任公司股权转让具有随意性的特点，可以排除或替代现有公司法的制度安排，创新不同的股权转让合同。公司章程作为商事裁判的根据，已经确立对股权转让的安排，但股权转让实际进行时，经常发生双方当事人对公司章程安排的不同理解。为了保证有限责任公司的正常运行，对于公司章程中禁止股权转出或强制股权转让的约定，在商事诉讼中应作具体分析后才能适用。应将其他股东同意权和股东优先购买权作为公司法上的标准法律文本，而不仅仅是在公司章程中得到体现。应坚持意思自治原则，对于股东与股东外的第三人订立的股权转让合同依法确认其合同效力，公司法解释应肯定其他股东同意权、股东优先购买权以及股东对外转让股权合同的有效性，以更大的自治空间和效力范围界定股权转让协议的效力。[①] 有限责任公司股权转让合同纠纷发生后，如何分配证明责任，不得不考虑证明标准。不同的股权转让合同订立的原因、内容与责任不同，有的股权转让合同还与企业重组兼并纠缠在一起，需要当事人在商事诉讼中使用不同的证据证明，也需要不同的证明程度让法官形成内心确信。

## 四、商事诉讼证明责任分配

商事诉讼证明责任的分配是指按照一定的规范或标准，将承担案件事实真伪不明的不利后果在双方当事人之间进行安排。根据我国诉讼法的规定，除法律另有规定外，主张商事法律关系存在的当事人，应当对产生该法律关系的基本事实承担证明责任，主张商事法律关系变更、消灭或者权利受到妨

---

① 蒋华胜. 有限责任公司股权转让法律制度研究——基于我国<公司法>第71条规范之解释[J]. 政治与法律，2017（10）.

害的，应当对该法律关系变更、消灭或者权利受到妨害的基本事实承担证明责任。

除了一般的商事诉讼证明责任分配，还有特殊的证明责任分配规则。设置商事诉讼证明责任分配的特殊规则基于以下理由：在特定的情况下，设置商事诉讼证明责任分配特殊规则有利于查明案件真实；有利于确保当事人诉讼地位平等和贯彻公平原则，在一些特殊商事案件中，证明责任分配必须考虑证明的难易程度、举证人与证据的远近距离、证明力的强弱等因素；基于商事立法上的考虑，在权衡商事主体的情况下，为了实现特定价值而侧重保护弱者权益，以贯彻和实现商事立法的特定意图，维护法律正义。我国法律规定：因新产品制造方法发明专利引起的专利侵权诉讼，由制造同样产品的单位或者个人对其产品制造方法不同于专利方法承担举证责任；高度危险作业致人损害的侵权诉讼，由加害人就受害人故意造成损害的事实承担举证责任；因环境污染引起的损害赔偿诉讼，由加害人就法律规定的免责事由及其行为与损害结果之间不存在因果关系承担举证责任。这些规定都是特殊的证明责任分配方式。

我国对商事诉讼证明责任分配的规定，分散在不同的立法与司法解释中。商事主体权益与商事立法价值的实现，都依赖商事诉讼证明责任的分配。为了保证案件裁判的公正性，我国《合同法》《民法总则》《票据法》《物权法》《侵权责任法》《公司法》等都设置了证明责任分配的相关规定。如《合同法》第一百五十二条规定：“买受人有确切证据证明第三人可能就标的物主张权利的，可以中止支付相应的价款，但出卖人提供适当担保的除外。”这一条款将买卖合同中第三人可能就标的物主张权利的证明责任分配给买受人，这一事实如果无法证明，应当由买受人承担不利的诉讼风险。同时，最高人民法院在司法解释中对商事诉讼证明责任分配不明的情况作了补充，如《关于适用 < 中华人民共和国民事诉讼法 > 的解释》《关于民事诉讼证据的若干规定》等都对商事诉讼证明责任的特殊分配规则进行了规范。

从现有商事立法的趋势看，越来越多的商法和司法解释对商事诉讼证明责任的特殊分配规则进行了规定。在商法中规定商事诉讼证明责任的特殊分配规则有利于维护商业交易的安全，符合商法安定性和可预测性的要求。但在大量的商事案件中，商事立法不可能为每个法条都明确规定证明责任的分配，否则会造成整个商事立法体系混杂，也不符合商法的传统表现形式。

德国学者罗森贝克提出的规范说对商事诉讼证明责任分配产生了深刻影响，许多大陆法系国家在商事诉讼中都贯彻规范说。根据规范说，商事规范可分为两类：一类是商事基本规范，有时被称为请求权规范，是指发生一定商事权利的法律规范，这种规范可以引起商事权利的发生；另一类为对立规范，就是相对于商事基本规范而存在的规范，这些规范情况比较复杂，大致可以看成三种情况。一是权利妨害规范，商事权利发生时，将其法律效果视为妨害，致使该权利不能发生的规范；二是权利消灭规范，商事权利发生后，能使已经存在的商事权利消灭的规范；三是权利制约规范，商事权利发生后，商事主体要行使权利时，能使权利的法律效果受到阻止的规范。[①]因此，根据特定商事法律要件产生的证明责任分配规则是：主张商事权利存在的当事人，应就商事权利发生的要件事实予以举证；否定商事权利存在的当事人，应就商事权利妨害、消灭或者制约的要件事实承担证明责任。

我国《民事诉讼法》第六十四条1款规定：当事人对自己提出的主张，有责任提供证据。这是有关商事诉讼证明责任分配的基本规定。最高人民法院在《关于民事诉讼证据的若干规定》中进一步规定：当事人对自己提出的诉讼请求所依据的事实或者反驳对方诉讼请求所依据的事实有责任提供证据加以证明。没有证据或证据不足以证明当事人的事实主张的，由负有举证责任的当事人承担不利后果。这些关于商事诉讼证明责任分配的规定实际上是借鉴规范说的，对商事诉讼证明责任的承担主体进行了明确。凡是主张某种商事权利，或要求法院确认某种商事法律关系存在的当事人，应对产生该商事权利或商事法律关系的事实承担证明责任；凡是主张某种商事权利或商事法律关系不存在的当事人，应对存在妨害、消除和阻碍商事权利或商事法律关系产生的事实承担证明责任。

商事诉讼中决定证明责任分配，究竟应当重视哪些要素，存在不同的学说争论。有的观点认为，商事诉讼证明责任的分配就是商法本身具有的内容，在分配证明责任时，需要考虑三个要素：政策、盖然性和证据持有。有的观点与此类似，但列举了政策、公平和盖然性三个要素，其中任何一个要素都不能成为决定性要素。[②]证明责任分配考虑政策要素，如为了阻止在商业信

---

① 胡学军．我国民事证明责任分配理论重述 [J]. 法学，2016（05）.

② 曹建军．再论我国客观证明责任：制度回归与适用考察 [J]. 甘肃政法学院学报，2017（04）.

誉的诉讼中，将不真实作为起诉原因由原告承担证明责任，而不是将真实性作为积极的抗辩。公平要素有多方面必须具备的形式，类似证据距离的远近、证据种类等。有时用于清偿债务、破产免责等案件，被告承担积极的抗辩事由的证明责任。盖然性要素将混同、清偿、免除和时效等原告诉讼请求的事实作为积极的抗辩，由原告承担证明责任，也用于众多类型的商事案件，主要针对案件事实发生与当事人一方的可能性相关联的情况。此外，在完全没有证据的商事案件中，适当运用盖然性要素可以降低裁判不公平的可能性，在有证据利用的商事案件中也会产生大致相同的结果。

商事诉讼证明责任分配中，有一个重要观点，认为并不存在可以解决一切商事案件的通用的分配方案，也不可能存在这样的标准。必须针对商事案件不同情况，具体衡量证据、证明现状、政策和公平等要素。在大多数商事案件审判过程中，分配证明责任应当考虑请求变更现状的当事人当然应当承担证明责任，同时也要考虑特殊政策、便捷性、公平和裁判中的盖然性等因素。请求变更现状的当事人应当承担证明责任，这在大量的商事案件中都可以适用，而不必探讨究竟为什么要这样分配证明责任。此外，被告必须对于诉讼根据之后发生的事件、清偿和免除等主张承担证明责任。

主张通常不会发生的事实的当事人应承担证明责任，商业活动通常是有偿的，如果当事人主张服务是无偿的就必须承担证明责任。必须针对待证事实通盘考虑公平、证据距离等全部要素，不存在可以解决不同个案的通用方案。商事诉讼证明责任与辩论，必须根据案件审判进程考虑各方面因素决定，比如，网络购物中标的物的风险负担、地理标志质押融资、能源投资、上门销售、邮件或电话订购商品等，这些不同商事案件涉及不同的商法领域，可能会遵循完全不同的原则，就不能制定统一的证明责任分配规则。另外，商业经验与审判经验也会影响证明责任分配，不同的商人在某一个商业领域所处的地位不同，在商业方面支配能力不同，可能就会承担不同的证明责任，如有的网络销售平台销售额非常庞大，已经成为一个国家主要的销售商，那么就应当承担更多的商事诉讼证明责任。

保险合同中投保人所缴保费与保险人所保危险之间应该实现对价平衡。作为一项基本原则，可以对保险合同生效、履行和终止等提供精准的处理办法，在保险监管方面也有着指导意义，还是保险纠纷裁判中的证明责任分配的根据。提倡保险合同的对价平衡可以弥补法律漏洞，完善保险纠纷中的证明责任。

就一般合同来说，意思表示一致会产生合同成立的法律结果，各方当事人开始按照约定履行合同义务。保险合同中双方当事人的主要义务是保费的缴付和保险责任的承担，原本在合同生效后就应开始履行，但各国保险法对保险责任的承担作出专门规定，要求体现对价平衡原则。例如，台湾地区保险法第五十五条第 4 项规定了保险责任开始的时日和保险期间。理论上认为，保险期间为保险人对保险事故负担责任的期间，保险事故在此期间内发生，保险人应负给付保险金的义务，超过这个期间就不承担责任。保险人承担保险责任的起算时间，各国保险法都坚持保险人承担风险与投保人缴纳保费直接关联原则，没有收取保费，保险人就不承担责任。韩国保险法规定的非常明确：若无其他约定，保险人的责任自其收到首期保险费时开始。投保人未交付保费的，如无其他规定，自合同成立之日起经过两个月，视该合同已解除。美国保险案例中，保费缴纳与否也是保险人是否承担保险责任的主要依据。有的州保险法规定，被保险人不支付首期保费，也不愿承诺支付首期保费，保险人承担责任的承诺就没有对价支持。如果被保险人想要约束保险人，就必须支付或者承诺支付首期保费。加拿大安大略等省的保险法案规定，投保人没有支付保费，保险人可以选择起诉投保人、扣减保险金或者终止合同。不同保险类别的规则也不完全相同。加拿大海商保险中，一旦保险人承保，即使保单还没有签发，并且保费也没有交付，保险人也必须履行已经做出的承诺，但在人寿保险方面，首次保费支付是保险人承担责任的前提。

为了平衡保险当事人之间的对价关系，很多国家和地区规定了临时保险制度。临时保险是由保险人签发，给予被保险人短期的临时保障的保险。一些需要立即进行承保的险种，或者保险人需要一定时间对保险合同审核的险种，常会出现临时保险。保险人收取了保费，也就是投保人已付出了对价，在临时保险中，如果保险人任何程度的危险都不承担，保险当事人之间就有失公平，因此应该给予被保险人与其保费相适应的保障。日本保险法原来规定，生命保险公司的保费收缴在保险合同成立后，但后来改为保险费事先收缴，保险责任就从投保人履行缴纳保费义务后开始。这种保险责任开始时间的变化，显示了对价平衡原则。德国保险合同法中也明确规定了临时保险，保险人可以明确告知投保人保险合同起保时间是保费的缴纳时间，投保人与保险人订立正式保险合同后，临时保险就会终止。我国保险法中本来没有关于临时保险的规定，保险人已经收取保费，而保险合同成立前发生保险事故，保险人往往以尚未开始承担保险责任为由拒绝赔付，导致了当事人之间对价失衡。在 2012 年最高人民法院出台的《关于适用〈中华人民共和国保险法〉若干问题司法解释（二）》专门设立了临时保险，实现了当事人之间的利益平衡。[①]保险合同成立与生效、临时保险等问题，一旦发生纠纷，在商事诉讼中分配证明责任相当困难。对价平衡原则既具体又抽象，在不同类型的保险中，当事人关注的保险利益不同，签订合同的目的不同，因而要求对方承担的责任不同，这就造成商事诉讼中证明责任分配困难。有时根据对价平衡，可以让投保人承担证明责任，有时又可以让保险人承担证明责任，这可能会根据在保险纠纷中的实际利益损害来决定。人寿保险、海商保险、责任保险等内容差别很大，当事人对签订合同的内容会有不同的认识，特别是保险格式合同让投保人没有选择内容的机会，更会造成利益损害。这类保险争议往往在商事诉讼中分配证明责任时引起当事人的不满，所以证明责任分配应当根据具体商事案件的情况灵活考虑。

当事人可以在审前收集大量证据和信息，所以商事诉讼证明责任分配中考虑距离证据远近的要素越来越少，但在没有证据开示制度的大陆法系国家仍然是重要因素。英美法系国家没有分配证明责任的普适性标准，而是采用利益衡量方法，将证明责任的性质视为商事实体法的问题。采用利益衡量分配证明责任，并不是完全不考虑法条规定的内容，实际上法律条文的措辞也是商事诉讼分配证明责任的要素之一。商事诉讼中各个证明责任分配要素没有先后主次优劣的区别，但在具体商事案件中可能会优先考虑某种要素。

尽管商事诉讼证明责任分配学说考虑的要素差异明显，但大致来说，主要是围绕政策、公平、距离证据远近、盖然性、经验规则等要素进行的。不同的商事审判体系对证明责任分配的关注是不一样的，美国商事诉讼中对抗制极为有效，证据开示、陪审团、质问书、交叉询问等都对证明责任分配发挥了不同的作用，只有在特殊情况下，商事诉讼才会陷入僵局，因而适用证明责任分配规则的动力不强。大陆法系国家商事诉讼实行职权主义，当事人在法官程序支配下开展辩论，经常会面临当事人提交证据不足又缺乏积极性的现象，所以不得不制定证明责任分配规则，否则商事诉讼经常会陷入僵局，

① 李志强 . 对价平衡原则的证成——从保险合同到保险业监管的考察 [J]. 法学，2017（09）.

导致商事诉讼公正性受到怀疑。[①]商业活动已经全球化，人们无时无刻不在与商业活动打交道，商人的含义与范围都已经改变，在这种广泛深入的商业模式变革时代，商事诉讼活动必须跟上步伐。大陆法系国家商事审判制度不断学习英美审判的经验，在证明责任分配方面已经不再刻意强调传统的规则或思想，而是以开放包容的姿态，面对商业活动的实际情况制定不同的证明责任分配规则。

我国商事证据理论中，证明责任与举证责任含义相当，分为主观证明责任和客观证明责任。主观证明责任是商事诉讼当事人为避免败诉，承担向法院提供证据证明其主张事实存在的责任，客观证明责任是商事诉讼终结时待证事实仍然处于真伪不明状态，主张事实存在的当事人承担不利诉讼后果的责任。我国商事诉讼中研究证明责任分配，是为商事审判中事实真伪不明的案件提供正确裁判的依据。一般认为，适当和可行的证明责任分配属于商法必要的或值得追求的内容。客观证明责任的分配预先由法律设定，实质是商法上的风险分配规则。德国与日本等大陆法系国家的商事诉讼证明责任分配大多在法律和司法解释中规定，或者法官在商事审判中依据法律要件分类说进行引导，也允许当事人订立证明责任分配契约，通过双方合意确定证明责任的分担。

我国商事诉讼制度中实行的证明责任分配规则缺乏灵活性，无法应对具体商事案件的变化，缺乏对特殊问题的特殊处理方法，不利于商事主体权利的救济。最高人民法院《关于民事诉讼证据的若干规定》借鉴英美法系国家的证明责任分配标准，赋予法官一定的自由裁量权，由法官根据案件情况分配证明责任。在法律没有具体规定，依本规定及其他司法解释无法确定举证责任承担时，人民法院可以根据公平原则和诚实信用原则，综合当事人举证能力等因素确定证明责任的承担。商事法律和司法解释明确规定证明责任分配肯定是少数情形，适用一般规则确定证明责任承担有可能违背具体商事案件的实际情况，不符合商法原则。法官在具体商事案件中综合分析当事人的诉讼利益、诉讼机会、证明能力、诚实信用原则、意思自治、交易习惯等，对证明责任进行分配，可以满足商事主体对司法公正的期待。但总体上我国

---

① 胡学军.在“生活事实”与“法律要件”之间：证明责任分配对象的误识与回归[J].中国法学，2019（02）.

商事诉讼证明责任分配比较僵化，法官在具体商事案件中自由裁量的空间并不大，仍然过多拘泥于证明责任分配的一般规则，这不利于促进商业交易活动的开展。

## 五、证明责任分配契约

证据责任分配契约是当事人通过商事法律行为约定证明责任的分配，在商事诉讼前达成分配证明责任的合意，是诉讼契约的一种。诉讼契约的合法性，大陆法系国家最初并不认可。19 世纪末，主流观点认为诉讼法是公法，诉讼法律关系是当事人与法院之间的公法关系，不能由当事人的契约改变诉讼程序，当事人有关诉讼程序的约定是无效的。只有在商事制度上明文规定的约定才能有限适用。[①]随着公法与私法的日益融合，大陆法系国家商事诉讼理念也发生了转变，越来越鼓励当事人自主解决商事纠纷，在不违背公共利益的情形下，允许当事人处分商事诉讼权利。证明责任分配契约逐步得到承认，在商事诉讼领域，无论是诉讼法还是商法都给证明责任分配契约留下广阔空间。

证明责任分配问题既在商法上规定，也在程序法上规定，本来就是私法与公法的融合。商事举证责任分配在性质上就是两个部门法的问题，横跨商法和商事诉讼法两大法域，是实体法与程序法的交汇。双方当事人之间分配举证责任，是商事实体法与商事诉讼法在商事诉讼中的适用问题。甚至商事证明责任基本上是商法问题，是对商事主体权利义务的划分，在商事立法过程中针对各种商事法律关系的不同情况和性质，按照公平原则进行规定。商事诉讼证明责任分配虽然是诉讼法问题，但依赖商法的判断与适用。当事人提供的证据如果都不能使法官形成内心确信，此时证明责任分配给哪方当事人，对案件结果至关重要，这在很多情况下需要商法规范进行判定。

商事诉讼中订立证明责任分配契约，当事人可以自主划分各自的证明责任，也是对当事人商事权利的权衡，凸显了当事人通过举证证明活动保护自己的合法权益。[②]商业活动的正当性，已经不单纯是商事实体权益的维护，也是商事程序权利的尊重。商事程序主体性原则已成为公认的法律原则。当事

---

① 赵小军 . 我国民事诉讼中举证责任分配契约研究 [J]. 证据科学，2016（06）.

② 舒瑶芝 . 民事证据契约效力探析 [J]. 政法论坛，2010（06）.

人在商事诉讼中可以意思自治，有处分自己实体利益和程序利益的权利。我国商事审判方式从职权主义向当事人主义模式学习，就是从强调当事人举证开始的。商事诉讼证明责任分配契约是当事人自主意愿的体现，对证明责任承担方式进行约定，就是对可能承担的败诉风险的预见，有利于调动当事人在商事诉讼中的积极性与参与度。约定争议事实真伪不明时，根据证明责任分配契约承担相应的证明责任，会提高当事人对商事裁判的服判率。

私募与非法集资的界定能够比较清楚地显示证明责任分配契约的作用。私募基金对投资人主体资格、资产情况、风险承受力等均有较严格的限制。对于投资的对象，私募限制比较苛刻，而非法集资的对象是随意的，对投资者的资格没有任何限制。私募通过非公开方式向少数机构投资者和个人募集，销售与赎回由基金管理人和投资者协商进行。2014 年中国证监会发布的《私募投资基金监督管理暂行办法》中，投资者的资格有详细的规范。投资人应当具备一定的风险识别能力和承担能力，要有相当规模资产作为保障，要求机构投资人净资产不低于一千万元，个人投资者的银行存款、债券、股票、基金份额、保险产品、资产管理计划、信托计划、银行理财产品和期货权益等金融资产在三百万元以上或近三年年均收入在五十万元以上，同时投资于单只私募基金金额在一百万元以上。自然人投资私募通常认识基金管理人，或者在社交圈获得可靠信息。机构投资人是间接投资或通过其他基金转入，也可由证券投资咨询公司、投资银行提供信息。也有主动让投资人了解私募项目的，可采用路演方式，券商发行股票债券时和投资人进行深入沟通与推介。禁止私募基金管理人和销售机构向不合格投资者募集资金，不得用公众传媒或讲座等形式向不特定对象推介。非法集资是公开的，面向不特定对象进行宣传推介，一切公众传媒等形式都可被利用。私募要求投资人资金来源正规，禁止聚集他人资金进行私募投资。非法集资目的在于大量吸纳资金，用途是为自有项目筹资或是作为筹资中间环节投资其他项目，作为其加重罪名的集资诈骗罪以非法占有为目的。非法集资不会关心资金来源是否正当，而是尽可能吸取资金。《证券投资基金法》《公司法》《合伙企业法》等对单只私募基金的投资者人数有限制，针对不同形式的私募基金有数量规定。投资人转让私募份额，受让人必须是合格投资者。非法集资希望参与人越多越好，如果募集人数超过两百人并转移至个人账户，就被认定为非法集资。非法集资以高额利息为诱饵筹集资金，会承诺在一定期限内以货币、实物、股权等方式给予投资者回报。非法集资的参与者很多承担风险能力较低，为消除投资人顾虑，发起人常常承诺投资本金不受损失和未来较高的收益。私募基金不会向投资者承诺保本和最低收益，私募管理人在销售前要作问卷调查，评估投资者的风险识别和承担能力，并制作风险揭示书让投资人签名。私募要对项目进行风险评级，据此选择合适的投资人。投资者对自己相关资料的真实性和完整性承担责任。因此私募投资人对所要承担的风险是清楚的，并且是愿意承担的。非法集资者对风险是不了解的，缺乏承担风险的预期和能力。私募的管理一般由基金托管人托管，不然会在合约中说明基金安全保证措施和纠纷解决机制。设立专门的基金管理人可以避免发起人与投资人由于信息地位不对等而损害投资人的资产。非法集资不需要第三方托管，发起人直接控制投资人的资金。非法集资者风险防范意识较差，又不清楚信息披露，集资发起人对资金的控制就没有任何解释。第三方托管是私募基金与非法集资的重要区别。

分析近年来的商事审判实践，可以发现私募与非法集资具有一定的相似性，加之制度存在一些模糊边界，非法集资行为经常隐匿于私募中，或使私募变成非法集资行为。在具体案件中，私募一旦采用了任何媒介向公众进行宣传，就会背离了非公开的特性，而变成符合非法集资特征的行为。如将路演故意歪曲，在相对封闭环境中针对有限对象进行宣讲，更有将路演完全异化为发布会、现场咨询、产品展示和项目推介等。手机、网络推送由于具有“一对一”的形式，也被非法集资者说成非公开的私募。事实上，人传人的宣传方式与向社会公众宣传的效果几乎等同，而其不加选择受众又不具有特定性。《最高人民法院关于审理非法集资刑事案件具体应用法律若干问题的解释》规定向亲友和单位内部职工集资的豁免存在缺陷。向亲友和单位内部职工集资，参与人数众多，对资格没有实质性要求，社会风险极大，会给许多非法集资的项目披上私募的外衣。私募投资人资格被非法集资者利用，专门为项目设置一些投资门槛，似乎筛选的对象具有特定性，就不是向不特定对象募集了，脱离了非法集资的嫌疑，如要求投资人年满二十周岁或具有本市户籍等，都具有相当的欺骗性。相对于公募而言，私募对信息披露的要求较低，政府监管更为宽松。一些非法集资者便利用这一特点，宣称私募没有信息披露义务，以神秘性掩盖其非法性，向投资者隐瞒资金去向、盈亏状况等信息，达到控制和占有资金的目的。[①]因为私募与非法集资容易混淆，在商事诉讼中当事人举证证明事实就存在一定难度，如果双方当事人在签订私募合同时对证明责任分配约定，就能比较好的解决相关问题。

证明责任分配契约是当事人处分权的表现。当事人在商事诉讼中除对诉讼标的具有实体法上的处分权外，对解决纠纷的程序也享有处分权。如果双方当事人约定证明责任由某一方承担，在商事诉讼中该当事人对待证事实不能证明并处于真伪不明状态时，就要承担不利后果。这与商事权利义务直接联系在一起。证明责任契约虽然是当事人对程序权利的处分，但也影响当事人实体权利的实现，具有间接处分商事权利的作用。证据责任分配契约能体现诉讼经济原则。商事诉讼的进行耗费大量人力、时间和财力，当事人是诉讼主体，应当考虑诉讼程序对商事权益的损害，以契约形式分配证明责任能够减少双方的对抗，有利于尽快解决商事纠纷。

我国商事诉讼制度中规定了一些证据契约，如协议管辖、鉴定主体协商、协议举证期限和同意自认撤回等，但没有规定证明责任分配契约。当事人在商事诉讼中约定的对象，主要有两类：一是诉讼法上明文赋予当事人的程序处分权，如起诉、上诉、自认、承认等；二是涉及诉讼法上未赋予当事人的权限，当事人约定变更或不适用诉讼法规定的内容。当事人订立的证明责任分配契约，对象不是程序上的权限，而是对商事规范的处分。[②]就是说，当事人约定不适用规定的证明责任分配规则，由双方当事人共同选择其中一方承担证明责任。必须区分当事人约定改变的是强制性规则还是任意性程序，如果是任意性程序，就允许当事人协商排除适用。

法律法规和司法解释规定商事诉讼证明责任分配契约，便于在商事审判中运用，增加了商事诉讼的可预测性。制定规则时，要充分考虑证明责任分配契约的合理性和科学性。证明责任分配契约应当符合合同的基本原则，应当规范承担证明责任的难易程度、当事人掌握的案件信息以及防止证明责任负担失衡。证明责任分配契约一般能够体现实体正义和程序正义。商事案件纷繁复杂，分配契约应当适应日益复杂的商事纠纷的需要。商法追求的是普适的合理性，通常总是关注一般情形中的商事权利，所有具体案件适用普适

---

① 王颖欣，李晓文 . 私募与非法集资的法律适用 [J]. 中国金融，2016（13）.

② 张嘉军 . 论诉讼契约的合法性 [J]. 法学论坛，2010（04）.

的合理性时，只能是近似的合理性，难免违背具体案件证明责任分配的合理性，而商事诉讼证明责任分配契约可以弥补这些不足。当事人享有契约自由，可以根据具体情形协商证明责任的分配，通过当事人的自主性解决商事纠纷，更能反映具体商事案件中当事人商事权利的保护状态。

我国对商事诉讼证明责任分配的规定还是比较笼统，不可能就具体商事案件的证明责任分配作出规定，目前商事诉讼证明责任分配缺少法律支撑。商法与诉讼法没有明确规定的，法官审理具体商事案件时运用法律要件分类说并结合商法规定决定证明责任的分配，但这也只能在一部分商事案件中有效实现。法官需要根据商法规范判断待证事实是什么、提出事实主张是哪一方、有无相反的权利妨害和消除的主张等，这确实是众多商事案件中会遇到的障碍。商法规定有时并不明确，时常存在难以判断、无法判断的情形，导致商事诉讼中一些证明责任分配处于不确定状态。不同的法官会对相同的情形推导出不同的证明责任分配，造成当事人对商事案件无法预期裁判结果。允许当事人约定证明责任分配，当事人就会始终注意保留、收集、保全证据，克服商事诉讼中可能面临的风险，摆脱商事裁判结果的不确定性，进而提高诉讼效益。

我国承认法官对商事诉讼证明责任分配拥有自由裁量权。法官运用证明责任分配规则无法确定承担主体，又不能适用举证责任倒置规则时，有权依据案件实际情况分配当事人的证明责任。我国现行商事诉讼证明责任基本规则是可以突破的。除法律和司法解释规定商事诉讼证明责任分配的情形外，均可以适用证明责任分配契约。[①]商事诉讼证明责任分配契约既为当事人就具体法律关系确立证明责任负担，又能尊重当事人承担商事风险的意愿，会促进商事审判的顺利开展。商事诉讼程序中，法官对证明责任分配应当按下列顺序确定：首先看商法对案件事实有没有证明责任分配的具体规定，证明责任分配的法律规定、司法解释应优先适用；其次是证明责任分配契约的适用；再次是商事诉讼证明责任分配一般规则的适用；最后是没有上述规定时，法官自由裁量商事案件的证明责任分配。

商事诉讼证明责任分配契约是当事人的意思表示，当事人当然应当遵守。在商事诉讼中出现案件事实真伪不明的状态，法官会根据证明责任分配契约

① 任重.罗森贝克证明责任论的再认识——兼论《民诉法解释》第90条、第91条和第108条[J].法律适用，2017(15).

判决承担责任的当事人败诉。根据合同法原理，双方当事人订立合同，一方不履行，另一方有权要求损害赔偿。但商事诉讼证明责任分配契约有些特殊，如果承担证明责任义务的当事人违约，必然承担败诉的风险，而另一方当事人胜诉，没有任何实际损失，就不存在损害赔偿的问题。

证明责任分配契约必须有效才能在商事诉讼中得到贯彻。法官判断商事诉讼证明责任分配契约的效力应注意：第一，证明责任分配契约要意思表示一致，当事人双方要对契约内容真实表达。人的主观意愿和客观实际存在分歧，证明责任分配契约表明将败诉的风险责任分配给某一方，就要求双方当事人特别是承担不利后果的当事人理解证明责任分配的真实含义；[①]第二，证明责任分配契约订立的基础是平等和自愿的。商法中的契约自由在证明责任分配契约中同样具有意义，要考察订立契约的双方当事人是否对等，避免出现强势地位的当事人迫使对方订立契约。如果发生争议，应按照诚实信用原则，认定无辜的当事人不受证明责任分配契约的约束；第三,一般情况下，证明责任分配契约应在商事纠纷发生前订立，当事人会考虑具体案件的实际情况预先安排证明责任的分配，期望制约和防止商事争议的发生。这也便于承担证明责任的当事人收集、保全商事诉讼证据。在商事审判过程中当事人双方达成证明责任分配契约的可能性较小；第四，证明责任分配契约常发生在合同案件中。签订商事合同时，当事人将证明责任分配的条款写入合同中或单独订立证明责任分配契约，侵权责任领域很难达成证明责任分配契约。[②]侵权行为案件中双方当事人事先达成证明责任分配契约是不可想象的，甚至是违法的，而侵权行为发生后达成证明责任分配契约的可能很低。商事事实行为中也不能达成诉前证据契约，因为事实行为就是没有合意的行为。

在商事诉讼进行时，双方当事人对证明责任分配契约的法律效力发生争议，是在本案诉讼中解决还是另行起诉，有不同的观点。商事诉讼证明责任分配契约不应成为独立的诉讼标的，因为双方当事人约定证明责任的承担，并没有处理商事权利的内容。商事案件的诉讼标的只能是当事人向法院提出的实体请求。当事人对商事诉讼证明责任分配契约有争议的，不能起诉要求法院予以裁判。当事人可以要求法院在商事诉讼中直接审查证明责任分配契

① 胡忠惠. 证明责任分配契约探讨 [J]. 法学论坛，2008（01）.

② 胡学军. 中国式举证责任制度的内在逻辑——以最高人民法院指导案例为中心的分析 [J]. 法学家，2018（05）.

约的合法性。法院裁决合法，当事人应当遵守。如果允许另行起诉，就会扩大纷争，有违商事诉讼效益原则。实际商事活动中大量存在当事人协商订立证明责任分配契约的情形，如中国人民财产保险股份有限公司的人身意外伤害保险条款规定索赔申请人向保险人申请赔偿时，应提交作为索赔依据的证明和材料。也就是说，请求人身伤害保险的理赔时，由申请人提供有关文件。这种证明责任分配契约就是商事合同中的一部分内容。

# 第四章　商事诉讼技术证据

我国商事诉讼证据规范与理论发展的同时，也面临着证据规范欠缺体系性、可操作性等现实困境。证据法理是商事诉讼证据法学的基础，也是证据法学与法理学的交汇地带。研究与反思商事诉讼证据体系化和可操作性问题，可形成相对稳定的证据制度。商事诉讼证据的本体论、价值论和规范论问题，从不同层面系统界定了证据体系的整体定位。但是，商事诉讼证据毕竟是在商事审判活动中才能体现出存在的意义，对商事诉讼证据某一方面具体问题的研究，会对商事诉讼证据制度的完善具有特殊的意义，而且会使理论探索与审判实践相结合。近年来，商事审判活动变化多端，面临的实际问题层出不穷，其中有一个重要的实践难题引起各方面关注，就是商事诉讼中的技术证据判断问题。商事诉讼技术证据是很多商事案件无法回避的，而且在审判实践中极易引起争论，究竟我国应当实行什么样的司法鉴定体制，以什么方法判断商事诉讼中的技术证据，这对我国商事诉讼证据制度的完善有着重要意义。

无论是作为一个部门法，还是作为一个学科，商事诉讼证据制度在我国都已取得了长足的进步。从部门法的角度来看，随着以商事审判为中心的诉讼制度改革的推进和一系列商事疑难案件的裁判，证据法特别是商事诉讼证据规范的建设得到前所未有的重视。自 2000 年以来，商事诉讼证据规范不仅在数量上大幅增加，而且得到了初步的体系化。从学科角度来看，成立了一些专门研究证据法的机构，出版了众多证据法、商法等专业学术期刊和专著，特别是在 2018 年，证据法学被教育部列入法学本科专业核心课程，为商事诉讼证据学科建设奠定了坚实基础。但是，尽管商事诉讼证据规范和学科建设快速发展，也面临着一些亟待解决的现实困境，商事诉讼证据规范中有很多内容不完整甚至缺少必要的制度保障，相关理论术语来源众多，互不兼容。其中，商事诉讼技术证据制度欠缺尤其明显，在很多商事审判案件中，不少技术证据的处理无法可依，或者先有的司法鉴定体制无法满足实践需要。

面对商事诉讼技术证据不足这一现实困境，需要透过规范和术语表象去探索背后的本源性原理，并将其放在证据法整体中加以理解，而这正是商事诉讼证据法理的核心追求。证据法在英美法系和大陆法系国家都有着悠久的传统，已在理论层面逐渐形成了由若干基本问题组成的理论结构。随着我国商事诉讼证据规范建设的推进和学科研究的深入发展，必然要求对一些具体问题进行解答。商事诉讼技术证据制度的主要任务，就是在中国商事审判的具体环境下，对商事诉讼证据体系化所涉及的基础问题进行理论重述，并对其在我国当前商事诉讼证据规范建设和学科研究中可能产生的影响进行初步分析。

## 第一节　商事诉讼技术证据审理原则

证据法学时常被批评为产品众多但思想贫乏，很难准确解决中国的商事诉讼证据实践。商事诉讼证据规范也常被批评没有实现优化配置。商事诉讼证据规范虽然数量众多但缺乏体系性，有的内容多次规定，而有的内容几乎没有规定。从商事诉讼证据规范的来源看，在全国层面，既有民事诉讼法，也有“两高”的司法解释和规范性文件，在地方层面，许多省级、地市级甚至县级政法机关出台了与商事诉讼证据有关的规范性文件。从商事诉讼证据规范的内容看，既有概括全部商事诉讼的证据规定，也有专门针对证券交易、期货、融资租赁、信托、信用卡、网络购物等某一类案件的证据规定。从商事诉讼证据规范效力来看，不同规范的效力差别很大，既有效力最高的法律，也有相对效力低的部门规章，既有效力相对刚性的规定，也有相对柔性的各类指引、规程和意见。这些适用范围不同、来源各异和效力不同的规范性文件，当然是为了满足我国商事诉讼对证据规范的需求，但如何通过优化使商事诉讼证据制度对技术证据规范予以整合，实现相对的体系化，是我国未来商事诉讼技术证据法治化道路上需要解决的问题。

我国现行商事诉讼技术证据理论话语和规范众多，但彼此掺杂甚至相互抵触。既有来自大陆法系国家的一套学术话语，比如证据种类、证据能力、证明力、主观证明责任与客观证明责任、内心确信等，也有来自英美法系国家的一套学术话语，比如关联性（相关性）、可采性、证据分量、举证责任与说服责任、排除合理怀疑等。[①]还有国内自创的学术话语，比如定案根据、相

① 吴洪淇 . 证据法体系化的法理阐释 [J]. 法学研究，2019（05）.

互印证等。这些学术话语广泛存在于商事诉讼证据理论研究中，也经常在规范性文件中被同时使用。同时，商事诉讼证据规范的一些基本范畴未能得到有效阐释，公认的理论体系远未形成。商事诉讼技术证据制度必须建立统一的理论体系，遵循一致的法律理念，实行共同的法律原则，才能真正对商事审判工作起到助推作用。

商事诉讼技术证据审理原则是对商事诉讼活动中审查证据具有指导性作用，是法院、当事人与其他诉讼参与人进行商事诉讼技术证据辩论必须遵循的根本规则，具有概括性、导向性和稳定性的特征。我国商事诉讼技术证据审理原则应当符合审判活动的实际情况，并要考虑商事诉讼程序公正性的要求。

## 一、公开原则

商事诉讼技术证据审理是一个比较复杂的专业技术工作，当事人、法官、原鉴定人以及各类诉讼参与人都会非常关注商事诉讼技术证据审理结论是如何得出的，都会希望尽可能参与商事诉讼技术证据审理的过程。当事人经历了商事诉讼技术证据审理的过程，能够更好地维护自己的合法权益，法官、诉讼辅助人、当事人参与了商事诉讼技术证据审理的过程，能够更好地形成内心的确证和对判决结果正当性的支持，原鉴定人参与了商事诉讼技术证据审理的过程，会了解到自己作出的鉴定意见是否合理和真实。各方诉讼参与人参加商事诉讼技术证据审理的过程，并且能够在审理过程中发表自己的意见，对相关专业技术问题进行咨询，同时商事诉讼技术证据审理的工作人员也可以对相关专业技术问题进行答疑，各方还可以对诉讼中的争点进行适当辩论，这对保证审判工作的公正具有重要意义。

商事诉讼技术证据审理应当公开进行。这不仅是技术证据审理工作本身的需要，也是商事诉讼制度、证据法和商法的基本原则。①我国《民事诉讼法》第一百二十条规定，公开审判也有例外，下列案件不公开审判：一是涉及国家秘密的案件，包括党的秘密、政府的秘密和军队的秘密；二是涉及个人隐私的案件；三是离婚案件、涉及商业秘密的案件。所谓商业秘密，是指技术秘密、商业情报等，主要包括生产工艺、产品配方、贸易联系和购销渠道等。

① ［英］威廉·特文宁，吴洪淇等译．反思证据：开拓性论著 [M]．北京：中国人民大学出版社，2015：218.

《民事诉讼法》第一百三十四条规定，人民法院对公开审理或不公开审理的案件，一律公开宣判。不论是法定不公开审理还是决定不公开审理，都必须符合法律的明文规定。

公开审判原则长期以来被视为程序公正的基本标准和要求。一项程序是否公正不能由程序的制定者来决定，而是必须接受社会公众的检验，否则就难以获得当事人和社会公众的信赖。只有经过公开审判，当事人才能洞悉案情，才能相信法官的判决确实依据了客观事实和法律规定。公开审判这一过程对当事人和社会公众具有提示、感染和教育作用，同时提供了公众对诉讼过程实施社会监督的可能。更重要的是，程序公开会产生两个效果：一是法官不能自己审理自己，法官不能隐瞒认定事实的推理过程和证据方法；二是可以平等地通知当事人各方、诉讼辅助人、诉讼代理人以及其他诉讼参与人，让他们可以有目标地准备陈述或辩论，使当事人可以充分利用诉讼机会为自己辩护。①

公开的本意是不加隐蔽。技术证据审理中的公开，其基本含义是商事诉讼技术证据审理除依法应当保密的以外，应一律公开进行；行政法规、规章、行政政策以及技术证据审理依据的各类技术标准、条件、程序应当依法公布，允许当事人依法查询、阅读和复制有关商事诉讼技术证据审理的资料和技术检验方法。根据案件的具体情况，有必要时应允许新闻媒介依法采访、报道和评论。

商事诉讼技术证据审理活动可以根据合议庭的要求或者在合议庭同意的情况下公开进行，也可以在当事人申请的情况下公开进行。公开进行的商事诉讼技术证据审理活动应当按照既定的步骤和程序展开，应当对初步形成的商事诉讼技术证据审理结论组织当事人、诉讼代理人、诉讼辅助人、原鉴定人进行听证和质询，以便纠正、勘误、答疑和完善商事诉讼技术证据审理结论，并且尽可能化解各方诉讼参与人的争议和疑惑。当事人可以聘请相关专业技术人员参加商事诉讼技术证据审理活动，并可就初步形成的商事诉讼技术证据审理结论质询技术证据审理的技术法官。合议庭应当参与商事诉讼技术证据审理活动，当然合议庭不能干扰从事技术证据审理的技术合议庭的工作。合议庭参与商事诉讼技术证据审理活动，主要是监督技术证据审理活动

① 陈洪杰. 从程序正义到摆平“正义”：法官的多重角色分析 [J]. 法制与社会发展，2011（02）.

能够按照法定的程序进行，并且要保证商事诉讼技术证据审理活动的基本秩序，避免和制止各方诉讼参与人违反诉讼程序的行为。

公开才能彰显公正。商事诉讼技术证据审理结论最终能否被当事人、公诉人、法官等接受，技术证据审理过程是否公开是一个基本要素或前提。商事诉讼技术证据审理活动公开进行可以最大程度明确案件争议的焦点和缩小争议的范围，使当事人、法官、诉讼代理人这些相关专业技术的“外行”可以与鉴定人、技术证据审理的技术法官这些相关专业技术的“内行”进行充分、直接的对话和互动。[①]通过公开的技术证据审理活动，作为第三方的商事诉讼技术证据审理的工作人员可以实现当事人与法官、技术法官、公诉人、鉴定人以及其他技术证据审理对象的制作人之间在专业技术、信息上相互对等沟通，这会为将来可能发生的再审案件和强制执行打下良好的事实和证据基础。

但是，商事诉讼技术证据审理活动毕竟不同于整个审判过程，技术证据审理活动只是审判过程中可能发生的一个特殊情况，因而商事诉讼技术证据审理活动中的公开原则应当有其特殊的内容。商事诉讼技术证据审理活动的公开并不意味着审理活动的全部过程都向社会公开，它主要是指审理活动过程对当事人、法官、技术法官、诉讼代理人、诉讼辅助人以及其他诉讼参与人公开，特别是审理的技术检验过程和审理结论对参与诉讼的有关各方公开。商事诉讼技术证据审理活动的工作人员不能自己闭门进行审理，不能认为自己是有关方面的专家就不与诉讼参与的各方进行沟通和接受质询。商事诉讼技术证据审理活动当然也可以向社会公开，但是在技术证据审理活动的程序设计上不必专门规定向社会公开的方法和规则，而是可以与诉讼中的公开审判制度结合在一起。如果在公开审判的案件中遇到商事诉讼技术证据审理活动了，因为公开审判的案件是对社会公开的，那么商事诉讼技术证据审理活动也就随之对社会公开了。如果将商事诉讼技术证据审理活动的公开原则等同于审判中的公开原则，在实际贯彻时会遇到很多困难。[②]就是说，商事诉讼技术证据审理活动不是不对社会公开，而是不会随时对社会公开，主要是向参与诉讼的各方公开，因为商事诉讼技术证据审理活动一般只是对案件审理

---

① 吴洪淇．转型的逻辑：证据法的运行环境与内部结构［M］．北京：中国政法大学出版社，2013：103.

② 肖建国．民事诉讼程序价值论［M］．北京：中国人民大学出版社，2000：190.

过程中遇到的某个证据的判断产生分歧了。

商事诉讼技术证据审理活动与开庭审理是两个不同的制度。公开审判的案件法院应当开庭审理，不公开庭审判的案件法院也应当开庭审理。开庭审理是诉讼制度中的必经程序，而商事诉讼技术证据审理活动与开庭审理没有必然联系，商事诉讼技术证据审理活动可以与开庭审理结合起来进行，也可以分开进行。一般来说，商事诉讼技术证据审理活动是一项独立的活动，是与开庭审理没有联系的活动，因为商事诉讼技术证据审理活动的技术法官与开庭审理案件的法官不是相同的人，他们各自承担各自的法律责任，各自拥有各自的工作职责，因而商事诉讼技术证据审理活动一般不应当加入到开庭审理中去。然而，开庭审理中的法庭调查阶段就是对证据质证的过程，对技术证据的分歧主要是在这个阶段产生的，而且在这个阶段，当事人、诉讼代理人、鉴定人和法官等都在场，此时如果启动商事诉讼技术证据审理活动，让第三方的专业技术法官参与法庭调查阶段的审理，有助于尽快查明案情，消除分歧，也能够降低诉讼成本和缩短诉讼时间。所以，如果商事诉讼技术证据审理活动与开庭审理阶段相结合了，那么商事诉讼技术证据审理活动的公开原则就应该与开庭审理的公开原则是一致的，如果商事诉讼技术证据审理活动不与开庭审理相结合，而是单独进行，商事诉讼技术证据审理活动的公开原则就应该有自己的特殊规定，比如在此种情况下一般不特意对社会公开。

违反公开审判制度，将可能导致法院的裁判无效，即当事人提起上诉的，二审法院可以裁定撤销原裁判发回重审；当事人申请再审的，法院可以决定再审。商事诉讼技术证据审理活动的公开原则，只是对这项工作的一个要求，如果商事诉讼技术证据审理活动没有公开进行，是否将会导致法院作出的判决归于无效，是个比较复杂的问题。应该说，按照我国现行的诉讼制度，没有商事诉讼技术证据审理制度，因而商事诉讼技术证据审理还不是诉讼中的法定程序，所以如果商事诉讼技术证据审理活动无故不公开进行，并不能导致法院判决无效。[①]但是商事诉讼技术证据审理结论毕竟会对法官判决产生重大影响，也会让当事人对案件事实的认识产生重大变化，因此可以考虑将商事诉讼技术证据审理活动无故不公开进行作为当事人上诉和提起再审的重要

① 潘溪.民事诉讼中司法鉴定公信力及其提升路径[J].中国司法鉴定，2019(05).

理由。

## 二、中立原则

商事诉讼技术证据审理对案件事实认定至关重要，而案件事实的认定会对当事人的诉讼利益带来重大影响。因而商事诉讼技术证据审理活动就必须遵守一些基本的司法原则了。

司法公正就是具体执法和适用法律的公正。在法律制度中，公正一般表现为程序公正和实体公正。程序公正是指在法律的具体运作过程中充分保障每个当事人的权益。程序公正重视的过程价值，其目标是所有受程序结果影响的受到其应得的待遇。以程序公正为重要内容的司法公正是现代法治体制的核心内容和根本标志之一，公正是程序最基本的内涵，是程序最高的价值目标。程序公正是看得见的正义，没有公正的程序，或者程序得不到严格遵循，即使做到了实体公正，也会引起人们的怀疑和猜测。

商事诉讼技术证据审理的中立原则就是保障技术证据审理活动能够规范进行，从而在作出的审理意见上是程序公正的。商事诉讼技术证据审理的中立是指参与技术证据审理的专业技术法官要在当事人、诉讼代理人、鉴定人以及其他技术证据审核对象的制作人之间保持中立，对于审理活动过程中发生的各方参与人之间的各种纠纷，以中立的身份和地位，依公正、科学的司法程序，居中加以解决。① 如果专业技术法官在商事诉讼技术证据审核活动中始终保持中立，平等对待各方诉讼参与人，就能够最大限度地吸收各方诉讼参与人因利益冲突而产生的不满情绪和消除各方诉讼参与人对商事诉讼技术证据审核活动是否能公正进行而产生的疑虑，令各方诉讼参与人对商事诉讼技术证据审核活动的公正性予以确信。

但是，商事诉讼技术证据审理的中立，与审判中的法官中立又有所不同。英美法系国家实行的法官中立是一种消极中立，法官并不主动调查取证，完全在双方当事人提出证据和发表意见的基础上作出裁判，法官的活动始终保持相对的被动性和消极性。而大陆法系国家实行的法官中立是一种积极中立，法官可以依当事人的申请和依职权调查收集证据，法官还主持指导当事人提供证据和交换证据，对证据的判断取舍有一定的主动性。我国最高人民法院

---

① 张斌．两大法系科学证据采信结构评析［J］．环球法律评论，2011（02）．

《关于民事诉讼证据的若干规定》第3条和第7条规定，人民法院应当向当事人说明举证的要求及法律后果，促使当事人在合理期限内积极、全面、正确、诚实地完成举证。在法律没有规定，依本规定及其他司法解释无法确定举证责任时承担时，人民法院可以根据公平原则和诚实信用原则，综合当事人举证能力等因素确定举证责任的承担。但是，不论消极中立还是积极中立，都是诉讼中要求法官与当事人之间保持一定程度的距离，法官不能主动发表一些意见和评价，而且诉讼中各方都必须遵守证明责任制度。而商事诉讼技术证据审理就与审判制度有所不同了。[①]商事诉讼技术证据审理是由专业技术法官凭借自己的专业知识和技能对某些专业性问题按照科学原理和技术方法作出评价的，这就要求专业技术法官依据各个专业技术的特点收集、寻找、检验、勘察相关的材料、现场、物品、环境等，而且有时需要专业技术法官依据自己长期从事某项技术工作积累起来的经验去发现疑点、解决问题，这就使得专业技术法官的中立具有很大的特殊性。

技术证据审理中专业技术法官的中立是在合议庭和人民法院审判委员会监督下的中立。这种中立主要依靠专业技术法官的品德、勤勉和对法律精神的崇尚实现的。因为当事人、诉讼代理人、法官、鉴定人等都无法限定这些专业技术法官的工作范围和搜集证据的范围，商事诉讼技术证据审理首先是一个技术问题，而技术问题只有专业技术法官才能清楚应该怎样采取措施或者采用什么方法加以解决。当事人、诉讼代理人、法官和鉴定人等对技术证据审理的专业技术法官采取限制收集证据或者指定判断问题的方法和途径，实际上等于在破坏技术证据审理的严肃性和科学性。所以，商事诉讼中的有关各方只能旁观专业技术法官的工作，尽管可以提出质疑、咨询等，但归根到底商事诉讼技术证据审理要由专业技术法官依据自己的技能和专业知识完成。不过，商事诉讼技术证据审理不同于单纯的科研技术活动，它是审判活动中的一项内容，因而商事诉讼技术证据审理活动就必须在一定的法律制度的限制下进行，比如，技术证据审理活动必须遵守证据规则，应当排除的非法证据，商事诉讼技术证据审理也不得采用，技术证据审理收集证据的方式也必须符合法律的规定，不得非法收集有关方面的隐私材料。为了保证商事诉讼技术证据审理活动能够在法律规定的方式下进行，而且很多专业技术法

---

① 陈卫东．司法鉴定制度改革的价值目标［J］．中国司法鉴定，2003（04）．

官也不懂证据制度或诉讼制度，这就需要审判案件的合议庭和人民法院审判委员会对技术证据审理活动进行监督。就是说，商事诉讼技术证据审理活动中，专业技术法官从事审理工作在技术方面是中立的，是超脱于各方诉讼参与人的，而在证据制度或审判制度方面则是要受到监督的。

商事诉讼技术证据审理中也应当遵守证明责任的规定，但不如诉讼中的证明责任那么严格贯彻，或者说技术证据审理中的证明责任需要根据诉讼制度的有关规定进行。证明责任分配是诉讼中的核心问题。事实认定和法律适用是法官裁判的两个基本依据，法官对于法律的认知是被推定的，但是对于事实的认知则是建立在发现真实的基础上的。技术法官发现真实的过程，也是技术法官对客观事物进行认知的过程。技术法官对裁判依据的事实的认知也会受到主观条件和客观条件的限制，并不能对具体案件中的每一事实都能形成内心的确信。如果技术法官在认知上没有对案件事实形成确信，即认为案件事实处于真伪不明状态，技术法官不能以事实不清为理由拒绝裁判，这就会发生证明责任问题，即有谁来承担证明案件事实的责任。① 商事诉讼和民事诉讼都有证明责任问题，而且在诉讼中技术法官必须严格按照证明责任制度进行裁判。那么，商事诉讼技术证据审理时会不会也有证明责任问题呢？专业技术法官在技术证据审理过程中认为已经掌握的资料、信息等还不足以查明事实真相，而专业技术法官自己又无法收集到更多证据时，应该怎样进行审理呢？应该说，在这种情况下，就应当将这种真伪不明的状态提交合议庭处理，由合议庭按照诉讼制度的有关规定分配举证责任。商事诉讼技术证据审理中不能决定举证责任分配问题，因为技术合议庭的专业技术法官不能等同于合议庭的法官。就是说，商事诉讼技术证据审理活动中会遇到证明责任问题，但是商事诉讼技术证据审理活动本身无法解决这一问题。

辩论主义是诉讼制度的基础。当事人有权就案件事实和争议问题各自陈述自己的主张和根据，互相进行反驳和答辩，以维护自己的合法权益。辩论主义要求直接决定法律效果发生或消灭是必要事实必须在当事人的辩论中出现，没有在当事人辩论中出现的事实不得作为判决的依据。辩论主义还要求当事人之间没有争议的事实应作为判决的依据，而且技术法官对证据的调查只限于当事人双方在辩论中所提出的事实。商事诉讼技术证据审理也应当遵

---

① ［英］丹尼斯·罗伊德．张茂柏，译．法律的理念［M］．北京：新星出版社，2005：192.

守辩论主义，由双方当事人各自陈述自己的理由和主张，但是商事诉讼技术证据审理主要是为了查明某个技术疑难问题，当事人、诉讼代理人、鉴定人等很难在审理活动过程中进行辩论，而且专业技术法官也没有义务听取各方参与人的辩论，专业技术法官可以在不经各方参与人辩论的情况下凭借自己的专业知识和技能作出审理意见。①不过，商事诉讼技术证据审理活动是不能与合议庭的审判活动截然分割的，审判过程中的辩论内容应当对技术证据审理产生一定的作用，而且当事人在诉讼活动中没有辩论的事实同样不能作为技术证据审理的内容。商事诉讼技术证据审理活动要遵守辩论原则，要让被告人充分享有辩护权，但是商事诉讼技术证据审理活动要与审判活动相结合，在审理活动中遇到的一些事实认定问题要按照诉讼原则处理，专业技术法官不能行使审判权。

技术证据审理活动要遵守中立原则，参与商事诉讼技术证据审理的技术法官要保持中立地位，不能偏袒任何一方，要体现出司法的公正性。但是技术证据审理活动中的中立有其特殊性，在保持司法中立的同时，要给予专业技术法官在技术分析工作中相当的自由度，让专业技术法官能够充分发挥自己的专业特长，解决诉讼中各方争议的事实，使商事诉讼技术证据审理真正起到辅助审判工作的作用。

## 三、独立原则

独立原则作为当代司法的一项基本原则，得到世界各国的公认。1985 第七届联合国预防犯罪和罪犯待遇大会通过并经联合国大会核准认可的《关于司法机关独立的基本原则》规定，各国应保持司法机关的独立。对于独立审判原则的基本要求和内容，人们有着不同的看法，但概括起来主要包括三个方面的内容：一是外部独立；二是内部独立；三是精神独立。②外部独立体现在司法职能的独立和司法机构的独立。为了防止外界干预司法，审判制度规定法官独立于其他机关、团体和个人。在审理案件过程中，法院以外的机关、团体、个人以及新闻媒体和网络意见，对审理案件的法官没有拘束力和强制力。社会上各方面发表的意见有没有意义，完全取决于其是否有事实根据和

① 倪业群，陈祖权．自由心证：证据评价方式和标准［J］. 社会科学家，2004（02）.

② 方乐．司法的“场域”分析［J］. 法律科学，2006（01）.

符合法律精神。法官外部独立为法官公正裁断案件创造了安全的环境和条件，任何人都不应指示法官对这个或那个案件作出什么样的判决。内部独立包括三个方面的内容：一是不同法院之间的独立，即同级法院之间、上下级法院之间在各自的管理范围内独立；二是审判组织间的独立，即合议庭、审判委员会在各自权限范围内互相独立；三是法官之间的独立，即法官裁判案件不受其他法官的制约。每个法官在作出判决，发表对案件的意见时享有自主权，有权在不同意其他法官意见时要求把个别意见记录下来附入案卷。① 精神独立，实际上是法官个人人格方面的独立，法官应当具备独立思考的精神，有独立承担责任的能力，有独立分析和处理问题的能力。也就是说，实现以法治国的目标，要求相关组织和人员赋予相对的独立性，这种独立性，需要有法律上的最终性，确保其实质的客观性，以排除其他机关、团体、个人不正当干预和影响，真正实现对审判公正和国民利益的保障。同时，法官独立审判是保证法院独立审判的基础，没有法官的独立审判，法院的独立审判也很难实现。

商事诉讼技术证据审理是人民法院技术合议庭应合议庭或当事人要求，对案件中鉴定意见、检验报告、勘验检查记录、工程文件、会计资料、医疗资料等技术性证据以及其他有关技术性问题，组织有关具有专业技术知识的法官进行审查，提出审理意见的活动。商事诉讼技术证据审理活动的启动，是由合议庭提出要求或者是当事人提出申请的，所以进行商事诉讼技术证据审理的技术法官既不是审理本案的法官也不是在本案中参与司法鉴定的人员，而是独立于他们的第三方的专业技术人员。人民法院内部的司法技术部门的技术法官能够进行技术审理的，可以由他们自己完成技术证据审理工作，人民法院内部的司法技术部门的技术法官不能进行技术审核的，应当组织聘请相关领域或学科的专业技术人员进行技术审理。人民法院内部的司法技术部门组成技术合议庭，在商事诉讼技术证据审理活动中的主要职责是对技术证据审理活动进行组织、协调和监督，并真正承担实质性技术证据审理工作。即完成商事诉讼技术证据审理工作的是专业技术法官及其组成的技术合议庭，而不是法院内部的司法技术部门。②有人认为，人民法院内部司法技术部门的

① 陈杭平 . 论中国法院的“合一制”[J]. 法制与社会发展，2011（06）.

② 郭华 . 司法鉴定制度改革的基本思路 [J]. 法学研究 ,2011（01）.

技术人员不应进行商事诉讼技术证据审理，这可以避免部分人对人民法院司法技术人员能力的怀疑，这种观点过于片面。因为技术证据审理活动是一项独立的活动，最终得出的审理意见是否令人信服，是根据审理意见本身的质量进行评价的，而不是由什么技术人员进行审理而作出评价的。人民法院内部的司法技术人员不仅不应该回避参与技术证据审理活动，而且应该充分发挥人民法院内部现有司法技术人员的工作能力，使其转变为技术法官，另行组成技术合议庭，参与案件的审理工作。

不论是人民法院内部的司法技术人员即技术法官，还是从相关技术领域聘请的专业技术人员，一旦参与某个商事案件的技术证据审理活动，这些技术人员就必须像审理案件的法官一样具有独立性，就成为审理案件的技术法官。这些技术法官的独立性概括起来也是包括三个方面的内容：一是外部独立；二是内部独立；三是精神独立。外部独立就是要求任何机关、团体和个人不得干预这些专业技术法官的审理活动，让他们能够充分发挥自己的专业技术特长，独立地调查、询问、分析鉴定结论、检验报告、勘验检查记录、工程文件、会计资料、医疗资料等技术性证据以及其他有关技术性问题可能涉及的疑难事实或发生过的事件经历，能够去伪存真，查明真相。人民法院内部的司法技术人员和从相关技术领域聘请的专业技术人员是以自己的专业技能进行技术证据审理的，他们除了对法律负责，不对任何机关、团体和个人负责。内部独立则是要求人民法院内部的各个方面，如审判委员会、合议庭等，对进行商事诉讼技术证据审理的技术法官不要随意干预或指导。人民法院审判委员会应当对商事诉讼技术证据审理活动进行监督，发现违反法定程序或技术流程的应当及时制止，甚至可以更换进行商事诉讼技术证据审理的技术法官。但是，人民法院内部应当制定明确的规则，以保证进行商事诉讼技术证据审理的技术法官能够独立地开展工作，能够充分地获得审理案件的有关信息和资料，能够协助这些技术法官去有关单位开展调查访问工作，也能够保证这些技术法官与当事人、公诉人、鉴定人等有顺畅的交流意见的渠道。[①]精神独立是指的进行商事诉讼技术证据审理的技术法官在开展审理活动过程中，不能受到相关利益方面的压力，人民法院应当保证技术法官的人身安全和人格尊严，甚至在必要的情况下，可以采用专业技术法官匿名审理

① 王少仿，刘萍．新时代司法鉴定救助制度的改革路径［J］．湖北警官学院学报，2019（05）．

的方式进行。专业技术法官也必须有良好的品质和修养，要尊重法律，尊重事实。

从事商事诉讼技术证据审理活动的专业技术人员要想独立地开展工作，确保作出的审理意见具有独立性，必须遵守诉讼制度的一些基本程序要求。或者说，人民法院要想使技术证据审理工作发挥出应有的作用，就必须建立技术证据审理的独立原则，并且要将独立原则具体化，便于各方诉讼参与人都能够遵守。[①] 大致说来，商事诉讼技术证据审理的独立原则应当在制度上从以下几个方面体现出来。第一，要遵守自由心证原则。自由心证原则的贯彻是技术证据审理独立性的基本条件之一。自由心证原则包含两层含义：法官对证据的证明力进行自由的判断，法官根据内心确信作出事实认定。对证据证明力的自由评价，指的是对证据的评价方式，而内心确信则与证明标准有关。法官可以凭借自己的理性、良知、技能和综合分析的能力对案件证据作出判断，只要内心确信就可以采信证据或者排除证据，从而作出对事实的判断。当然，自由心证并不是无限自由的，要受到证据裁判主义的限制。技术证据审理活动虽然不是纯粹意义上的审判活动，但是技术证据审理是辅助审判活动顺利进行的，甚至是审判活动必不可少的组成部分，因而参与商事诉讼技术证据审理的专业技术法官对证据和事实的判断也应当是实行自由心证的。专业技术法官在审理过程中对已有的鉴定结论、检验报告、工程文件、医疗文件等进行分析评价，也是凭借自己的理性、良知和专业技术知识作出的。只有这样，专业技术法官才能在商事诉讼技术证据审理活动中不受外部机关、团体和个人的干扰，也不受审理案件的法官的影响，当然也可以摆脱公诉人、当事人以及原鉴定人的影响。现代社会是一个开放的社会，网络和各种舆论很可能会对审理案件产生了直接或间接的影响，这就需要专业技术法官能够恪守自己的独立判断能力，不受各方的干扰和影响。第二，要遵守直接言词原则。参与商事诉讼技术证据审理活动的专业技术法官必须做到亲自面对当事人、公诉人、鉴定人以及其他技术证据审理对象的制作人，不能与案情无关的人员和机构进行不适当的交流意见。直接言词原则就是要求参与商事诉讼技术证据审理的专业技术法官应该取得正确解决案件争议的第一手资料，在审理过程中，必须亲自了解和审查各种证据材料和信息，听取当

① ［日］谷口安平王亚新，刘荣军译．序的正义与诉讼［M］．北京：中国政法大学出版社，2002：121.

事人及其他案件参与人的陈述、证人的证言、鉴定人的意见。从直接言词原则还派生出一项要求，就是在商事诉讼技术证据审理过程中，参与审理的专业技术法官必须始终保持不变，如果审理过程中某个技术法官出缺或者被更换，则商事诉讼技术证据审理活动重新开始，以便新参加的专业技术法官能够直接了解全部证据材料和相关信息。

商事诉讼技术证据审理的专业技术法官的独立性，是保证技术证据审理质量的重要条件。如果专业技术法官因为种种原因不能保持独立性，就很难对审理的对象作出正确的判断。

## 第二节　商事诉讼技术证据审理程序

证据法的体系化努力、规制范围和呈现方式应当建立在审理程序基础上。商事诉讼证据制度作为一个部门法，以何种面目呈现出来并没有固定的模式，是要服从于不同法系国家不同时期的需要。主要从三个方面考虑商事诉讼证据的制定方式：首先要考虑商事诉讼证据规范数量的多少和证据规范体系化的需要。证据规范是商事诉讼证据存在的基础，如果商事诉讼证据规范数量很少，就不能形成有系统的商事诉讼证据制度。随着商事案件增多，商事诉讼证据规范数量相应增加，为了解决商事诉讼证据规范繁杂的问题，就必然产生商事诉讼证据规范体系化的要求。其次要考虑商事诉讼证据与审理程序进行良好的衔接，在合适的诉讼环境中商事诉讼证据规范才能有效运作。大陆法系国家的商事诉讼证据规范嵌入民事诉讼法，是民事诉讼法的有机组成部分。英美法系国家的商事诉讼证据尽管相对独立，但其演进植根于对抗制和陪审团的审判程序，并随着商事诉讼背景的演变而发生变化，同时，商事诉讼证据以相关性、可采性和证据分量为核心的审判框架，是以对抗制和陪审团的审判程序为基础的。最后要考虑商事诉讼证据的样式要与本国商事司法职业现状和商事审判机构设置相适应。证据法经常被认为是法律人之法，商事诉讼证据设置越精细复杂，越需要由专业人士来运作。相对发达的商事法律职业阶层的存在，是商事诉讼证据制度有效运转的保障。所以，探讨商事诉讼技术证据问题，离不开商事诉讼程序，应当在商事审判程序范围内呈现出商事诉讼技术证据的本来状态。

在1996年以前，我国的商事诉讼技术证据规范很少，主要以民事诉讼法中证据章节的形式存在着。后来，我国开始进行商事庭审方式改革，传统的职权主义模式中加入了众多当事人主义的因素。当事人双方和诉讼代理人在庭前取证、庭审质证等方面逐步起到主导作用，而法官逐渐变成对法庭调查承担审查责任的角色。在此背景下，民事诉讼法中极为简单的证据规范就不能满足商事诉讼技术证据的实践需求。证据概念、证据种类、证明标准和证人出庭制度等，虽然对商事诉讼技术证据审查有重要意义，但技术证据有其特殊规律，必须在证据真实性、合法性等方面具有可操作的具体规则，否则无法应对商事司法实践中花样翻新的证据问题。

美国证据法法典化时，摩根 1941 年草拟的《模范证据法典》就曾因过于简化而招致司法界的批评和抵制。我国证据法的基本样态，学者们提供了两种方案，一种方案是不区分三大诉讼法的统一证据法，另一种方案是主张设立全国层面的统一证据法，同时设立不同诉讼法中的证据法。这些争论莫衷一是，对我国商事诉讼技术证据制度有一定的参考意义。商事诉讼证据制度是否分立，与商事法律人在法律事务处理时的专业分化程度有关系，是否存在专业法律人与外行人在商事事实认定上的权力分工和诉讼审查的专业化程度，都会对商事诉讼证据的形态产生影响。因此，我国商事诉讼技术证据进行体系化的过程，不能简单地以某种模式为样本，而要在充分考虑我国商事审判程序的情况，为商事诉讼技术证据的审查判断提供良好的司法环境。

商事诉讼技术证据审理程序与民事诉讼法中的第一审普通程序、简易程序和第二审程序具有相关性。我国民事诉讼法对第一审普通程序中的起诉与受理、审理前的准备、开庭审理等各个环节作了详细规定，对撤诉、缺席判决、诉讼中止、延期审理、诉讼终结等可能在审判过程中出现的情况也作了全面规定。商事诉讼技术证据审理程序应当在参考民事诉讼法的规定基础上，适当根据自身的需求制定特殊的程序规则。

## 一、委托与受理

商事诉讼技术证据审理是技术法官协助合议庭法官进行证据审查的一种特殊方法，目的在于确保法官不因错误的鉴定结论导致错误裁判。一般应以案卷所提供的材料为基础进行审理，不进行独立的检验、鉴别等鉴定行为，不在商事诉讼技术证据审理过程中产生新的鉴定结论证据。商事诉讼技术证据审理必须按照一定程序受理，才能与审判程序结合起来，否则会违反诉讼程序的有关规定，影响诉讼程序的公正性。

技术证据审理受理的基本程序应当是：审理具体案件的合议庭向人民法院内的司法技术部门或审判委员会提出委托要求，人民法院内的司法技术部门或审判委员会决定是否受理。就是说，提出商事诉讼技术证据审理委托要求的是具体审理案件的合议庭，而接受委托的是人民法院内的司法技术部门或审判委员会。陕西西安周至县人民法院审理过的某案例，案情是一个种鸡场因为使用了一个兽药厂生产的喹乙醇导致种鸡大量死亡，后在商事诉讼中双方对种鸡死亡的原因争议较大，司法鉴定意见也引起当事人的很大争议。[①]这种商事案件就可以由合议庭委托人民法院内的司法技术部门进行商事诉讼技术证据审理。

商事诉讼技术证据审理是由专业技术法官通过科学技术手段审查证据的一种方法，是辅助审理案件的法官判断案件证据的，所以从商事诉讼制度上应当是由审理具体案件的合议庭提出委托要求。审理具体案件的法官自己感觉到对案件的某些证据不能形成内心确信时，才有必要提出要求技术法官辅助判断分析证据，而法官对案件证据能不能形成内心的确信，对案件证据能不能决定采信，只有审理案件的合议庭法官本人知晓。如果合议庭对案件证据能够形成内心的确信，能够做出采信或不采信的评议，也就没必要请技术法官辅助判断证据了。[②]当事人、诉讼代理人、鉴定人以及其他商事诉讼技术证据审理对象的制作人都没有权利向人民法院的司法技术部门或审判委员会提出技术证据审理的要求，因为他们无权对案件证据采信或不采信，他们不是案件的审理者，而只是诉讼活动的参与人。当事人、诉讼代理人、鉴定人以及其他商事诉讼技术证据审理对象的制作人如对案件审理中的证据产生疑问，可以向合议庭提出技术证据审理的要求，但是否进行商事诉讼技术证据审理应当由合议庭决定。

人民法院内的司法技术部门或审判委员会是受理商事诉讼技术证据审理的唯一机构，其他任何部门、机构或个人无权受理技术证据审理。就是说，审理具体案件的合议庭只能委托人民法院内的司法技术部门或审判委员会进行商事诉讼技术证据审理，而不能自己委托某些专业技术法官或专业技术机

① 最高人民法院中国应用法学研究所．人民法院案例选（民事卷）下册［M］．北京：中国法制出版社，2001：1148.

② 江伟主编．中国证据法草案（建议稿）及立法理由书［M］．北京：中国人民大学出版社，2004：189.

构进行技术证据审理。商事诉讼技术证据审理不是司法鉴定，技术证据审理是在审理案件中已有鉴定结论、检验报告、医疗资料、会计资料等技术证据的情况下，法官还不能形成确信时采取的辅助方法，而对法官判断证据进行辅助的机构只能是人民法院内的司法技术部门或审判委员会。人民法院内的司法技术部门或审判委员会接受委托后，决定法院内的技术法官或聘请法院以外的专业技术人员进行技术证据审理是具体审理方法和程序问题，人民法院内的技术法官或者法院以外的专业技术人员都可能是具体进行技术证据审理的人员，但他们不是受理商事诉讼技术证据审理的机构。这个道理如同只有人民法院才有权受理民事诉讼或刑事诉讼案件，而人民法院内的合议庭或法官没有权受理民事诉讼或刑事诉讼案件，合议庭或法官仅仅是人民法院安排具体审理案件的审判组织或审判人员。

审理具体案件的合议庭有权向人民法院内部的司法技术部门或审判委员会提出商事诉讼技术证据审理的委托，但并不是合议庭就可以任意提出委托，而是应当遵守一定的条件。委托商事诉讼技术证据审理的条件是：第一，必须是在案件审理过程中才能提出。案件受理以前和判决作出以后不得委托技术证据审理。案件没有进入审理程序，就不存在对证据的判断与采信，不存在法庭调查和当事人的辩论，当然也就不能进行技术证据的审理。在某些特殊情况下，可以考虑不受审理过程的拘束，比如审判监督程序中，人民法院决定对某个案件是否再审时涉及到对技术证据的判断，可以委托人民法院内的司法技术部门进行技术证据审理。第二，只有对商事诉讼技术证据才能进行审理，对一般证据不能进行审理。如果合议庭在审理案件过程中只是对一般证据的关联性、合法性等问题难以把握，这只是法官个人审理案件的能力存在问题，司法技术部门不能对此予以辅助。案件涉及了专业技术问题，这些技术问题超出了审理案件的法官应有的知识经验范围，法官才能求助于司法技术部门进行技术证据审理。商事诉讼技术证据审理的对象是案件涉及的技术证据或材料，如鉴定文书、检验报告、勘验检查记录、医疗资料、会计审计资料等。对商事诉讼技术证据审理的全部内容就是对这些技术证据或资料是否客观、真实和可靠，能否作为定案的依据进行审查。合议庭对这些技术问题有时难以解决。第三，必须是合议庭对案件证据不能形成内心确信。鉴定结论、检验报告、勘验检查记录、医疗资料、会计审计资料等技术证据或材料具有很强的专业技术性，不从事这些领域工作的人对这些材料的真伪性很难作出正确的评价，有时即使是专业技术法官也对一些技术问题的形成原因产生困惑。[①]在审理案件的法官对这些技术证据和材料难以准确判断的情况下，就有必要请技术法官辅助分析判断。如果合议庭本身就能对有关的技术证据和材料形成内心的确信，合议庭也就不需要委托专业技术法官进行技术证据审理了。法官对技术证据和材料不能作出认定或难以形成确信，常见的情形有：当事人提出重新鉴定的申请，法官需要明确是否有必要再次启动鉴定程序以及启动何种鉴定程序；多个鉴定意见不同或有矛盾，法官需要明确如何从科学原理或技术角度取舍或采信鉴定意见；需要明确鉴定意见与待证事实之间在科学上的证明意义的；检验报告、勘验检查记录、医疗资料、会计审计资料等技术资料记载内容在当事人之间产生严重分歧，而法官需要明确记载内容在科学技术上是否成立的；检验报告、勘验检查记录、医疗资料、会计审计资料等技术资料记载内容从专业技术角度是否符合法律规定；多种检验报告、勘验检查记录、医疗资料、会计审计资料等之间存在矛盾，法官需要明确采信哪种资料的。

合议庭向人民法院内的司法技术部门提出技术证据审理的委托范围应该有所限定。现在各地人民法院对外委托司法鉴定的送检范围大多都有限定。比如，山西省高级人民法院规定的法院对外委托司法鉴定范围包括：法医、物证、声像资料、会计、审计、评估、拍卖、破产清算。产品质量、计算机技术、建筑工程及造价、知识产权、文物珠宝、农药种子质量及诉讼中遇到的其他专门问题。厦门市中级人民法院规定的对外委托司法鉴定范围包括法医、文检、会计、审计、评估、药品、破产清算。产品质量、计算机技术、建筑工程及造价、知识产权、文物珠宝、农药种子、声像资料和其他专门问题的技术鉴定。技术证据审理程序中，也应该像人民法院对外委托司法鉴定一样规定委托范围，这样有利于技术合议庭开展审理。

合议庭在审理具体案件中对鉴定结论等技术证据的鉴定方法、鉴定程序、记载内容和因果关系等问题不能形成确信，就应当将有关事项委托人民法院内的司法技术部门进行技术证据审理。委托时，合议庭应当向司法技术部门提交《技术证据审理委托书》，委托书应当载明简要案情、当事人和鉴定人情况、审理内容和要求、需要审理的鉴定文书或检验报告等技术证据的情况。

① 龙宗智．证据分类制度及其改革［J］．法学研究，2005（05）．

委托书应有合议庭组成人员签名和人民法院有关部门负责人签名。同时合议庭应当向司法技术部门移交相关的案件卷宗材料、经法庭质证确认的当事人举证材料、法院依职权调查核实的材料等。

司法技术部门接到合议庭的《技术证据审理委托书》后，应当在3日以内进行审查，决定是否予以受理。受理由司法技术部门的专门工作人员负责，按以下程序办理：（一）审查移送手续是否齐全；（二）审查、核对移送材料是否齐全，是否符合要求；（三）制作移送审理单并签名，报司法技术部门负责人签字并加盖部门公章。由司法技术部门和合议庭各存一份备查；（四）进行受理登记。如果决定受理，应当向合议庭发出《技术证据审理受理通知书》，如果决定不予受理，应当向合议庭发出《技术证据审理不予受理通知书》，并告知合议庭不予受理的理由。

司法技术部门接到合议庭的《技术证据审理委托书》后，一般应当受理，但是如果发现以下情况应当不予受理：合议庭提交的委托事项不属于技术证据认定的；当事人对在庭审中质证的鉴定意见等技术证据没有异议的；当事人已经自认的；检验报告、勘验检查记录、医疗资料、会计审计资料等技术资料记载内容需要由有关部门确认或认证的；鉴定机构资质不合格应当重新鉴定的；合议庭移交的有关资料存在重大缺漏，无法进行审理的；合议庭委托审理的事项不明确的；在高新技术领域迄今尚无定论的技术疑难问题等。[①] 司法技术部门决定不予受理后，要告知合议庭不予受理的理由，合议庭不同意司法技术部门不予受理的决定，可以向本院审判委员会或院长报告，由审判委员会或院长决定司法技术部门是否应当受理。

商事诉讼技术证据审理是审判活动中经常遇到的问题，我国现行诉讼制度没有对技术证据审理作出规定，从而使商事诉讼技术证据审理游离于审判制度之外，这既不利于保证审判工作的公正性，也不符合商事诉讼技术证据审理在审判工作中大量存在的实际情况。商事诉讼技术证据审理的受理制度应当明确规定到审判程序里，这样便于法官依据法律规定启动技术证据审理程序，防止法官可能为了推诿责任等原因任意委托技术证据审理。只有明确商事诉讼技术证据审理的受理制度，人民法院内的司法技术部门才能确定在审判制度中的法律地位，从而使司法技术部门组成的技术合议庭作出的技术

---

① 王志雄．技术调查官的社会分工意蕴与制度完善研究［J］．贵州社会科学，2017（08）．

证据审理意见具有一定的法律效力。商事诉讼技术证据审理的受理制度是确定技术证据审理活动性质的前提。

商事诉讼技术证据审理受理后应当产生相应的法律效果。对于合议庭来说，因为有关证据已经委托司法技术部门进行审理，合议庭就不能再继续审理案件，这种情况下可以适用延期审理的规定，等到司法技术部门审理完毕，再继续审理案件。因为一旦委托技术证据审理，合议庭就不能再对这个技术证据进行评价，只能等待司法技术部门作出的审理意见。对于当事人来说，因为有关证据已经委托司法技术部门进行审理，当事人就不必再向法官就有关技术证据进行辩论，而是应当配合司法技术部门对证据进行审理，当事人应当按照商事诉讼技术证据审理的相关程序向专业技术法官说明有关情况，以保证商事诉讼技术证据审理工作的顺利完成。

## 二、审理前的准备

审理前的准备，是指人民法院内的司法技术部门决定受理技术证据审理后到开始审理前，由司法技术部门和专业技术法官依照相关规定进行的一系列准备工作的总称，是商事诉讼技术证据审理工作中必不可少的一个阶段。审理前的准备阶段的设置，可以保证技术证据审理质量，提高商事诉讼技术证据审理效率。审理前的准备工作充分全面，对于保护当事人的合法权益，保证人民法院正确行使审判权均具有重要意义。商事诉讼技术证据审理是由专业技术法官通过科学技术手段审查证据的一种方法，是辅助审理案件的法官判断案件证据的，所以在具体审理前，技术合议庭应当通过审理具体案件的合议庭和案件当事人了解案件情况，准备相关的技术资料，确定商事诉讼技术证据审理的顺序和过程，为具体的技术证据审理工作打下扎实的基础。

从民事诉讼立法来看，都有关于审前准备的相关规定，但不同国家和地区对审前准备的具体内容和诉讼功能都有区别。有的国家的审前准备程序内容相当完整，并且在收集证据和查明案件情况中发挥重要作用，而有的国家则是一种纯粹的程序过程，没有判明案件情况的功能。[①]商事诉讼技术证据审理不同于合议庭审理案件，技术合议庭不能在技术证据审理中追加、变更当事人，不能对当事人送达诉讼文书，也不能适用举证时限的规定，但是商事

① 陈如超．司法鉴定管理体制改革的方向与逻辑［J］．法学研究，2016（01）．

诉讼技术证据审理在道理上也有与合议庭审理案件相同之处，因而必然有其相应的规则和程序，以便保证技术证据审理过程与合议庭审理案件过程相衔接，使商事诉讼技术证据审理工作不违反民事诉讼的具体规定。

大致说来，商事诉讼技术证据审理的准备工作有以下几方面的内容：

### （一）向当事人等告知参与商事诉讼技术证据审理的权利义务和技术合议庭的组成人员

人民法院内的司法技术部门向合议庭发出《技术证据审理受理通知书》后 5 日内，应当告知当事人、诉讼代理人、鉴定人以及其他技术证据审理对象的制作人在技术证据审理过程中享有的权利和承担的义务。商事诉讼技术证据审理虽然与审判活动不同，但是毕竟商事诉讼技术证据审理结论对案件判决具有重要作用，甚至合议庭最终将直接采信技术证据审理结论，因而技术证据审理实质上已经成为审判活动的一部分。[①]商事诉讼技术证据审理对当事人的权益保护具有重大意义，也对诉讼代理人、鉴定人和其他技术证据审理对象的制作人的诉讼活动产生直接影响，因此在商事诉讼技术证据审理过程中必须保障他们的合法权利，当然同时也要求他们承担一些审理过程中的义务。

具体来说，当事人、诉讼代理人、鉴定人以及其他技术证据审理对象的制作人有知情权，有权知晓商事诉讼技术证据审理的进度和方案、技术方法的应用、参与审理的有关技术部门的技术人员的资质、技术证据审理依据的标准、技术证据审理过程中使用的未在审理中展示的证据材料以及检验报告、勘验检查记录、医疗资料、会计审计资料等技术资料记载的详细内容等。审核过程的公开性，才能保证审理结论的可靠性，才能让当事人、诉讼代理人、鉴定人和其他技术证据审理对象的制作人信服审理结论。当事人和其他诉讼参与人对技术证据审理活动的各项内容的知情，符合诉讼制度的基本原理，也是技术证据审理的基本准则之一。当事人、诉讼代理人、鉴定人以及其他技术证据审理对象的制作人还应有异议权。仅仅使当事人、诉讼代理人、鉴定人以及其他商事诉讼技术证据审理对象的制作人对技术证据审理过程知情还不足以保证审理结论的公正性，还必须使当事人、诉讼代理人、鉴定人

① 尤乐．论司法辅助事务集约化的含义、内容和法治化路径［J］．北方法学，2019（04）．

以及其他技术证据审理对象的制作人有权对技术证据审理的进度和方案、技术方法的应用、参与审理的有关技术部门或技术人员的资质、技术证据审理依据的标准、技术证据审理过程中使用的未在审理中展示的证据材料以及检验报告、勘验检查记录、医疗资料、会计审计资料等技术资料记载的详细内容等提出异议。只要当事人、诉讼代理人、鉴定人以及其他商事诉讼技术证据审理对象的制作人认为上述内容存在错误、不足或可疑之处，均可提出异议。[①]这些异议对参与商事诉讼技术证据审理的专业技术人员和技术法官具有重要的参考价值，会使技术法官和专业技术人员不断修正技术审理方案和采用的技术方法和资料，以便商事诉讼技术证据审理结论更加可信。但是，当事人、诉讼代理人、鉴定人以及其他技术证据审理对象的制作人提出的异议，只应当作为对商事诉讼技术证据审理工作的建议，而不应当成为商事诉讼技术证据审理顺利进行的障碍。就是说，当事人、诉讼代理人、鉴定人以及其他技术证据审理对象的制作人有权提出异议，但这些异议只供审理的技术人员参考，专业技术人员可以采纳这些异议，也可以不采纳，因为商事诉讼技术证据审理是技术法官和专业技术人员依据自己的专业技术知识独立作出的。当事人、公诉人、鉴定人以及其他技术证据审理对象的制作人还享有提交相关证据材料的权利。有些证据材料可能在诉讼过程中未向合议庭提交，只要不违反诉讼法的有关规定，就可以在技术证据审核过程中向技术合议庭提交，以便商事诉讼技术证据审理采用的证据材料更加全面完整。

当事人、诉讼代理人、鉴定人以及其他技术证据审理对象的制作人在享有权利的同时，还应当在商事诉讼技术证据审理过程中承担一定的义务。商事诉讼技术证据审理过程中，技术合议庭可能会发现许多问题，需要当事人等配合解决，因此当事人、诉讼代理人、鉴定人以及其他技术证据审理对象的制作人在必要情况下应当承担相应义务。比如，当事人、诉讼代理人、鉴定人以及其他技术证据审理对象的制作人有提交自己掌握的有关证据材料的义务，如果商事诉讼技术证据审理过程中涉及到有关材料，而这些材料在当事人等方面持有，技术证据审理人员有权要求其提交相关证据材料。如果技术证据审理人员要求提交而其不提交，可以按照商事诉讼制度的有关规定处

① 朱晋峰．以审判为中心诉讼制度改革背景下科学证据审查的困境及出路［J］．法律适用，2018（13）．

理。[①] 当事人、诉讼代理人、鉴定人以及其他技术证据审理对象的制作人还应当遵守商事诉讼技术证据审理的有关规定，不得干扰技术证据审理人员的正常工作，并且要配合技术证据审理人员开展相关工作。

人民法院内的司法技术部门决定受理商事诉讼技术证据审理委托后，应当尽快组成技术合议庭。技术合议庭的组成人员既可以是人民法院内的技术法官，也可以是人民法院以外的专业技术人员，审理该案的合议庭的审判长参与并主持技术合议庭。技术合议庭的人数应该是单数。技术合议庭负责对技术证据的审理。

人民法院内的司法技术部门向合议庭发出《技术证据审理受理通知书》后 5 日内，应当告知当事人、公诉人、鉴定人以及其他技术证据审理对象的制作人技术合议庭的具体组成人员，并告知有申请回避的权利。参与商事诉讼技术证据审理的技术法官和专业技术人员，有下列情形之一的应当回避：是本案当事人或者当事人的近亲属；与本案有其他利害关系的；担任过本案的证人、鉴定人、辩护人和诉讼代理人的；与本案有其他关系，可能影响公正处理案件的。[②] 参与技术证据审理的技术法官和专业技术人员如果有上述回避情形的，也应当主动回避。技术证据审理是专业性很强的工作，参与审理的专业技术人员和技术法官必须具备一定的资质，而且必须专业符合本案审理对象的要求，如果当事人等认为技术合议庭的组成人员在资质和专业领域不符合要求，也可以提出异议。

### （二）认真审查商事诉讼技术证据审理材料，通知合议庭调查收集必要的证据

商事诉讼技术证据审理受理后，会随即组成技术合议庭进行审理。技术合议庭组成人员应当认真审查现在已有的审理材料，了解案件情况，查阅案卷材料，确定审理的重点和难点。这里所说的商事诉讼技术证据审理材料，是指当事人、诉讼代理人等提交的起诉状、答辩状、辩护书、鉴定意见以及他们各自提交的有关证据材料，还有合议庭依法主动收集的必要证据。但是，在商事诉讼技术证据审理过程中，很可能会发现合议庭审理案件时疏漏了某

---

① 江伟 . 民事诉讼法［M］. 北京：高等教育出版社，2009：290.

② 马陈骏，杜志淳 . 民事诉讼中鉴定意见的表述与适用研究［J］. 证据科学，2019（05）.

些证据材料，或者当事人应当提交的证据材料未提交，这种情况下，技术证据审理人员应当通知合议庭补充调查收集必要的证据。技术证据审理人员也有权直接向有关部门或人员调查收集证据，有权强制要求当事人等提交证据，也可以通知合议庭完成证据调查工作。[①]合议庭接到技术合议庭的通知后应当进行调查收集证据的工作，不过，合议庭如果认为技术合议庭的调查收集证据要求不符合诉讼法规定，可以告知技术合议庭而不进行调查收集证据。

在商事诉讼技术证据审理过程中，有时需要审理法官亲自与有关部门或诉讼参与人调查了解案件情况。此时，技术证据审理人员可以依照受诉人民法院派出人员进行调查的规定进行调查，应当向被调查人出示证件，调查时应当制作调查笔录，调查笔录经被调查人校阅后，由被调查人、技术证据审理人员签名或盖章。这种调查结果相当于合议庭的证据调查，可以作为以后合议庭判决的依据。

### （三）与合议庭讨论商事诉讼技术证据审理中涉及的法律问题

商事诉讼技术证据审理不单纯是一个专业技术问题，而且也是一个法律问题。任何商事诉讼技术证据审理必须在法律制度的规定下进行，比如，商事诉讼中的证据规则对技术证据审理有重要的限制，非法证据必须予以排除。司法上的认知、自由心证、证明标准以及证据的证明力等，都直接关系到商事诉讼技术证据审理的对象和内容是否正确。所以，技术证据审理人员在进行审理前必须对审理材料进行法律分析和判断，排除那些不合法的证据材料，确定出有必要进行审理的证据材料。技术证据审理人员应当与合议庭成员讨论有关法律问题，这是技术证据审理前准备工作中的一项重要内容。

### （四）对不符合商事诉讼技术证据审理对象的委托作出说明和处理

人民法院内的司法技术部门受理合议庭提出的技术证据审理的委托时，就对委托事项能否进行技术证据审理进行审查，但是司法技术部门的专业技术法官人数毕竟有限，不可能对各种技术证据审理委托事项都能作出正确而清晰的判断，许多委托事项需要确定技术证据审理人员后才能作出专业判断。在审理前的准备工作中，商事诉讼技术证据审理人员必须对委托事项是否可

① 江伟.民事诉讼法［M］.北京：高等教育出版社，2009：292.

以审理再进行审查判断，对于不能进行商事诉讼技术证据审理的事项要对合议庭甚至当事人作出说明和解释。比如，合议庭提出的技术证据审理委托的事项从目前科学技术水平来看无法作出准确判断，或者当前没有统一的行业技术评价标准，或者属于新兴技术在科学技术上有重大分歧等。再如，检验报告、勘验检查记录、医疗资料、会计审计资料等技术资料记载内容需要由有关部门确认或认证的；鉴定机构资质不合格应当重新鉴定的；合议庭移交的有关资料存在重大缺漏，无法进行审理的；合议庭委托审理的事项不明确的。如果合议庭的委托出现上述情况，技术合议庭将无法进行审理。技术合议庭对于不能进行技术证据审理的委托事项，应当及时告知合议庭，并向合议庭发出《技术证据审理撤销受理通知书》。[①] 如果合议庭对技术合议庭作出的《技术证据审理撤销受理通知书》有异议，可以向人民法院审判委员会提出复查要求。人民法院审判委员会对合议庭提出的技术证据审理复查要求，可以作出复查或者不予复查的决定。如果人民法院审判委员会作出复查决定了，司法技术部门应当另行组织技术法官和专业技术人员对合议庭提出的技术证据审理委托进行认真复查，重新检查是否可以进行技术证据审理。如果经过复查，司法技术部门认为可以进行技术证据审理，那么就撤销《技术证据审理撤销受理通知书》，告知合议庭进行技术证据审理。如果经过复查，另行组织的专业技术人员仍然认为该项技术证据审理委托不能进行技术证据审理，那么司法技术部门要向人民法院审判委员会进行报告，并通知合议庭复查结果。

## 三、审理过程

审理过程是指当事人在充分行使自己辩论权的情况下，通过举证、质证、认证商事诉讼技术证据，查明案件事实，分清是非，正确适用商事法律，对商事案件作出公正的裁决。

### （一）商事诉讼技术证据审理的对象

商事诉讼技术证据审理的对象应当是广泛的，不应该有一个明确的限定范围。在商事审判实践中，不论是公司案件、票据案件还是保险案件，可能

---

① 姜培，杨艺．司法鉴定中存在的问题与规范［J］．检察调研与指导，2019（05）．

遇到的技术证据的类型就是多种多样的，因而商事诉讼技术证据审理的对象应当根据案情的需要而变化。[①]只要在审理案件过程中，法官对某些技术证据的判断和采信存在某种程度的困难，或者当事人对某些鉴定结论等产生比较合理的怀疑，就可以要求通过技术证据的审理获得进一步的确认，从而使最终的审判结果更令当事人信服和赢得社会更广泛的认可。

一般来说，商事诉讼技术证据审理的对象主要是司法鉴定意见。鉴定意见是诉讼中的一种主要证据方法，各种技术证据的采信往往会引起当事人之间的争论，这就需要通过司法鉴定得出可靠的意见，以便弥合当事人之间的分歧。但是这就会产生一系列新的问题：鉴定意见本身是否就是当然可信的；鉴定人是否诚实和中立；司法鉴定意见书和司法鉴定检验报告书是否按照正当的程序和方法制作；鉴定的内容是否依照公认的科学准则进行；一些新兴技术和产业涉及到的技术问题是否存在公认的解决方案或标准等。[②]这些问题的存在，肯定会引起当事人对鉴定意见的怀疑甚至反驳，有时也会让法官陷入困境，商事诉讼技术证据的审理也就应运而生。

商事诉讼技术证据审理主要解决具体案件中司法鉴定的方法、程序、结论和因果关系等问题，常适用于以下情形：当事人提出重新进行司法鉴定的申请，法官需要明确是否有必要再次启动司法鉴定程序和启动何种司法鉴定程序；多个鉴定结论内容不同甚至相互抵触，法官需要明确如何从科学和合理角度取舍或采信鉴定结论的；需要明确鉴定意见对证明对象在科学上的证明意义的；鉴定意见的推理过程需要进一步明确说明的；司法鉴定过程中，收集资料和信息、操作检验设备、综合分析和专业判断、文字表述和个人情感偏向等需要查明的；鉴定意见中事实问题和法律问题的区分存在争议的；高新技术和具有重大危险性的工业生产流程，如核电站、海洋石油钻探和开发等，需要采用特别司法鉴定程序的；需要法官与鉴定人配合才能完成的某些特别问题，如对具体案件中因果关系的解释，法官需要行使释明权而没有行使的；其他需要技术证据审理的。

为了规范司法鉴定机构和司法鉴定人的司法鉴定活动，保障司法鉴定质量，保障诉讼活动的顺利进行，根据《全国人民代表大会常务委员会关于司

---

① ［美］肯尼斯·R·福斯特，彼得·W·休伯，王增益译．对科学证据的认定——科学知识与联邦法院［M］．北京：法律出版社，2001:60.

② 邱爱民．科学证据内涵和外延的比较法分析［J］．比较法研究，2010（05）．

法鉴定管理问题的决定》和有关法律法规的规定，司法部在2007年通过了《司法鉴定程序通则》。司法鉴定程序是指司法鉴定机构和司法鉴定人进行司法鉴定活动应当遵循的方式、方法、步骤以及相关的规则和标准。司法鉴定实行鉴定人负责制度。司法鉴定人应当依法独立、客观、公正地进行鉴定，并对自己作出的鉴定意见负责。司法鉴定机构和司法鉴定人应当保守在执业活动中知悉的国家秘密、商业秘密，不得泄露个人隐私。未经委托人的同意，不得向其他人或者组织提供与鉴定事项有关的信息，但法律、法规另有规定的除外。司法鉴定机构和司法鉴定人在执业活动中应当依照有关诉讼法律和本通则规定实行回避。司法鉴定机构应当统一受理司法鉴定的委托。这些规定说明，我国司法鉴定工作必须按照既定的程序进行，否则就不能被人民法院审理案件采用。对司法鉴定机构违反法定程序作出的鉴定意见，当事人可以要求重新鉴定，也可以要求通过技术证据审理的方式排除被采信的可能。因此司法鉴定的方法和程序也是技术证据审理的对象。

在我国现行的审判制度和司法鉴定制度下，商事诉讼技术证据审理的对象还有其特殊性。伴随着我国司法鉴定体制改革的深入，尤其是2005年全国人大常委会关于司法鉴定管理问题的决定实施后，各地成立了大量的司法鉴定机构。但是基础工作不够扎实，各类专业鉴定技术人员素质和水平差异较大，使得我国的司法鉴定意见存在很多质量问题。加之司法检验鉴定方法的评价机制不统一或者缺失，法官在审理案件过程中一旦当事人对司法鉴定结论提出异议后，无法寻求一个合理的途径解决这些异议。[①]更重要的是，我国审判制度有别于其他国家，法庭的辩论主义和公开审判原则贯彻得不够充分，也使得当事人对鉴定结论的采信产生诸多质疑。因而我国的商事诉讼技术证据审理的对象从一定意义上与司法鉴定的对象是重叠的。

司法鉴定通常包括的法医鉴定、司法精神病鉴定、刑事技术鉴定、会计鉴定和技术问题鉴定有时也是我国商事诉讼技术证据审理的对象。在审判活动中，对与案件有关的尸体、人身、分泌物、排泄物、胃内物和毛发等进行鉴别和判断；对自然人有没有民事责任能力进行鉴别和判断；对指纹、脚印、笔迹和弹痕等进行鉴别和判断；对账目、表册、单据、发票和支票等书面材料进行鉴别和判断；对涉及工业、交通和建筑等方面的科学技术进行鉴别和

① 陈卫东.司法鉴定制度改革的价值目标[J].中国司法鉴定，2003(04).

判断等，当事人如有合乎情理的质疑，或者法官难以确定这些鉴定和判断的真实性，都可以通过商事诉讼技术证据审理予以解决。比如，法医临床鉴定是指运用法医临床学的理论和技术，对涉及与法律有关的医学问题进行鉴定和评定。其主要内容包括人身损伤程度鉴定、损伤与疾病关系评定、道路交通事故受伤人员伤残程度评定、职工工伤与职业病致残程度评定、劳动能力评定、活体年龄鉴定、性功能鉴定、诈病（伤）及造作病（伤）鉴定、致伤物和致伤方式推断等。法医临床鉴定是以活体为主要研究对象，解决涉及法律问题的人体伤残及其他生理、病理等问题，是根据伤病的具体情况选择应用相应的临床医学诊断方法，如采用视觉、听觉、CT、核磁共振、PET 等检查方法。①但是在法医学鉴定中，被检查者出于各种动机，有可能夸大病情或伤情，也有可能隐匿病情或伤情，加之医学检查的特殊性，有时很难保证法医临床鉴定结论是真实客观的，而且法医临床鉴定与当事人诉求纠结在一起，经常引发各方当事人的强烈辩论，这就需要通过商事诉讼技术证据审理使法医临床鉴定结论更加明晰，澄清案情的疑点，使法官可以形成内心的确证，作出可靠的判决结果。再如，文书鉴定是指运用文件检验学的原理和技术，对文书的笔迹、印章、印文、文书的制作及工具、文书形成时间等问题进行鉴定。文书应是指公文和书信，但在实际办案中作为证据的文书往往超出了公文和书信的范围，如车票、船票、飞机票、发票、收据、人民币等，其内容的真伪及制作方法都需要进行鉴别。文书鉴定在分析案情、缩小调查范围、明确案件的调查方向等方面可以提供证据。伪造、变造文书是指按照一定真实的样本，或者根据个人的特殊需要，利用各种技术方法设计、制造的文书，或者采用挖补、擦刮、改写、填写、消退、改换和拼接等手段，对真实文书进行的伪造。在司法鉴定中，经常遇到的伪造文书有伪造护照、身份证、有价证券、人民币、外币、介绍信、票据等。这些鉴定看似简单，但是随着仿真技术的发展，随着办公现代化的发展，电脑、打印机、复印机等已广泛运用于人们的日常学习、工作和生活中，要比较制作版型，还要从版面内容如图案、文字、印文、底纹、印刷油墨、纸张以及防伪材料等方面来进行鉴别就变得比较困难。为了更好地观察和比较文书中的一些细小特征，检验人员需要借助显微镜、比对投影仪、紫外线灯或其他专门鉴别仪器进行鉴别。可

① 常林主编．法医学［M］．北京：中国人民大学出版社，2008：115.

疑文书被确定为伪造的之后，有时还需要进一步确定具体的伪造方法，为确定案件事实提供准确的依据。在商事审判实践中，文书鉴定结论也经常引起当事人的争议，有时会使案件事实处于真伪不明的状态，四川省简阳市人民法院曾审理过一个分割共有财产案，当事人双方向法庭提交的诸多书证均是复印件，在审判过程中当事人对复印件的真实性争议较大，并且鉴定结论也存在争议，这种情况下就可以考虑进行技术证据审理以便更好地查明案情。①这同样需要通过商事诉讼技术证据审理来解决，使文书证据在证据能力、证明力等方面都具有可靠性。

计算机司法鉴定是指运用计算机理论和技术，对通过非法手段使计算机系统内数据的安全性、完整性或系统正常运行造成的危害行为及其程度等进行鉴定并提供鉴定结论的活动。②环境监测司法鉴定是指依据环境保护法律法规和有关国家、部门、行业标准以及有关环境科学知识，对影响环境的物理指标、化学指标和生态系统等进行检验、鉴别和判断并提供鉴定结论的活动。工程造价司法鉴定是指依据国家的法律、法规以及中央和省、自治区及直辖市等地方政府颁布的工程造价定额标准，针对某一特定建设项目的施工图纸及竣工资料来计算和确定某一工程价值并提供鉴定结论的活动。产品质量司法鉴定是指依据产品质量法律法规和有关国家、部门、行业标准以及相关科学技术知识对某一特定产品的质量进行检验、鉴别和判断并提供鉴定结论的活动。认定知识产权司法鉴定是指根据技术专家对本领域公知技术及相关专业技术的了解，并运用必要的检测、化验、分析手段，对被侵权的技术和相关技术的特征是否相同或者等同进行认定；对技术转让合同标的是否成熟、实用，是否符合合同约定标准进行认定；对技术开发合同履行失败是否属于风险责任进行认定；对技术咨询、技术服务以及其他各种技术合同履行结果是否符合合同约定，或者有关法定标准进行认定；对技术秘密是否构成法定技术条件进行；对其他知识产权诉讼中的技术争议进行鉴定并提供鉴定结论的活动。税务司法鉴定是指依据国家有关税务方面的法律法规以及相关的科学技术知识，对涉及诉讼的纳税数额等有关税收方面的专门性问题进行检验、鉴别和判断并提供鉴定结论的活动。资产评估司法鉴定是指依据国家的规定

---

① 毕玉谦．民事证据法判例实务研究［M］．北京：法律出版社，2001：32．

② 李哲．电子证据若干问题探讨［J］．西南政法大学学报，2007（06）．

和有关资料，根据特定的目的，遵循适用的原则，选择适当的价值类型，按照法定的程序，运用科学的方法，对资产价值进行评定和估算并提供鉴定结论的活动。

除了司法鉴定意见外，商事诉讼技术证据审理的对象还包括各种检验报告、勘验检查记录、工程文件、会计资料和医疗资料等技术性证据以及其他有关技术性问题。实际上这些对象的范围极其广泛，难以概述。这里只用几种常见的审理对象说明一些情况。

检验报告又称货物残损检验报告，是检验机构应申请检验人的要求，对受损货物进行检验以后所出具的一种客观的书面证明。检验货物受损的程度和鉴定，在国际贸易中常常委托有信用、有权威与超然立场的独立检验人办理。这种检验人又称公证人，他们的检验技术，审慎程度，以及是否持客观、公正的立场，对其检验、鉴定的结果具有较大的影响。所以，国际上有的保险公司为了防止出现这种偏向，常在保险单的条款上声明保留委托公证人的选择权利。当货物受损，需要检验与作出鉴定时，货主应先委托保险单上指定的公证人办理；或者先征得保险人同意的公证人办理公证及出具检验报告。在我国对外贸易货运保险业务中，出口保险货物的检验报告，一般委托国外机构或理赔代理人签发；进口保险货物的检验报告，一般即为中国人民保险公司或其代理人所签发的进口货物残损联合检验报告。此外，产品出售前的质量检查，对公司产品合格数的统计，是鉴定产品质量达标的书面证明。它是经过对产品、设备的质量检验得出，是保证产品质量体系的标准。①这些检验报告不能通过司法鉴定的方式判断真伪性，在审判案件中应当属于证明对象，如果当事人对这些检验报告的内容发生争议，需要当事人举证证明，但是如果当事人举证困难或者不能证明真伪的，就需要通过技术证据审理揭示其真伪的问题，因为检验报告具有依赖很强的专业技术知识才能判断出真伪。

会计资料包括会计凭证、会计账簿、财务会计报告和其他有关资料。会计资料所记录和提供的信息，是反映单位财务状况和经营成果，进行经营管理和投资决策的重要依据，同时也是一种重要的社会资源。为了保证会计信息质量，国家统一的会计制度对会计资料的生成程序、方式、记载内容和格式等作出了一系列规定，这些规定是规范会计资料的具体规则。但是，审判

① 黄泽敏．案件事实的归属论证［J］．法学研究，2017（05）．

实践中，当事人生成和提供虚假会计资料的行为并不少见。伪造会计资料是以虚假的经济业务事项为内容编造会计资料，这种会计资料所记录和反映的内容是实际没有发生的经济业务事项或者是与实际发生的经济业务事项严重不符的。变造会计资料是采用涂改、挖补、剪接等手法来改变会计资料的真实内容，这是一种歪曲、篡改事实的行为。提供虚假的会计资料，就是将有虚假内容的会计资料如财务会计报告提供给会计资料的使用者。[①] 这三种行为在法庭审理中单纯依靠法官或当事人有时很难作出正确判断，因为会计资料的编制需要丰富的专业知识。在诉讼中，如果遇到对会计资料内容的争议，就可以通过技术证据审理的方式予以解决。

在医疗事故争议中，病历资料是医患双方关注的焦点之一，是判定是否承担责任的重要依据，所以对于病历资料的真实性必须得到切实的保证。国务院颁行的《医疗事故处理条例》第九条规定："严禁涂改、隐匿、销毁或者抢夺病历资料。"第五十八条则对上述相关行为作出了予以处罚的规定，并且《条例》第十条规定患者方面有权复印相关病历资料以落实患者的知情权，另外，如《病历书写基本规范（试行）》《医疗机构病历管理规定》等相关配套文件更是对医疗机构和医务人员对病历资料的保存、修改等进一步提出了具体的要求，这些规定的目的都在于保证病历资料的真实、完整，更好地客观公正地维护医患双方当事人的合法权益。病历材料是以文字、图像、数据等内容来证明某种医疗行为事实的依据，属于书证的一种。病历资料可分为两大类：客观性病历资料和主观性病历资料。客观性病历资料是指记录患者的症状、体征、病史、辅助检查结果、医嘱等客观情况的资料，还包括为患者进行手术、特殊检查及其他特殊治疗时向患者交代情况、患者及近亲属签字的医学文书资料；主观性病历资料是指医疗活动过程中医务人员通过对患者病情发展、治疗过程进行观察、分析、讨论并提出诊治意见等而记录的资料，多反映医务人员对患者疾病及其诊治情况的主观认识。病历材料的内容不仅能证明该医疗行为事实，而且能够直接证明该医疗行为的主要事实，具有很强的针对性。[②] 在医疗纠纷诉讼中，病历资料既可证明医患之间诊疗关系的客观存在，又可证明整个医疗行为的客观过程，可见病历资料的证明作用

---

① 刘威．会计学［M］．上海：同济大学出版社，2008：187.

② 常林主编．法医学［M］．北京：中国人民大学出版社，2008：166.

是十分明显的。但是病历资料不能通过司法鉴定的方式判断其真伪，因为病历资料记载的内容主要是医疗活动过程，因而对病历资料记载内容发生争议，也需要通过商事诉讼技术证据审理的方式加以判断。单纯依赖诉讼中的举证责任和法官的自由心证很难解决病历资料记载内容的争议问题。

商事诉讼技术证据审理的实质决定了技术证据审理对象的广泛性，因为商事诉讼技术证据审理的实质在于，人民法院司法技术部门组织的技术合议庭对审判和执行工作中遇到的专门性问题通过审查提出专业方面的意见和措施，以便弥补法官的专业知识不足，或者满足当事人对一些专门性技术问题进行释疑的要求。而现代社会的经济发展异常迅猛，各种各样的科学技术问题不断呈现，专门性技术问题的范围当然就变得相当广泛。现在，人民法院审理案件，已经在知识产权、建筑工程、计算机技术、医疗医药、金融证券、会计审计、农林畜牧等专业以及众多高新技术领域和边缘学科领域与专业技术人员进行了合作，为审判工作的顺利进行提供了很好的条件。这些不同领域的专业技术人员以各种形式参与正在进行的审判案件的工作，实质上就是在进行商事诉讼技术证据的审理工作，已经取得了很好的审判效果，只不过目前还没有形成一套完整而严密的商事诉讼技术证据审理的制度。

## 四、上诉

当事人如果认为商事诉讼技术证据审理过程中存在违法情形影响了审理结论的客观性、公正性，应当在全案审理终结之后提起上诉。

民事诉讼法规定：当事人不服地方人民法院第一审判决的，有权在判决书送达之日起 15 日内向上一级人民法院提起上诉，当事人不服地方人民法院第一审裁定的，有权在裁定书送达之日起10日内向上一级人民法院提起上诉。上诉期限应从判决书裁定书送达当事人的第二日起算。判决书裁定书不能同时送达当事人的，上诉期限从各自收到判决书，裁定书之次日起算。刑事诉讼法规定，有关人员不服地方各级人民法院第一审的判决、裁定，有权用书状或口头形式向上一级人民法院上诉。这样规定是为了保证人民法院的判决、裁定准确、无误，准确、及时打击犯罪，保障无罪的人不受刑事追究，保护公民的合法权益。如果案件审理过程中有技术证据审理，技术合议庭出具了《技术证据审理意见书》，当事人不能针对这个意见书进行上诉，而只能等到合议庭作出判决书以后才能上诉。因为技术证据审理意见书的内容并不一定会被合议庭采信，只有被合议庭采信作出判决书后才可以具有对当事人的拘束力，才具有可诉性。

当事人在上诉时，在上诉请求和上诉理由中可以专门针对一审中的技术证据审理意见书进行。民事诉讼法规定，第二审人民法院应当对上诉请求的有关事实和适用法律进行审查。按照不告不理的原则，第二审人民法院对上诉案件的审理范围限于当事人上诉请求的有关事实，以及与当事人上诉请求有关的法律适用情况。因此对第一审中已经认定的事实和裁判事项，如果当事人双方未提出异议，没有要求第二审人民法院审查与处理的，第二审人民法院对没有上诉的内容不再进行审理。但是，最高人民法院民事诉讼法适用意见规定，第二审人民法院依照民事诉讼法的规定，对上诉人上诉请求的有关事实和适用法律进行审查时，如果发现在上诉请求以外原判确有错误的，也应当予以纠正。对刑事诉讼中的二审案件，第二审人民法院应对第一审判决认定的事实和适用法律，进行全面审查，不受上诉理由和范围的限制。对刑事上诉案件，第二审人民法院不得加重对被告人的处罚。当事人如果针对技术合议庭出具的《技术证据审理意见书》上诉，不论是在什么类型的商事案件，都应当对一审案件进行全面审查。因为第一审中如果进行了技术证据审理，那么就说明这个案件事实争议较大，案情比较复杂。[①]当事人为此提起上诉，说明技术证据审理意见书是案件争议的关键，而技术证据审理意见书往往涉及案件其他部分的内容，不能孤立地对技术证据审理意见书进行审查。为了保证第二审能够查明案件事实，就必须对第一审案件进行全面审查。

第二审人民法院受理当事人的上诉后，是否会组成技术合议庭进行审理，这要根据商事案件情况决定。一般来说，如果当事人上诉请求和上诉理由已经明确表明是针对第一审的技术证据审理意见书，那么在第二审组成合议庭时就可以尽可能选择人民法院的技术法官组成合议庭，不必再单独在合议庭以外组成技术合议庭了。如果当事人的诉讼请求和上诉理由并没有明确针对第一审的技术证据审理意见书，那么第二审组成合议庭时可能就没有专门选择技术法官组成合议庭，但在第二审审理时又必须解决技术证据审理问题，在这种情况下就有必要与第一审时一样组成技术合议庭进行审理了。

① 郭华．健全统一司法鉴定管理体制的实施意见的历程及解读［J］．中国司法鉴定，2017（05）．

## 第三节　商事诉讼技术证据审理方式

商事诉讼技术证据审理的核心问题是处理好诉讼法与证据法的关系。要在商事诉讼中为商事诉讼技术证据的发展提供足够的运作空间，势必会冲击商事诉讼程序原来的规范格局。因此，商事诉讼技术证据审理必须思考自身独特的方式，以相对独立的方式开展技术证据的判断。

商事诉讼证据规范的体系化虽然不完整，但已有了初步进展。比如，商事诉讼证据规范在证据裁判原则的支持下，形成了以证据种类为主的分类机制，并以证据材料、证据和定案根据为审查步骤的基本框架。这种基本框架的设立，表明我国开始以体系化思维来考察商事诉讼证据规范。将证据裁判作为基本原则，为商事诉讼证据的审查提供标准模式。在各类商事案件审判中，认定案件事实，必须以商事诉讼证据为根据，法官、当事人与诉讼代理人应当依照法定程序收集、审查、核实、认定商事诉讼证据，商事诉讼证据未经当庭出示、辨认、质证等法庭调查程序查证属实，不得作为定案根据。以商事诉讼证据种类为基础对证据进行分别审查，对物证、书证、当事人陈述、证人证言、鉴定意见、勘验笔录等按照其特性进行检查和辨认，对视听资料、电子数据、非法证据等都设定了若干审查规则。总之，我国目前实行的商事诉讼证据规范已经朝着体系化方向努力，并已形成初步的框架。对于适用商事诉讼证据规范的法官和当事人来说，这一框架简明易懂，可以快速援引，但也存在着自身独立性不够的问题。通过证据种类对商事诉讼证据进行分类审查，可以让法官和当事人掌握证据审查的要点，但从证据体系化的角度来说，这种做法包含着一些法律风险。证据种类的不周延使商事诉讼证据审查规范潜藏着相互冲突的可能。我国证据种类不周延和分类标准不统一，会造成证据种类本身发生混淆，以其为基础的商事诉讼证据审查规范就容易发生混乱。比如，以电子数据为载体的证人证言和当事人陈述，应以哪种方式进行审查，就容易造成争议。证据种类与证据规则之间也存在着错位，许多证据规则的适用是跨越不同证据种类的。比如，非法证据排除规则适用于当事人陈述、物证、证人证言、书证和电子数据等多种证据，最佳证据规则适用于书证和物证，商事诉讼证据鉴真的要求适用于物证、书证和视听资料等。这在一定程度上会影响我国商事诉讼证据审理程序的内部协调。为此，有必要讨论商事诉讼技术证据审理的独特方式，让商事诉讼技术证据审理既符合商事审判程序的要求，又能突出自身的特征，化解自身面临的特殊矛盾和冲突。

## 一、商事诉讼技术证据审理的方式

商事诉讼技术证据审理可以通过多种方式进行，不同的方式对技术证据进行审理可以发现不同的问题。合议庭委托司法技术部门组成技术合议庭进行技术证据审理，必须提交相应的技术证据材料并且要提出明确的审理要求，司法技术部门接受委托后，要组成技术合议庭开展审理工作。①技术合议庭的第一项工作应当是审查合议庭提交的技术证据材料是否全面，手续是否完整，而审查方式可以根据商事案件事实的需要进行调整。

### （一）形式审理

商事诉讼技术证据的形式审理就是要求合议庭不对所提交的技术证据材料的真实性负责，技术合议庭只是对合议庭提交的技术证据材料是否齐全、是否合法进行审查。技术合议庭仅对委托技术证据材料的形式要件是否具备进行的审查，即审查其委托材料是否完整，是否符合法定形式。

形式审理不对技术证据材料的真实性、合法性作出评价。形式审查的主要特点是审查合议庭提交的技术证据在形式上的合法性、完整性和有效性，不审查委托事项的真实性和事实上的合法性。不同的技术证据材料有不同的形式要件，鉴定结论、检验报告、工程文件、医疗资料等要按照各自的特点审理其形式的完整性。按照现代司法理念，一项法律活动是否有效合法，不仅要看其内容是否真实合法，还要看其外在形式是否合法。形式要件已经成为法律事项中不可缺少的内容。技术法官和专业技术人员不仅要懂得专业技术原理和方法，还要懂得任何一个专业技术问题都必须在法律规定的形式下进行。

以司法鉴定来说，为了规范司法鉴定机构和司法鉴定人员的司法鉴定活动，保证司法鉴定质量，保障诉讼活动的顺利进行，全国人民代表大会常务委员会通过了《关于司法鉴定管理问题的决定》。决定中对司法鉴定机构资质和鉴定人资格等问题作了明确规定。国家对从事下列司法鉴定业务的鉴定

---

① 王振宇.鉴定意见的审查与运用[J].河北公安警察职业学院学报，2018（01）.

人和鉴定机构实行登记管理制度：法医类鉴定；物证类鉴定；声像资料鉴定；根据诉讼需要由国务院司法行政部门商最高人民法院、最高人民检察院确定的其他应当对鉴定人和鉴定机构实行登记管理的鉴定事项。国务院司法行政部门主管全国鉴定人和鉴定机构的登记管理工作。省级人民政府司法行政部门依照本决定的规定，负责对鉴定人和鉴定机构的登记、名册编制和公告。具备下列条件之一的人员，可以申请登记从事司法鉴定业务：具有与所申请从事的司法鉴定业务相关的高级专业技术职称；具有与所申请从事的司法鉴定业务相关的专业执业资格或者高等院校相关专业本科以上学历，从事相关工作五年以上；具有与所申请从事的司法鉴定业务相关工作十年以上经历，具有较强的专业技能。因故意犯罪或者职务过失犯罪受过刑事处罚的，受过开除公职处分的，以及被撤销鉴定人登记的人员，不得从事司法鉴定业务。法人或者其他组织申请从事司法鉴定业务的，应当具备下列条件：有明确的业务范围；有在业务范围内进行司法鉴定所必需的仪器、设备；有在业务范围内进行司法鉴定所必需的依法通过计量认证或者实验室认可的检测实验室；每项司法鉴定业务有三名以上鉴定人。申请从事司法鉴定业务的个人、法人或者其他组织，由省级人民政府司法行政部门审核，对符合条件的予以登记，编入鉴定人和鉴定机构名册并公告。省级人民政府司法行政部门应当根据鉴定人或者鉴定机构的增加和撤销登记情况，定期更新所编制的鉴定人和鉴定机构名册并公告。侦查机关根据侦查工作的需要设立的鉴定机构，不得面向社会接受委托从事司法鉴定业务。人民法院和司法行政部门不得设立鉴定机构。根据上述规定，技术证据审理时可以对司法鉴定是否具备上述规定的条件进行形式审理。如果一项司法鉴定的鉴定机构或鉴定人员不符合有关规定，就可以直接指明这项司法鉴定不能采用，而不必考虑这项司法鉴定的内容是否真实准确。① 因为对从事司法鉴定业务的鉴定人和鉴定机构实行登记管理制度，并对从事司法鉴定业务的鉴定人和鉴定机构应具备的条件进行限定，就是为了保证作出的司法鉴定的真实准确，如果从事司法鉴定业务的鉴定人和鉴定机构连起码的法定条件都不具备，那么作出的司法鉴定的准确性就很难得到保证，也会导致司法鉴定工作陷入混乱。

以建筑工程文件审理来看，技术法官和专业技术人员可以对建筑工程文

---

① 卞建林，郭志媛．论司法鉴定的诉讼程序立法［J］．中国司法鉴定，2006（04）．

件先进行形式审理。建筑工程文件包括建筑工程施工准备文件和建筑工程竣工文件。而建筑工程施工准备文件又有很多种类。比如，施工组织设计根据工程对象的不同可分为施工组织总设计，单位工程施工组织设计，分部、分项工程施工方案。技术交底文件包括设计交底、单位工程技术交底、主要分项工程技术交底。施工日志。工程竣工文件应包括工程概况及实际完成情况，工程质量验收情况，施工技术资料和施工管理资料情况等。主要建筑设备调试情况，有关检测项目的检测情况，存在问题的整改情况。工程质量保修书，竣工图。对建筑工程文件进行审核，首先要检查上述这些文件是否齐全，各个文件必须具备的内容是否完整。比如施工组织设计中，基坑支护与降水工程，土方开挖工程，模板工程，起重吊装工程，脚手架工程，拆除、爆破工程，国务院建设行政主管部门或者其他有关部门规定的其他危险性较大的工程。此外，地基处理、桩基工程，地下支护工程，大型土石方工程、混凝土工程，预应力砼工程，大体积混凝土工程，钢结构工程，屋面防水工程，地下防水工程，雨季施工，幕墙工程等。①在对建筑工程文件审理时，如果发现上述应当具备的文件或文件中的内容缺少，就可以直接判断建筑工程文件存在错误。这种形式审理方式比较直观，而且简便易行，对许多大型建筑施工工程的审理非常有效。

现在非常重视对知识产权的保护，知识产权的有关争议也会进行技术证据审理。对知识产权资料审理中形式审理非常重要。以商标保护来说，技术法官和专业技术人员可以首先从形式要件进行审理，如审查商标申请人资格。主要审查申请人是否具有申请注册商标的主体资格和申请人申请商标所指定保护的商品是否符合法律规定，外国申请人是否委托了我国指定的商标代理组织。国内申请人委托代理人的，其委托书是否符合要求，申请书填写是否符合规定。包括申请人的名义与印章、营业执照是否一致；申请人的地址是否准确；申请人指定的商品或服务填写是否规范、具体，分类是否准确，商标及商标图样的规格、数量是否符合要求，应交送的证明文件是否完备，规费是否缴纳，审查一份申请是否只申报了一个商标，审查商标的申请日期，编定申请号，《商标法实施条例》规定，商标注册的申请日期，以商标局收到

① 郭爱云，肖彬．建筑工程管理与实务［M］．武汉：武汉华中科技大学出版社，2010：223.

的申请书件的日期为准。[①]通过审理，认为上述手续不齐备并未按照规定填写申请书件的，可以直接出具审理意见书，判断这项商标权保护缺少法律依据。

形式审理是商事诉讼技术证据审理中的一项重要内容，许多技术证据资料需要先进行形式审理，因为按照现行的法律制度，许多专业技术问题在实施时必须获得法律的许可，而法律许可时往往要求有特定的形式。形式审理并不是简单地查看一下文件是否具备，还要查询文件欠缺的原因，必要时可以结合现场勘查、人员访谈、流程复核等方式审理文件的形式要件。

### （二）程序审理

诉讼活动要想实现程序公正和实体公正，需要具备很多制度加以保障。认定事实是诉讼活动的中心内容，而现代审判制度都实行证据裁判主义，诉讼中认定事实就必须在证据规则、举证责任等方面遵守现行规定。就是说，认定事实的过程不是任意的，必须按照诉讼法的程序进行，比如证据交换、自认与推定、司法认知、证明标准等都是认定事实时必须遵守的。技术证据作为认定事实中常用的证据类型，在举证、质证、采证时也必须遵守诉讼法的规则。而且各种技术证据的形成本身就必须符合各自规定的程序。[②]商事诉讼技术证据审理时，可以依据不同技术证据的特点按照不同的程序规定进行审理，有时只审查技术证据的产生过程就能发现问题。程序审理就是按照不同技术证据制作时应当遵循的程序规则进行审理，如果发现被审理的技术证据的制作过程不符合法定要求，那么就可以判断这项技术证据存在问题，在诉讼中不能被采信。

司法鉴定机构应当统一受理司法鉴定的委托。司法鉴定机构接受鉴定委托，应当要求委托人出具鉴定委托书，提供委托人的身份证明，并提供委托鉴定事项所需的鉴定材料。委托人委托他人代理的，应当要求出具委托书。鉴定材料包括检材和鉴定资料。检材是指与鉴定事项有关的生物检材和非生物检材；鉴定资料是指存在于各种载体上与鉴定事项有关的记录。鉴定委托书应当载明委托人的名称或者姓名、拟委托的司法鉴定机构的名称、委托鉴定的事项、鉴定事项的用途以及鉴定要求等内容。委托鉴定事项属于重新鉴

---

① 杜颖．商标法［M］．北京：北京大学出版社，2010：201．

② 张保生．论中国特色证据法学体系的建构［J］．法制与社会发展，2009（06）．

定的，应当在委托书中注明。委托人应当向司法鉴定机构提供真实、完整、充分的鉴定材料，并对鉴定材料的真实性、合法性负责。委托人不得要求或者暗示司法鉴定机构和司法鉴定人按其意图或者特定目的提供鉴定意见。司法鉴定机构收到委托，应当对委托的鉴定事项进行审查，对属于本机构司法鉴定业务范围，委托鉴定事项的用途及鉴定要求合法，提供的鉴定材料真实、完整、充分的鉴定委托，应当予以受理。对提供的鉴定材料不完整、不充分的，司法鉴定机构可以要求委托人补充；委托人补充齐全的，可以受理。司法鉴定机构对符合受理条件的鉴定委托，应当即时作出受理的决定；不能即时决定受理的，应当在七个工作日内作出是否受理的决定，并通知委托人；对通过信函提出鉴定委托的，应当在十个工作日内作出是否受理的决定，并通知委托人；对疑难、复杂或者特殊鉴定事项的委托，可以与委托人协商确定受理的时间。具有下列情形之一的鉴定委托，司法鉴定机构不得受理：委托事项超出本机构司法鉴定业务范围的；鉴定材料不真实、不完整、不充分或者取得方式不合法的；鉴定事项的用途不合法或者违背社会公德的；鉴定要求不符合司法鉴定执业规则或者相关鉴定技术规范的；鉴定要求超出本机构技术条件和鉴定能力的。司法鉴定机构决定受理鉴定委托的，应当与委托人在协商一致的基础上签订司法鉴定协议书。司法鉴定协议书应当载明下列事项：委托人和司法鉴定机构的基本情况；委托鉴定的事项及用途；委托鉴定的要求；委托鉴定事项涉及的案件的简要情况；委托人提供的鉴定材料的目录和数量；鉴定过程中双方的权利、义务；鉴定费用及收取方式；其他需要载明的事项。因鉴定需要耗尽或者可能损坏检材的，或者在鉴定完成后无法完整退还检材的，应当事先向委托人讲明，征得其同意或者认可，并在协议书中载明。

勘验是法院对与商事案件事实有关的场所、物品进行现场勘测，以发现、提取、收集和保全证据的行为。行政诉讼中，当出现了不便或难以在法院展示的案件现场和证据时，法院有必要遵循如下规范进行勘验：1. 法院依当事人申请或依职权勘验现场。这就是说，勘验程序的启动有两种方式，可以根据案件的具体情况选择适用。不过，由当事人提出勘验现场的申请时，应由法院来决定是否准许，即法院对此享有自由裁量权。2. 勘验现场时，当事人或其成年亲属应到场，勘验人必须出示法院证件，并邀当地基层组织或当事人所在单位派人参加。由此看来，勘验活动应符合相应的形式要求：当事人或其成年亲属到场以维护自身合法权益，勘验人出示证件以证明其身份是否合法，当地基层组织或当事人所在单位人员参与其中以见证并监督勘验行为。需要说明的是，此处的"勘验人"不限于法官，对于一些疑难、复杂的案件或需要运用专门知识进行勘验的现场，法院可组织专门人员进行勘验。[①] 3. 当事人或其成年亲属拒不到场，不影响勘验的进行，但应在勘验笔录中说明情况。由于勘验的主体是法院，当事人或其成年亲属不到场不会影响勘验的进行，只不过该情况应在勘验笔录中得到说明，以使勘验活动规范化。4. 勘验人应对现场和物证进行认真仔细的勘查，不得主观臆断，最终得出客观的勘验结论，这是对法院勘验活动的实质性要求。上述规范是对民事诉讼法中未明确规定勘验行为这一缺陷的弥补，有利于推动法院勘验活动的统一、规范、有序地进行，对商事审判实践具有重要的指导意义。[②] 人民法院可以依当事人申请或者依职权勘验现场。勘验现场时，勘验人必须出示人民法院的证件，并邀请当地基层组织或者当事人所在单位派人参加。当事人或其成年亲属应当到场，拒不到场的，不影响勘验的进行，但应当在勘验笔录中说明情况。

电子证据收集时也要按照一定的程序进行。根据我国诉讼法对证据的要求，调查人员收集计算机证据时，应当要求被调查人提供有关资料的原始载体，提供原始载体确有困难的，可以提供复制件，提供复制件的，调查人员应当在调查笔录中说明其来源和制作经过。对计算机违法案件进行现场勘验时，应当注意保护计算机及相关设备和数据，证据的采集过程应当记录在案，由参加调查的人员、当事人或见证人签名。为了保全证据，可以依法根据具体情况，采取查封、扣押、拍照、录音、复制、鉴定、勘验、制作询问笔录等保全措施，并办理必要的法律手续。为了确保证据的安全、可信，计算机证据国际组织对数字证据的采集、保存、检验和传送提出的特别要求，必须使用有效的软硬件进行采集和检验，数字证据的采集。[③] 检验、传送全过程都必须有记录，任何有潜在可能对原始数字证据造成改变、破坏或毁损的活动必须由有法律上承认的有资质的人进行。对现场计算机的一个处理程序是，对已经开着的计算机不要关掉、对关着的计算机不要打开，如果现场计算机是开着的，应避免使屏幕保护程序激活，检查屏幕上的活动，如果发现系统

---

① 张翠玲 . 论法庭证据评估及鉴定意见表述［J］. 中国人民公安大学学报（自然科学版），2017（01）.

② 江伟，肖建国 . 民事诉讼法［M］. 北京：中国人民大学出版社，2015：179.

③ 李哲 . 电子证据若干问题探讨［J］. 西南政法大学学报，2007（06）.

删除文件、格式化、上传文件、系统自毁或进行其他危险活动，立即切断电源。现场取证时，应当记录系统日期和时间，主存内容，当前执行的进程列表，在端口提供服务的程序列表，当前系统内用户列表，如果是联网系统，还应收集当前连入系统的用户名和远程系统名，还应当尽可能记录使用者的个人情况、用户名、口令和密码等。

### （三）实质审理

商事诉讼技术证据具有科学性，是一种特殊的证据形式。所谓的技术证据就是借助科学原理和技术方法来发现和揭示案件事实的各种材料，其内涵是科学原理和技术方法的证明性，其外延则是由于法律对科学知识的确认而表现出开放性。技术证据应当包括所有运用科学原理和技术方法获得的证据。在现代审判证明活动中，因为技术证据的广泛性和复杂性，法官根据传统知识和经验就无法判断技术证据包含的技术问题的真伪性。因为技术证据本身的科学性，因而对技术证据的判断就比一般证据要更加困难。

对商事诉讼技术证据的实质审理就是根据技术证据的科学性特征，对技术证据的实质内容的真伪性作出判断和评价，使被审理的技术证据能够采信或被排除。技术证据虽然具有科学性和技术性，但其和其他证据一样仍然需要提交法庭调查和判断，技术证据只是证据链条中的一环，本身并不具有任何预先的证明力。[①]鉴定结论不是裁判，更不是科学裁判，未必与客观真实相吻合，鉴定结论对法官就没有约束力。检验报告、勘验笔录、医疗资料、会计资料等也需要分析其真伪性。对技术证据的实质审理，就是要求技术法官和专业技术人员根据证据规则，对技术证据的证明力和内容的真伪性作出判断。盲目地相信技术证据的科学性，认为技术证据根据其自身特性就可以证明待证事实，是不符合证据法规则的。通过技术证据的实质审理，可以比较准确地揭示技术证据内容的真实程度，为采信证据提供依据。

商事诉讼技术证据的实质审理是一项很专业性的工作。每种技术证据都有其形成的特殊方法和过程，对不同的技术证据的审理就应当采取不同方法和对策。技术法官和专业技术人员对技术证据材料进行检验、鉴别后依据检验结果、运用逻辑思维进行分析推理作出的判断，这种依靠专业判断进行的

① 周洪波．实质证据与辅助证据［J］．法学研究，2011（03）．

实质审理，不可避免地会受到从事审理工作的专业技术人员的认识方法、思维模式和专业知识等主客观因素的影响，甚至会受到专业技术人员个人情感好恶的影响。因而商事诉讼技术证据的实质审理必须遵循一定的方法和规则，尽量避免一些不合理因素的影响。实质审理中，除了受制于商事诉讼技术证据检材和样本质量外，主要取决于检验方法、检验设备、检验过程等因素的影响，一般不受专业技术人员和技术法官主观判断的影响。

技术法官和专业技术人员的专业判断是技术证据实质审理的基础，专业判断也可以说就是实质审理的主要内容，因此专业判断就是一个值得研究的重要问题。从实质审理实践来看，技术法官和专业技术人员中存在两种倾向：一是回避专业判断，对实质审理尽量选择检验报告书形式；二是强调专业判断的主观性，并往往以此为自己作出专业判断的随意找借口。这两种倾向都不利于技术证据实质审理的正常开展。全面理解和认识实质审理中的专业判断的含义对技术证据审理是有重要意义的。

鉴别和判断是技术法官和专业技术人员在实质审理过程中进行的两项重要活动。鉴别是根据不同事物的特点，在认识上加以区别，物理学、化学、生物学等自然科学中都有比较成熟的鉴别方法，当然也可以依据生活常识和司法认知进行鉴别。判断就是肯定或否定某种事物的存在，或指明是否具有某种属性的思维过程。判断过程可以依据逻辑推理和证据规则，诉讼上的判断与科学上的判断有所不同，科学判断追求的是绝对真实，而司法上的判断可能追求的是法律的真实。技术证据审理中的鉴别和判断是与诉讼制度有一定联系的，不是一个单纯的自然科学的研究活动。实质审理所包含的鉴别和判断两项重要活动实际上就是专业技术法官对技术证据不同特点的认识和区分以及在此基础上肯定或否定某种事实的存在或指明是否具有某种属性的思维过程。实质审理中的检验是对委托的技术证据材料进行检验后出具的客观反映实质审理的检验过程和检验结果的文书。[①]实质审理是专业技术法官对技术证据材料综合运用鉴别、判断和检验等方法作出专业判断的过程，或者说，专业判断就是鉴别、判断和检验等各种分析问题的方法的综合运用。

对各种商事诉讼技术证据进行专业判断，必须遵守法定程序，采用科学方法，以合法检材所承载的客观信息进行。具体来说，应当注意以下几个方

---

① 樊崇义，吴光升．鉴定意见的审查与运用规则［J］．中国刑事法，2013（05）．

面的问题：一是进行技术证据审理的专业技术人员和技术法官的能力。技术人员和技术法官的专业能力包括多方面内容，如调查研究、收集资料或信息、操作检验设备、综合分析、文字表达、个人情感好恶控制等。这些方面的能力都影响技术法官和专业技术人员的专业判断能力。而影响专业技术人员的专业判断能力的因素主要是专业技能和专业思维两类。培养专业技能的两个主要途径分别是通过学习获得知识和参与实践积累经验。专业思维能力包括运用专业知识分析和识别案件事实之间差异和联系以及依照专业认识方式和思维习惯进行推理和判断的能力。无论是专业技能水平还是专业思维能力都与专业知识和专业素养等密切相关。技术证据审理的专业技术人员的专业判断能力是作出合格准确的技术证据审理意见的基础。二是实质审理的质量控制。商事诉讼技术证据审理工作应当制定完善的质量控制体系，并且要严格贯彻质量控制体系，如对实质审理过程应由司法技术部门监督，要有内部的复查、审核、制约和批准程序，这样可以防止技术法官和专业技术人员随意作出审理意见。实质审理的质量控制不仅要从技术方法上可行，而且要在司法程序上许可，因为实质审理与当事人的辩论、法庭调查等无法截然分开，需要将实质审理过程与诉讼活动过程有机地联系起来。质量控制体系应当合理，既要保证技术证据审核的严肃性，又要能够发挥技术法官和专业技术人员的主观能动性。三是要建立审理标准。商事诉讼技术证据审理标准使专业技术人员和技术法官进行专业判断时有法可依，能有效地指导、规范鉴定活动，对专业技术人员具有指引和约束作用。在审理标准不明确、不具体甚至没有的情况下，技术法官和专业技术人员的审理工作有可能随意。审理标准为专业判断设定了底线，能够提高专业判断的平均水平，也能够让技术法官和专业技术人员的审理工作有章可循。①但是审理标准的制定应当慎重，必须将审理标准制定得宽严适度，而且要与诉讼上的证明标准相结合，这样才能有效地保证审理活动的正常进行。

实质审理时应当注意处理以下问题，以保证实质审理的可靠性。一是认真分析审理要求。提出审理要求是开始审理活动的第一步。审理要求是审理活动实际需要解决的问题，审理过程中的检验、分析、鉴别等专业判断的具体目标和内容都是围绕审理要求而展开的。审理要求是根据案件中的待证事

① 张卫平，诉讼构架与程式［M］. 北京：清华大学出版社，2000：245.

实提出的，反映了审理目的和需要通过审理解决的问题。技术法官和专业技术人员要认真分析需要通过审理活动证明的案件事实，将审理事实与案件中的其他事实和证据相互补充、相互印证，共同形成完整的证据链。专业技术人员也应要求委托人明确审理要求。审理要求的文字表述应确切，不能产生歧义，必要时专业技术人员应与委托人沟通，明确审理要求的具体含义和目的。二是要区分事实问题和法律问题。技术证据审理是作为诉讼中辅助证明案件事实的手段，不应也不能对法律问题发表意见，但是证明案件事实往往离不开法律问题，这就需要专业技术人员在审理时区分事实问题和法律问题，将那些事实问题与法律问题混合在一起的问题分解开，只对其中的事实问题发表意见。比如，对会计资料进行审理，要求确定贪污公款的数额或者确定非法所得数额，实际上就包含着法律问题。区分事实问题和法律问题是非常重要的，如果技术法官和专业技术人员不懂法律规定，在审理时应当随时与法官交流意见，避免出现越权的审理意见。[①]三是要明确审理材料的要求。适当和充足的技术证据审理材料是得出正确审理意见的必要条件。不同类型的审理以及不同的审理要求所需要的审理材料不同，技术法官和专业技术人员应遵照相关的技术标准要求提供审理材料清单。对于像司法会计鉴定等目前尚没有技术标准的技术证据，专业技术人员应在认真思考审理要求的基础上提出审核材料的要求。审理材料如果不全面，技术法官和专业技术人员可以提请合议庭等补充，必要时可以调查收集。四是制定切实可行的审理方案。审理方案要针对审理要求制定，要考虑审理的必要性和可行性。必要性是指完成审理要求所必需的鉴别、判断和检验不能缺少。可行性是指在确定具体的审理项目和鉴别。检验方案实施时应立足于已经获得和可能获得的审理材料与现有设备仪器上。审理方案就是要明确审理的实质内容和关键问题，为以后的审理指明方向。审理方案的制定需要参与审理的技术法官和专业技术人员共同协商，特别是不同专业的技术人员应当相互配合，使不同的专业技术问题能够合理地衔接起来，以便于在具体审核时不同的技术问题不发生矛盾和冲突。

实质审理是非常复杂的。现在商事诉讼技术证据呈现出的科学性和技术

---

① 孟勤国．司法鉴定规则应重在规范法官行为——最高法院（2011）民一终字第 41 号判决书研读［J］．法学评论，2013（01）．

性都具有非常复杂的特征，在技术证据审理活动中，专业技术人员可能会发现很多新的问题。在审判实践中，物证、书证、视听资料、电子证据除了可以直接在法庭上出示和播放以外，还经常进入技术证据审理程序，成为审理的检材和样本。例如，一个在工厂提取的工具，除了可以在法庭上出示进行当庭辨认外，还会作为技术证据审理的检材，由技术法官和专业技术人员对其特征等作出审理意见；一封与商事纠纷有关的书信，除了可以当庭宣读外，还会被提交给技术合议庭对其笔迹作出技术证据审理意见；一份记录违约过程的录像带，除了可以在法庭上予以播放外，也有可能被提交给技术合议庭，对其制作、提取时间以及有无剪辑等问题作出技术证据审理意见；一份记载电子邮件、网络博客等的存储光盘，除了可以当庭通过专业设备予以播放外，同样可以交由技术合议庭对其来源和证据保管链条作出技术证据审理意见。所以，单纯规定商事诉讼技术证据审理应当遵循的标准或程序，有时会对技术法官和专业技术人员审理技术证据的步骤和思路产生束缚。在商事诉讼活动中，法官有自由裁量权，法官可以根据自己的良心和正义感自由裁量案件证据以达到证明待证事实的程度。在商事诉讼技术证据审理活动中，技术法官和专业技术人员进行的实质审理，就是对技术证据内容的真伪性作出专业判断，而这种判断除了常规的鉴别、检验等方法可以完成外，很多情况下需要专业技术人员凭借自己的专业技能和专业推理能力进行，这就需要给予技术法官和专业技术人员自由裁量的权力。从这个意义上说，实质审理的制度又不宜规定得过于具体，以免在具体审理活动中束缚专业技术人员，使专业技术人员不能发挥出应有的专业判断能力。

## 二、技术证据审理的过程

合议庭将有关事项委托司法技术部门进行技术证据审理，司法技术部门予以受理后，司法技术部门就要组织技术合议庭按照一定的程序开展审理。

商事诉讼技术证据审理应由三名以上具有相关专业中级以上职称的专业技术人员和技术法官组成技术合议庭承办，其中一名为技术合议庭的审判长，其余为技术合议庭成员。技术合议庭的审判长也是合议庭的审判长，技术合议庭审判长负责组织审理工作，制定审理方案，协调技术合议庭其他成员的合作。[①] 技术合议庭审判长可以根据案件证据审理的需要，提请司法技术部门补充相关专业的技术人员。技术合议庭审判长应是技术证据审理的主办人，其余成员为辅办人。在出具技术证据审理意见书时，对于不同的专业技术问题应由技术合议庭中相应的专业技术人员负责出具，如果技术合议庭审判长与技术合议庭成员属于相同技术专业，且技术合议庭审判长与技术合议庭成员对审理的专业技术问题不能达成一致意见时，以技术合议庭审判长的审理意见为准，但是每个成员的不同意见应当如实记载在审理意见书中。

技术合议庭对司法技术部门负责，其成员可以是人民法院内的司法技术部门的技术法官，也可以是聘请的人民法院以外的各行业的专业技术人员。为了避免当事人产生疑虑，可以在技术合议庭组成过程中实行由司法技术部门与当事人协商的机制，即司法技术部门在确定技术合议庭成员时可以给当事人提供一些备选的名单，供当事人选择。如果是当事人从备选名单中选择，选择出的成员必须双方当事人均认可同意，不能由一方当事人选择。如果双方当事人对选择成员达不成一致意见，由司法技术部门确定。商事诉讼中选择技术合议庭成员，也需要公诉人和当事人达成一致意见，否则就只能由司法技术部门确定。技术合议庭审判长由合议庭审判长担任。技术合议庭成员因为特殊情况退出技术合议庭的，由司法技术部门重新选定新的技术合议庭成员。任何技术合议庭成员都应当签署《诚信保证书》，保证以公平正义的法律精神从事技术证据审理活动。

技术合议庭成员实行回避制度。担任商事诉讼技术证据审理工作的技术法官和专业技术人员有下列情形之一的，应当主动回避：是本案的当事人或者当事人的近亲属的；本人或其近亲属与本案有利害关系的；本人或其近亲属担任过本案的证人、鉴定人、勘验人、辩护人和诉讼代理人的；与本案当事人有其他关系，可能影响技术证据审理意见的。当事人及其辩护人、诉讼代理人认为应当回避的技术合议庭成员没有退出审理时，可以申请其回避。当事人可以向技术合议庭或司法技术部门以书面方式或口头方式提出回避申请。当事人及其辩护人、诉讼代理人提出回避申请的应当说明理由，在技术证据审理开始时提出，回避事由在技术证据审理开始后知道的，也可以在出

① 潘广俊．司法鉴定意见争议评价机制研究——以浙江省司法鉴定管理模式为视角［J］．证据科学，2012（05）．

具审理意见书之前提出。技术合议庭审判长与成员的回避，均由司法技术部门或审判委员会决定。被申请回避的技术合议庭成员在司法技术部门作出是否回避的决定前，应当暂停本案的技术证据审理，但案件需要采取紧急措施的除外。回避的决定一经作出即产生法律效力。[①]当事人可以对司法技术部门或审判委员会的回避决定申请复议一次，在复议期间被申请回避的技术合议庭成员不停止参与审理工作。

技术合议庭成员应当分别独立工作，交叉阅卷、查看审理材料，独立提出审理意见。任何技术合议庭成员不得对审理事项附和其他技术合议庭成员的意见，也不得要求其他技术合议庭成员同意或服从其意见。即使技术合议庭不同成员的意见一致，也必须各自独立提出审理意见。技术合议庭成员在提出审理意见方面一律平等。如遇具体的疑难技术问题，需要技术合议庭成员共同参与，技术合议庭成员可以在一起研讨协商，但是每一个技术合议庭成员的观点都是独立的。技术合议庭出具审理意见的过程与合议庭评议过程不完全相同，因为商事诉讼技术证据审理是对专业技术问题的，而专业技术问题则仁者见仁、智者见智，多数人对技术问题的意见统一不一定就意味此意见正确。对技术证据的审理必须调动每个技术合议庭成员的技术特长。因此技术证据审理过程中，技术合议庭成员彼此相互独立，分工合作，尊重每一个技术合议庭成员的意见。[②]当然，遇有不同意见难以统一时，可以组织技术合议庭成员进行充分讨论，尽可能形成一致意见，但前提是每个技术合议庭成员在提出审理意见时是独立的。

技术合议庭组成后，要做技术证据审理前的准备工作。审理前的准备工作对保证审理质量有重要意义。技术合议庭成员在审理前的准备工作中要了解案情，掌握全部的审理资料，分清当事人对审理对象争议的焦点，明确审理对象的关键问题。从而使以后的审理工作能够顺利进行。审理前的准备工作可以使技术合议庭成员分清审理工作的重点，明确需要解决的问题，提高审理的效率。审理前准备工作的主要内容是查阅合议庭移交的证据材料，要求合议庭调查收集审核必需的证据。合议庭移交审理的证据材料并不一定就能够反映出审理对象的全部情况，技术合议庭可以根据案件的具体情况要求

---

① 陈如超 . 民事司法鉴定中的法官行为规制［J］. 法商研究，2018（02）.

② ［美］罗纳德·J·艾伦等，张保生等译，证据法：文本、问题与案例［M］. 北京：高等教育出版社，2006：190.

合议庭进一步调查收集证据，以完善审理资料。技术合议庭是辅助法官查明技术证据真伪的，本身具有审判权，因而对于有些属于国家有关部门保存的档案资料，涉及国家秘密、商业秘密和个人隐私的材料，就可以自行收集。如果需要，技术合议庭在审理前的准备工作中可以会见当事人、诉讼代理人、鉴定人以及其他技术证据材料的制作人，与他们了解有关情况，也可以进行现场勘验和调查。审理前准备工作应当认真进行，准备工作做得越扎实，以后的审理工作就越顺利，而且作出的审理意见就越可靠。准备工作需要技术合议庭与合议庭配合工作，因而合议庭应当积极协调有关各方，按照诉讼制度收集补充证据资料。

建立技术合议庭审理会议制度。尽管技术合议庭成员在审理活动中各自独立，但是对技术证据的审理是一项统一的工作，在具体的审理过程中就需要各个成员之间的合作交流。审理会议制度可以将技术合议庭的各个成员发现的问题，存在的困难，需要了解的情况综合汇总起来，可以使技术合议庭成员互相交流信息，共同发挥在各自专业领域的特长。技术合议庭审理会议制度能够缩短审理时间，节约审理成本，尽快发现和解决审理过程中遇到的疑难问题。一般来说，审理会议至少应当举行两次。一次是在技术合议庭成立后审理工作开始时，这是第一次审理会议。第一次审理会议主要是制定审理方案和计划，时间安排，工作职责，为以后的审理工作做准备。另一次是在审理工作结束后作出审理意见前举行，这是最后一次审理会议。最后一次审理会议主要是讨论审理意见书的制作，每个技术合议庭成员都应当发表自己的审理意见，然后共同讨论，最后形成审理意见书。第一次审理会议和最后一次审理会议是必须举行的。在审理过程中如果遇到需要召开审理会议的，可以随时召开，次数不限，这是临时审理会议。临时审理会议主要处理审理过程中的突发情况，或者一些重要疑难的技术问题。各类审理会议均有技术合议庭审判长负责召集，技术合议庭审判长不能召集的，技术合议庭成员也可以共同召集。审理会议除了技术合议庭成员参加外，可以邀请合议庭组成人员、鉴定人、当事人、公诉人以及其他技术证据审理对象的制作人参加。[①]因为审理会议有时只有技术合议庭成员参加不能解决有关技术问题，就需要

① 王晓宾．司法鉴定公信力困境产生根源及缓解路径［J］．中国人民公安大学学报（社会科学版），2019（1）．

各方人员参与以便共同解决问题。审理会议应当制作会议记录，以备查阅。

技术证据审理中需要建立专家论证制度。现代科学技术是综合性的，往往一项工程或产品涉及很多技术领域。机械工程、生物工程、计算机技术、医疗技术、农林畜牧技术、交通工程等都已相互交叉融合，甚至在很多工作中，社会科学与自然科学也交织在一起，如国际贸易、心理卫生、园林环境等。因而有时对某个技术证据审理依赖一两个专业技术人员和技术法官就不可能完成了，即使技术合议庭成员人数增加一些也不足以应付复杂的技术问题，况且技术合议庭成员人数也不宜过多，因为必须考虑诉讼成本。因此，遇到重大、疑难、复杂的审理工作时，技术合议庭可以提请司法技术部门组织进行专家论证。专家论证的长处在于，可以根据案件证据和待证事实的需要，灵活聘请不同专业的技术人员参与审理。专家论证时技术合议庭成员、合议庭组成人员应当参加，当事人、公诉人、鉴定人以及其他技术证据材料的制作人可以根据需要参加。参加论证的专家只是给技术合议庭提供解决问题的思路和意见，供技术合议庭参考，最终的审理意见仍然是由技术合议庭作出。

商事诉讼技术证据审理可以采用书面审理的方式进行。书面审理方式是指技术合议庭成员只通过查阅案卷对审理事项作出审理意见的。书面审理方式一般适用于案件证据比较简单，专业技术问题简易，当事人争议不大的审理活动。书面审理同样要进行审理会议，必要时技术合议庭成员要与合议庭组成人员交流案件情况。书面审理方式只是不需要技术合议庭成员直接面对当事人、鉴定人、诉讼代理人等，也不需要去一些案件中的现场察看。商事诉讼技术证据审理是否采取书面审理方式，由技术合议庭自行决定，只要技术合议庭认为通过案卷审阅就可以得出审理意见就可以采取书面审理方式。但是，如果在审理过程中当事人等对技术合议庭采取书面审理方式有异议的，技术合议庭应当对当事人等作出解释，以消除疑虑，保证司法程序公正进行。

商事诉讼技术证据审理也可以采取开放审理方式。开放审理方式就是技术合议庭成员除了查阅案卷，还可以勘验现场，检查被鉴定人，实地考察鉴定人的鉴定设备和环境，察看原鉴定中与案情有关的物品，询问本案当事人和证人，与鉴定人或其他技术证据材料的制作人座谈等。通过这些调查了解的方式，技术合议庭成员审理证据事实，揭示真相，作出审理意见书。很多案件只通过查阅案卷是不能确定证据的真伪性的，必须通过实地的调查访问才能还原案件的真实情况，因而开放审理方式应当是一种基本的审理方式。

开放审理方式中，技术合议庭成员应当听取当事人的辩论意见，也应当听取不同鉴定人之间的意见，以便正确地作出审理意见。

技术证据审理还可以采取开庭审理方式。开庭审理方式就是在技术合议庭的主持下，技术合议庭成员、当事人、鉴定人、诉讼代理人、当事人的辩护人或诉讼代理人等共同参加，以法庭调查和法庭辩论的方式进行审理。在开庭审理方式中，各方可以直接对具体技术问题发表意见，可以质证有关材料以便更好地厘清审理中的疑点。检验报告、勘验检查笔录、医疗资料、会计资料等在制作过程中有很多具体方法和经过，只有制作这些材料的相关人才能说清其中的细节。鉴定过程也是如此，许多鉴定过程和方法需要鉴定人才能说清，而且不同的鉴定人可能对鉴定细节的描述差异很大。通过开庭审理，可以让各方诉讼参与人充分辩论有关案情，技术合议庭成员可以通过这些不同的观点和陈述发现一些问题，确定案件证据的事实情况。但是，如果使用开庭审理方式审理技术证据，技术合议庭应当征得合议庭的同意，而且要与合议庭一道组织开庭审理工作。[①] 开庭审理方式等同于诉讼中的开庭审理，是审判程序具有的内容，技术证据审理借用这种开庭方式，既可以将技术证据审理活动与审判活动结合起来，也可以令技术证据审理活动更加有效和规范。

在审判过程中，合议庭委托司法技术部门进行技术证据审理后，是否需要规定技术证据审理的期限，是一个值得思考的问题。《最高人民法院技术咨询技术审核工作管理规定》中规定技术证据审核工作一般应在 10 个工作日内完成，重大、疑难、复杂的案件经有关部门负责人批准后可以延长 15 个工作日。但是现在很多技术问题在 10 至 25 个工作日内很难完成，如果统一规定必须在这么短的时间内完成，有时很难保证技术证据审核意见的质量。但是如果规定的时间过长，可能就会在时间上将技术证据审核变成了一次新的司法鉴定工作。为此，可以做如下两种规定：一是对于简单案件，规定在 15 个工作日内完成，如果需要延长的，技术合议庭报请司法技术部门批准后，可以延长 15 个工作日；二是对于重大、疑难、复杂的案件，直接规定在 30 个工作日内完成，如果 30 个工作日还不能完成的，技术合议庭需要向司法技术部门和合议庭说明情况和理由，由合议庭酌情决定延长的期限。技术证据审

① 远丽辉 . 科学设定司法鉴定类别初探［J］. 中国司法，2018（07）.

理必然要占用诉讼时间，而诉讼制度规定有审理期限，这就必须要求将技术证据审理的时间纳入诉讼时间中。可以这样规定，如果技术证据审理在30个工作日内完成的，诉讼中采用延期审理的制度，等到技术证据审理完毕后，诉讼继续进行；如果技术证据审理在30个工作日不能完成的，就比照在诉讼中进行司法鉴定的规定，技术证据审理的时间不包括在审理期限内。

审理过程中，可能会遇到需要证据保全的情况，如果是技术合议庭发现需要证据保全的，可以通知合议庭。审理过程中如果发现某些技术证据制作过程中存在严重违法行为的，比如有伪造技术资料，规避现行法律的，技术合议庭也应当向司法技术部门或合议庭通报。

对同一技术审理事项，合议庭是否可以向司法技术部门提出两次以上的委托，要视具体情况而定。一般来说，合议庭就一项审理内容只能提出一次委托要求，司法技术部门不重复受理。但是，如果有确切的证据证明，商事诉讼技术证据审理活动中技术合议庭成员有收受相关利益人贿赂的，或者技术合议庭成员未参加审理活动就作出审理意见书的，司法技术部门可以再次受理合议庭的委托，组成新的技术合议庭重新审理。

技术合议庭成员经过认真的审理工作，在综合分析审理事项后，应当出具《技术证据审理意见书》，审理意见书中应当包含以下内容：鉴定意见或检验报告、勘验检查笔录、医疗资料、会计资料等其他技术证据材料真实合法，鉴定和制作方法科学规范，依据事实准确可靠，未见不当之处；鉴定意见或检验报告、勘验检查笔录、医疗资料、会计资料等其他技术证据材料中存在疑问，提出在质证中应当重点解决的问题，或者建议补充鉴定或制作；鉴定意见或检验报告、勘验检查笔录、医疗资料、会计资料等其他技术证据材料存在严重差错，鉴定意见或检验报告等材料记载内容不能成立，建议重新鉴定或制作；其它应当出具的审理意见。

对于鉴定意见或检验报告、勘验检查笔录、医疗资料、会计资料等其他技术证据材料的缺陷、差错表述应当全面、具体；提出在质证中应当解决的问题，应有质证内容和方法的提示，并说明理由、目的和预测结果；建议补充鉴定或重新鉴定的，应说明补充鉴定或重新鉴定的理由、要求和目的。①审

① 邹明理 . 论非典型鉴定意见的法律效力——“鉴定咨询意见”“鉴定检验报告”“技术证据审核意见”的证据能力问题亟需依法统一认识［J］. 证据科学，2013（4）.

理意见书应由技术合议庭制作。审理意见书应载明受理日期、委托部门、送审材料、审理事项、审理过程、参与论证人员的专业、姓名、审理人员资质等。技术合议庭成员应在审理意见书上签名。

## 三、商事诉讼技术证据审理结论的适用

最高人民法院《技术咨询技术审核工作管理规定》第二十三条规定："审核意见书仅供法官、合议庭或审判委员会参考，不作为定案的依据，不对外公开。"这个规定在很大程度上限制了技术证据审理的法律效力，也不符合现代审判工作要求更多技术证据审理的趋势。为此，应当重新规定技术证据审理意见书的适用规则，以便更好发挥技术证据审理的作用。

现代诉讼活动中有一个重要的信念和制度，就是要求心证公开。心证公开是自由心证客观化的机制。心证过程的公开能够促进认识的客观性与正确性。法官在采信证据时是以自己的良知、理性等作出的，诉讼参与人很难知道法官是根据什么采信或者不采信这个证据的，也很难知道法官是如何根据本案已有的证据就形成内心的确信作出这样的判决的。心证公开使得法官判决的依据公开，便于当事人与其他诉讼参与人能够了解法官确信的形成过程，保证了审判的公平和公正。判决理由的公开是心证公开的重要方式，通过对判决理由的详细阐述和论证，裁判依据的证据与法官的司法认识结果之间的联系变得具体、清晰起来，论据与结论之间的逻辑关系呈现出来。心证公开还是辩论主义的补充。当事人在审判过程中提出证据，进行质证，陈述对案情的认识和意见，法官就应当对当事人所作的诉讼行为作出评价，否则辩论主义就成为空洞的设计了。技术证据审理也是如此。技术法官和专业技术人员进行技术证据审理，是根据已有的技术证据材料进行的，在必要时还可以要求补充材料，并且是以自己的专业技能和专业推理作出专业判断的，这个过程不仅作为案件参与人的当事人、公诉人、鉴定人等不知道，而且就是其他不参与技术审理的专业技术人员也不知道是如何作出的审理意见。因此，技术证据审理意见书应当公开，应当让当事人、公诉人、鉴定人等知道技术法官和专业技术人员是如何形成内心的确信，根据什么证据和理由得出审理意见的。这也是保证审判公正的必要条件。既然在审判过程中委托技术证据审理了，却不公开审理结果，这明显不符合现代司法准则，凡是不公开的审

理意见就不应该具有法律效力，甚至不具有法律活动的意义。[①]因此应当规定技术证据审理意见书向当事人公开，向其他诉讼参与人公开，这也是公开审判、公开审核不可或缺的内容之一。

商事诉讼技术证据审理完毕，提出审理意见书后，合议庭是否要受审理意见书的拘束，这取决于技术证据审理的法律性质和诉讼地位。我们应当规定技术证据审理具有审判的法律效力，人民法院内的司法技术部门组成的技术合议庭与审判合议庭庭具有平等的法律地位，技术合议庭的技术证据审理是对诉讼中的证据进行审查，对审判案件的法官采信证据起到至关重要的作用，审判案件的法官一般应当采信技术证据审理意见书的意见，作为审判案件的基本依据。赋予技术证据审理意见书法律约束力，可以对审判工作的顺利开展起到促进作用。当然，规定技术证据审理意见书具有审判的法律效力，并不是说合议庭就必须按照审理意见书的内容进行判决，而是说合议庭应当按照审理意见书的内容对相关技术证据作出采信或不采信，但是如果合议庭认为审理意见书的内容有悖事实根据，也可以不予采用审理意见。就是说，合议庭委托司法技术部门进行技术证据审理，那么司法技术部门组成的技术合议庭作出审理意见后，合议庭就应当采用审理意见作出本案判决，但是，如果有特殊情况，合议庭有权不采用审理意见而按照自己的司法判断能力判决案件。以下情形中，合议庭可以不采用审理意见：技术合议庭成员明显违反审理程序的；审理采用的检材明显缺失或不合格的；审理意见明显不符合实际情况的；当事人对技术证据审理意见异议较大，并且提出充分证据足以证明审理意见不正确的等。

技术合议庭作出审理意见，提交给合议庭后，合议庭应当对审理意见进行分析评议，也可以在开庭审理中由当事人、诉讼代理人、鉴定人等辩论审理意见。通过合议庭的评议和当事人的辩论，可以发现审理意见是否存在错误和不足。合议庭评议后认为审理意见正确，依据事实可靠，就予以采信，如果评议后认为审理意见不正确，依据事实和证据可疑，特别是审理意见内容表述不清，用语不规范，格式不符合惯例，可以将有关问题提交技术合议庭要求作出解释，技术合议庭应当进行解释。如果合议庭对技术合议庭的解释仍然存在疑惑，可以作出不予采信的决定，并通知司法技术部门和技术合

① 宋冰．程序、正义与现代化［M］．北京：中国政法大学出版社，1998：206.

议庭。司法技术部门和技术合议庭如果对合议庭不予采信技术证据审理意见有异议的，可以报请审判委员会处理。

合议庭也可以在开庭审理中让诉讼参与人对审理意见进行辩论，如果辩论中能够发现审理意见明显存在疑点，也可以要求作出审理意见的专业技术人员和技术法官参与庭审，让专业技术人员和技术法官对有关疑问作出解释并接受咨询。在开庭审理中，进行技术证据审理的技术合议庭成员与原鉴定人以及其他技术证据的制作人可以充分发表不同的意见，本着对当事人负责的态度，以科学技术原理为依据，为案件事实的确定作出努力。如果通过开庭审理中的当事人辩论，发现审理意见存在明显疑点，而且作出审理的技术合议庭成员不能很好解释疑点的，合议庭可以作出不予采信审理意见的决定，并通知司法技术部门。[①]司法技术部门和技术合议庭如果对合议庭不予采信技术证据审理意见有异议的，可以报请审判委员会处理。

从商事诉讼制度而言，法官应对裁判的正当性负责，即谁作出裁判谁对裁判所认定的事实和适用的法律负责。法官作出的判决书应当公开判决理由，而且应当全面叙述案情经过，当事人辩论内容、举证和质证情况，法官认定的证据和事实，不予采信某些证据的理由，形成内心确信的依据等。法官应对上述内容的真实性负责，这些内容也是法官判案能力的体现。现在在审判活动中加入技术证据审理，那么审判案件的法官和技术合议庭成员对不对技术证据审理意见的真实性负责呢？关于这个问题应该分清法庭内外的情况。如果从合议庭与当事人、公诉人的关系来看，合议庭和技术合议庭当然应对判决书中认定的事实及其认定事实的理由负责，因为当事人、公诉人面对的负责审判案件的就是合议庭成员。如果从人民法院内部来看，因为要建立商事诉讼技术证据审理制度，并且要赋予技术证据审理一定的法律效力，就需要在商事诉讼技术证据审理与合议庭之间建立一个合理的共存关系，使得司法技术部门、技术合议庭和合议庭都能对判决书中采用的审理意见负责。因而从人民法院内部来看，如果判决书中采用了技术合议庭的审理意见，技术合议庭成员就应当对此负责。

---

① 张永泉 . 合议庭功能及其在审判实务中的运作 [J]. 法律适用，2003（12）.

# 后 记

审判活动中为什么需要证据法，这似乎是一个非常简单的问题，有人甚至觉得不需要回答这样的问题。审判活动中离不开证据，不论是起诉、立案、开庭，还是裁判与再审，都必须以证据作为依据，于是就需要制定规则，也就产生了证据法。然而，真正熟悉审判工作的法律工作者会非常清楚，证据法是一个非常复杂的问题。审判活动需要证据法，但用证据法规范什么人、规范什么内容、为什么要规范，要回答这些具体问题是十分艰难的，需要对证据制度进行全面的分析。对商事诉讼证据制度进行研究，试图解决商事诉讼证据制度中长期争论不休的问题，同样是一件极为艰苦的工作。

商事诉讼证据应该具有什么样的功效，或者应该怎样体现出自身的独特性，至今法学界没有认真地探讨。这些年来出版的证据法专著或证据学教材，很少明确论述商事诉讼证据制度的设计，特别是没有关注到商事诉讼证据与民商法的协调。证据法是为法院的裁判提供事实基础，同时也为了保障当事人的诉讼主体地位和诉讼权利，并且限制法官滥用审判权。商事诉讼紧随商业经济的变革，最能反映出当前商业活动中的法律冲突，其证据制度应当符合商事诉讼的特点，强调商人的意思自治与诚实信用，因而有必要建立专门的商事诉讼证据规则。证据法是多种证据规则构成的，不同的国家和同一个国家的不同历史时期，商事诉讼证据规则可能具有不同的内涵，不同的证据规则也可能形成不同的效用。但商事诉讼证明活动毕竟有其内在的逻辑与演变规律，就整体而言，商事诉讼证据应该具有基本的或相对稳定的内容，而这些基本内容需要根据新的商事案件变化不断进行探究。

我对证据法的理解有一个转变过程。我最初是在西南政法大学民商法专业读硕士研究生的，在学习期间，一直认为民商法结构严谨，博大精深，对罗马法体系非常尊敬，而对民事诉讼法就不感兴趣，觉得诉讼程序并不那么重要。毕业后在大学里讲授民法学时，也总是强调民商法的重要性。后来由于教学工作需要，开始给本科生讲授民事诉讼法学，慢慢地意识到诉讼程序的不可或缺，再后来给研究生讲授证据法，突然意识到证据法、程序法和民商法是密不可分的。同样的民商法问题，从程序法、证据法来看就会产生不同的情况。一位训练有素的法律工作者，必须善于协调民商法、诉讼法和证据法的关系，并且要将它们融合为一体。因此，我一直都非常关注民商法、证据法与诉讼法的关系，不论是对传统的民商法问题还是对社会经济发展过程中出现的民商法新问题，都喜欢用诉讼法与证据法的方法进行评价。这也是我写作本书的最初动力。2016 年，我参加了山西省高级人民法院技术证据审核课题的研究，对商事诉讼中的技术证据审核有了较为全面的了解，而且通过法院和检察院的商事裁判案例，发现了商事诉讼证据遇到的很多实际困难，于是收集了大量商事诉讼证据制度的研究资料，最终写作完成了这本书。

商事诉讼证据领域，各种制度相互交织在一起，某一个问题的解决往往依靠于其他问题的澄清，有的问题与现行立法或司法解释紧密关联，很难通过简单的分析得出令人信服的观点，所以这本书在内容上并不很成熟，甚至对某些问题的理解存在着缺憾。

本书写作过程中，法学界的前辈和司法部门的一些同志给予了不同形式的鼓励与指教，山西大学法学院的良师益友也给予了具体的支持与帮助。法院和检察院的一些同志提供了大量的商事案件裁判资料，出版社的编辑同志为本书的出版付出了辛勤的劳动。在本书出版之际，谨向帮助、支持本书写作、出版的师友和同仁表达深深的谢意！

作者

2020 年 3 月 18 日

于山西大学法学院